Jesus aber schwieg

Bhagwan Shree Rajneesh

Bhagwan Shree Rajneesh

Jesus aber schwieg

(„Come Follow Me“, Band II)

Sannyas Verlag

Impressum

1. Auflage, 1982
Herausgeber: Swami Ananda Siddhartha
Gesamtherstellung: Sannyas Verlag
Übersetzung: Swami Prem Nirvano
Fotos: Rajneesh Foundation International (Bhagwan),
Sannyas Verlag (Landschaften)
Fotosatz: Ma Prem Raje
Repros: Swami Anand Dhyanesh
Farbrepros: Swami Anand Kabira
Montage: Swami Prem Antonius
Druck: Swami Prem Prabodh

Titel der englischen Originalausgabe: „Come Follow Me", Vol. II"

ISBN 3-922458-97-1

SANNYAS VERLAG
D-3446 Meinhard-Schwebda, Schloß Wolfsbrunnen

Diese Vorträge wurden von Bhagwan Shree Rajneesh
zwischen dem 30. Oktober und 10. November 1975
im Shree Rajneesh Ashram in Poona gehalten.

Die Zitate aus dem Neuen Testament stammen aus:
„Die Bibel“ nach der Übersetzung Martin Luthers,
Württembergische Bibelanstalt Stuttgart, Stuttgart 1968.

Erster Morgen

14 *Da kamen die Jünger des Johannes zu ihm und sprachen:*
Warum fasten wir und die Pharisäer,
und deine Jünger fasten nicht?

15 *Jesus sprach zu ihnen:*
Wie können die Hochzeitleute Leid tragen,
solange der Bräutigam bei ihnen ist?
Es wird aber die Zeit kommen,
daß der Bräutigam von ihnen genommen wird;
alsdann werden sie fasten.

16 *Niemand flickt ein altes Kleid*
mit einem Lappen von neuem Tuch;
denn der Lappen reißt doch wieder vom Kleid,
und der Riß wird ärger.

17 *Man füllt auch nicht jungen Wein in alte Schläuche;*
sonst zerreißen die Schläuche,
und der Wein wird verschüttet,
und die Schläuche kommen um.
Sondern man füllt jungen Wein in neue Schläuche,
so werden sie beide miteinander erhalten.

Erster Morgen

Feiert, solange der Bräutigam bei euch ist!

Religion kann gesund sein – so gesund wie ein neugeborenes Kind, so gesund wie das Singen der Vögel am Morgen, so gesund wie eine Lotusblüte, die sich gerade öffnet. Religion kann krank sein, siech und sterbend – genau wie ein alter Mann einschrumpft und traurig dem Tod entgegentreibt.

Eine junge Religion verströmt einen Duft, den Duft von Leben. Es geht ein Singen von ihr aus, Geheimnisvolles umgibt sie. Sie ist aus demselben Stoff gemacht wie Tanz, wie Freude, wie Ausgelassenheit. Sie ist ein Fest. Wenn Religion jung ist, lebendig und frisch, ist sie immer ein Fest, ein Freudenfest. Sie bereichert das Leben, sie bejaht das Leben.

Wenn Religion alt ist, im Sterben liegt oder ganz tot ist, nur noch ein stinkender Leichnam, dann ist sie kein Fest mehr, sondern Verzicht. Sie wird lebensfeindlich, lebenverneinend. Sie flieht die Welt, flieht alles Lebendige. Sie wird selbstmörderisch, sie geht ein.

Leben ist Ausdehnung, Tod ist Einschrumpfen. Wenn du jung bist, strömst du in alle Richtungen. Wenn du alt bist, bist du gefroren. Du fließt nicht mehr. Du murrst nur, du wirst hart. Alle Beweglichkeit ist weg.

Die junge und lebendige Religion ist etwas ganz Gewöhnliches. Sie kann das Ego nicht befriedigen, sie ist schlichtweg gewöhnlich. Gerade in ihrer Gewöhnlichkeit ist sie außergewöhnlich. Sie ist unübertroffen gewöhnlich. Der jungen Religion genügt das Leben, wie es ist. Sie braucht keinen anderen Gott. Gott ist das Leben, und das Leben ist göttlich.

Wenn Religion alt und krank wird . . . Alles wird einmal alt und krank, alles Geborene muß sterben. Auch eine Religion wird irgendwann geboren, lebt eine Zeitlang und stirbt dann. Aber die Nachfolger klammern sich an die Leiche. Die Leiche tötet dann auch sie: sie wird zu einem Herd von Seuche und Neurose, sie entstellt, wird zum Krebsgeschwür. Wenn Religion krank wird oder stirbt, dann ist sie tödlich, sie ist giftig.

Man muß das von vielen Seiten her verstehen. Erstens: die Menschen gehören lieber einer toten Religion an als einer lebendigen; denn man hat euch erzogen zur Angst vor dem Leben, vor der Liebe, vor dem Glück. Jedes Kind auf dieser Welt lernt, wenn es heranwächst, das Gefühl: „Mit mir stimmt etwas nicht, wenn ich glücklich bin." Dieses Gefühl ist zwar sehr vage, aber es existiert und beeinflußt euer ganzes Leben. Ihr glaubt, mit dem Glücklichsein stimme etwas nicht. Wann immer ihr euch also wohl fühlt, fühlt ihr euch schuldig – so als hättet ihr etwas Schlimmes getan, als hättet ihr gesündigt.

Offenbar fühlen sich nur Sünder wohl, und Heilige sind anscheinend tieftraurig. Sobald ihr traurig seid, ist alles in Ordnung. Ihr habt keine Schuldgefühle, wenn ihr traurig seid – habt ihr das schon bemerkt? Aber wenn ihr sehr glücklich seid, wollt ihr das plötzlich verbergen, niemand soll es sehen! Wie konnte es kommen, daß die Menschen so denken?

Jedem Kind wird beigebracht, ernst und finster zu sein und ein langes Gesicht zu ziehen. Jedes Kind muß lernen, nicht herumzuspringen, nicht zu rennen, nicht zu kreischen, nicht vergnügt zu sein, nicht laut zu lachen. „Sitz still!", heißt es, als wäre es verkehrt, wenn seine Lebensfreude, seine Energie sich ausdrückt.

Sobald ein Kind sich freut, fängt die Familie und die Umwelt an, es zurechtzuweisen, als wäre etwas Schlimmes passiert. Und kaum ist das Kind nicht glücklich, kaum ist es unglücklich, fühlen alle mit ihm.

Ein krankes Kind bekommt alles. Ist es gesund, wird es von allen gebremst: „Dies darfst du nicht, das darfst du nicht." Liegt ein Kind krank im Bett, kommt der Vater an, die Mutter, die Verwandten und versorgen es. Nach und nach begreift das Kind: meine Lebensfreude, mein Glücklichsein, meine Fröhlichkeit sind grundsätzlich falsch. Und es kapiert, wenn es tanzt, herumtollt, vor Freude jauchzt, dann ist da etwas nicht in Ordnung.

Traurig und krank sein hingegen ist etwas Gutes. Sobald es traurig ist, wird es beachtet, anerkannt und bemitleidet. Sobald es gesund ist, hat es offenbar alle gegen sich, die ganze Welt. Das erzeugt in ihm ein Schuldgefühl, ein tiefes Gefühl von Schuld. Und dieses Schuldgefühl verfolgt ihn sein Leben lang.

Sobald ihr einen Heiligen seht und er lacht, seid ihr schockiert. So ein Schock – ein Heiliger, der aus vollem Halse lacht? Ein Heiliger hat griesgrämig zu sein; ihr wißt genau, wie ein Heiliger auszusehen hat! In der Kneipe kann man lachen, im Wirtshaus; Spieler tun sowas – aber in einer Kirche l a c h e n? Nein, das darf nicht sein. Wer zur Kirche geht, muß ein ernstes Gesicht machen, muß fast wie eine Leiche aussehen.

Das kommt von dieser Erziehung. Und in dieser Erziehung steckt ein Teufelskreis: deine Eltern haben dich so erzogen, deine Eltern wurden von ihren Eltern so erzogen. Irgendwann, früher, tief verschollen in grauer Vorzeit, ist etwas schiefgelaufen.

Vielleicht kommt es daher, weil man einen glücklichen Menschen nicht zum Arbeiten zwingen kann. . . denn Glück ist spielerisch.

Nur traurige Menschen lassen sich zum Arbeiten zwingen. Deshalb wirst du traurig, wenn du arbeitest, bist du niedergeschlagen, wenn du deinen Dienst verrichtest. Ein Feiertag hat ein ganz anderes Flair – da kannst du lachen, kannst dich freuen!

In früheren Zeiten war das Leben hart. Der Mensch lag im ständigen Kampf mit der Natur. Überleben war das einzige Ziel, und jeder mußte hart dafür arbeiten. Wenn du glücklich bist, tanzt du lieber und arbeitest nicht; wenn du glücklich bist, singst du lieber und spielst Flöte, anstatt dir dein Essen zu erjagen. Was kümmern dich Pflicht und Amt, wenn du glücklich bist? Wenn du glücklich bist, ruhst du dich lieber aus und streckst alle Viere von dir.

Doch das war gefährlich. Und so wurde Glücklichsein verpönt, wurde Faulheit verpönt, wurde Ausruhen verpönt. Seit eh und je wird gepredigt – es steckt euch tief im Blut –, daß Arbeit der Sinn des Lebens sei. Ein guter Mensch arbeitet immerzu. Ein schlechter Mensch dagegen scheint ewig blauzumachen.

Mulla Nasrudin arbeitet schon lange nicht mehr, seit Jahren nicht. Als er eines Tages – es war ein sehr sonniger Tag – bei mir saß, sagte er: „Wenn ich jetzt irgendwo arbeiten würde, hätte ich heute blaugemacht." Und schon seit Tagen, ja Jahren, arbeitet er überhaupt nicht! Ihm fehlt die Arbeit, weil er ohne sie nicht blaumachen kann. Von was soll er Urlaub nehmen? An Arbeit denkt er nur, wenn es um Urlaub geht.

Die ganze Menschheit wird dazu erzogen, nur an Arbeit zu denken.

Darum wird die Pflicht so gelobt und das Spiel so verdammt, wird der Geschäftssinn so gelobt und das Glücksspiel so verdammt. Ein Spieler ist spielerisch; ein Geschäftsmann ist ernst. Der Geschäftsmann wird geachtet, der Spieler wird geächtet. Man hält ihn für einen Untermenschen.

Religion ist eine völlig andere Dimension. Ein Spieler kann hier durchaus Einlaß finden, aber einem Geschäftsmann ist sie verschlossen. Ein Trinker kann zur Religion finden; womit ich aber nicht sage, daß ihr Säufer werden sollt. Ich hebe nur die Eigenschaft des Spielerischen hervor, die Fähigkeit zu genießen, einfach nur zu s e i n und sich um Erfolge nicht zu kümmern. Ein sehr ernster Mensch schließt sich durch seinen eigenen Ernst aus.

Jesus hat sich selbst in Schwierigkeiten gebracht. Er war ein religiöser Mensch – gesund, jung, sprühend vor Leben. Sein Gott war das Leben. Die Evangelien beschreiben immer wieder, wic er bei Tisch sitzt und ißt und trinkt. Wie konnten da die Juden und das Volk, sein Volk, glauben, er wäre religiös? Dazu muß man fasten, und er war nur am Feiern: Wo er auftauchte, gab es ein Fest. Wohin er ging, verbreitete er Lebensfreude. Was für eine Art religiöser Mensch soll das sein? Seine eigenen Verwandten dachten, er wäre nicht ganz beieinander, seine eigenen Verwandten hielten ihn für ein bißchen verrückt. Und die Gesellschaft, in der er lebte, hielt ihn für einen Vielfraß, einen Säufer; er mochte ein Sünder sein – ein Heiliger jedenfalls war er nicht.

Deshalb kreuzigte man ihn auch außerhalb der Stadt. Die Juden hatten ein Gesetz, das zwei Arten der Kreuzigung vorsah: in der Stadt oder außerhalb der Stadt. Wenn ein Mitglied der Gesellschaft etwas verbrochen hatte, wurde er in der Stadt gekreuzigt. Aber wenn einer, der ein Verbrechen beging, auch noch ein Außenseiter war, wurde er zum Zeichen, daß er nicht zur Gesellschaft gehörte, daß er ein Ausgestoßener war, draußen vor der Stadt gekreuzigt.

Jesus wurde draußen vor der Stadt gekreuzigt. Nicht nur das. Um diesen Umstand noch hervorzuheben, wurden zwei gefährliche Verbrecher mit ihm gekreuzigt, zu beiden Seiten je ein gefährlicher Krimineller. Genau zwischen ihnen wurde er gekreuzigt – nur um den Umstand zu betonen, um es den Leuten in den Kopf zu hämmern, daß es sich um nichts als einen Verbrecher handelt, einen gefährlichen Mann – absolut ehrlos, ein Ausgestoßener.

Er mußte niedergemacht werden wie ein Wurm, nicht wie ein Mensch. Und was hatte er getan? Was für eine Sünde hatte er begangen? Die Sünde, glücklich zu sein.

Ich werde genauso verdammt. Die Leute würden mich mögen, wenn ich traurig wäre, wenn ich fasten und meinen Körper abtöten würde. Sie würden mich mögen, wenn ich euch eine Art von Masochismus lehren würde: grausam zu sein gegen euch selbst. Dann würden sie mich mögen und mich in den Himmel loben und mich einen *Avatar*, eine Inkarnation Gottes nennen.

Aber ich lehre euch, lebendig zu sein, ich lehre euch, glücklich zu sein. Ich gebe euch nur ein Evangelium: das Evangelium der Freude und der Liebe. Das ist ein Verbrechen. Damit schaffe ich eine gefährliche Situation. Damit verderbe ich die Menschen.

Jesus beging das Verbrechen, glücklich zu sein. Das war sein einziges Verbrechen, sonst nichts.

Die Christen haben versucht, sein Gesicht zu verändern. Sie sagen, er hätte nie gelacht. Könnt ihr euch einen Menschen vorstellen, der ständig an Tafeln sitzt und gut ißt und trinkt und dabei nicht lacht? Unmöglich! Aber die Christen müssen einen ehrbaren Christus herbeizaubern, einen Jesus, der kein Verbrecher ist. Sie haben sein Gesicht überschminkt. Es gibt kein einziges von Christen gemaltes Bild von Jesus, keine einzige von Christen gemachte Statue, die wirklich oder wahr wäre. Alles absolut unwahr. Der Mann ist verraten worden.

Neulich abends las ich ein Gedicht. Es gefällt mir. Hört bitte gut zu. Es ist ein Gedicht von Adrian Mitchell.

Der emanzipierte Christus gibt ein Interview

Ich wär über's Wasser spaziert,
nur die Versich'rung, die hat nicht gedeckt.
Und kaum war die erste Lepra kuriert,
hat die Ärztekammer mich ausgecheckt.

Und 'ne Predigt wie nie hätt' ich hingelegt,
nur der Berg, der war mir zu steil.
Und fünfzigtausend hätt' ich glatt sattgekriegt –
aber wo war die Presse? Auf P.R. bin ich geil.

Die Händler hätt' ich aus'm Tempel vertrieben,
aber die hatten sich Bullen geheuert.
Und wär ich ein Jahr in der Wüste geblieben,
mein Chef, der hätt' mich gefeuert.

Und Wasser zu Wein wär auch was geworden,
nur gaben sie keine Lizenzen aus.
Und na klar wär ich gern am Kreuz gestorben –
aber ihr wißt ja wie's ist, 's wurd halt nix draus.

Der Bart ist ab und das Haar frisiert,
trag jetzt kugelsichere Unterhemden. . .
Ich bin Jesus Christus, nur emanzipiert.
Hab leider kein Blut zu verschwenden.

Die Christen haben ihn völlig verändert. Er war nicht so. Er war ein rebellischer Mensch, ein außergewöhnlicher Revolutionär. Und er lebte es auch, lebte seine Rebellion. Er war kein Theoretiker: er lebte sie, er starb für sie. Er liebte das Leben so sehr, daß er bereit war, dafür zu sterben. Aber er war nicht bereit, gegen das Leben zu sein. Das war sein Verbrechen.

Sogar mit Johannes dem Täufer und dessen Jüngern gab es Probleme. Johannes der Täufer war ein herkömmlicher, traditioneller

Prophet. Seine Jünger waren Asketen: Fasten und Beten. Sie waren gegen das Leben. Jesus geriet in Konflikt mit den Jüngern des Täufers. Die Sutras, über die ich heute spreche, handeln von diesem Konflikt.

> *Da kamen die Jünger des Johannes zu ihm und sprachen:*
> *Warum fasten wir und die Pharisäer,*
> *und deine Jünger fasten nicht?*

Wie konnte das Fasten so wichtig werden? Warum ist *brahmacharya* – das Zölibat – so wichtig?

Das Leben hängt von zwei Verhaltensweisen ab, vom Essen und vom Sex. Wer gegen das Leben ist, wird sowohl gegen das Essen als auch gegen den Sex sein, denn das sind die eigentlichen Grundlagen des Lebens. Durch Essen lebst du; durch Sex leben die kommenden Generationen. Beim Fasten stirbst du. Durch sexuelle Enthaltsamkeit schneidest du zukünftigen Generationen den Weg ab. Mit totalem Fasten und absoluter Enthaltsamkeit verschwindet alles Leben von der Erde. Alle, die gegen das Leben sind, preisen seit eh und je das Fasten als Methode und die Enthaltsamkeit als Ziel.

Die Frage ist bezeichnend: „Warum fasten wir, die Jünger des Täufers, so oft, und die Rabbiner und Pharisäer auch, während deine Jünger nicht fasten?"

Zu mir kommen die gleichen Leute und stellen die gleichen Fragen: „Warum lehrst du die Menschen nicht fasten? Das überrascht mich immer wieder. Warum machen sich die Leute so viele Gedanken ums Essen? Schaut euch Gandhis Leben an, alles dreht sich nur ums Essen: Essen und Magen, Essen und Einläufe – das sind seine beiden ewigen Probleme. Warum hat er solche Angst vor dem Essen?

Durch das Essen entsteht Angst, Angst vor Sex. Gutes Essen erzeugt sexuelle Energie. Und strömt diese Energie im Innern nicht aufwärts, beginnt sie nach unten zu fließen. Wenn du nicht weißt, daß diese Energie genau wie Feuer nach oben steigen kann, dann fließt sie wie Wasser. Mit Essen kommt also die Angst vor Sex.

Geht hin und seht es euch an: es gibt in Indien viele Heilige, vor allem Jainas. Die Jainas haben eine Menge von heiligen Männern, die ständig fasten. Sie tun es aus Angst vor Sex, denn würden sie gut essen, würde das Energie erzeugen. Und wenn die Energie da ist, was dann mit ihr anfangen? Lachen geht nicht, tanzen und lieben auch nicht. Was soll man mit der Energie tun? Die Energie fällt einem zur Last. Besser, sie gar nicht erst erzeugen!

Fasten ist der Versuch, keine Energie zu erzeugen. Du lebst dann auf dem Niveau der Unterernährung, erzeugst nur ein Energieminimum, und dies wenige wird von der täglichen Arbeit aufgebraucht. So hast du nie Energie übrig. Schon zu einem herzhaften Lachen gehört Energie. Zum Tanzen gehört Energie. Lebe also am Existenzminimum – denn wenn die Energie ihr Höchstmaß erreicht, bricht Freude aus!

Wenn man einem Baum nicht genug Wasser gibt, wenn ein Baum nicht genug Dünger, nicht genug Nahrung bekommt, kann er zwar weiterleben, aber Blüten wird er keine treiben. Blüten kommen nur, wenn der Baum Energie übrig hat. Blüten sind Luxus: wenn der Baum alles hat, was er braucht und noch viel mehr, und dann teilen möchte, treibt er Blüten und fängt an zu duften. So genießt der Baum seine Energie. Er hat zuviel, er möchte gern mit der Welt teilen! Wenn du aber nicht genug hast, wie kannst du da teilen? Der Baum kann dann zwar leben, aber er wird nicht richtig grün. Er liegt halb im Sterben, immer am Rande des Todes.

Die Menschen haben den Trick gelernt: wenn du fastest, lebst du auf minimalem Niveau. Die Gefahr ist dann kleiner. Du kannst nicht wütend werden, denn Wut braucht Energie. Du kannst nicht lieben, denn Liebe braucht Energie. Du kannst dich nicht freuen, denn Freude braucht Energie. Leben ist ein Spiel der Energie; alles braucht Energie. Wenn du also auf minimalem Niveau lebst, bist du gerade so eben lebendig, dem Tod immer nah.

Vergiß nicht: das Reich Gottes ist nur nah, wenn ihr auf maximalem Niveau lebt, wenn ihr ein optimales Leben führt, wenn ihr auf dem Gipfel lebt. Dann ist das Reich Gottes nah.

Wer auf minimalem Niveau lebt, begeht Selbstmord. Hätten diese Menschen genug Mut, würden sie sofort Selbstmord begehen. Sie sind zu feige, also bringen sie sich langsam um, vergiften sich ganz langsam. Sie leben weiter, ohne überhaupt zu leben.

Johannes der Täufer und seine Jünger waren Asketen. Sie lebten auf minimalem Niveau. Jesus wurde von seinen Mitbrüdern – er war ja auch ein Jünger des Täufers – für einen Verräter gehalten. Er hatte den Meister verraten, denn er begann, in eine völlig andere Richtung zu gehen. Er wurde zur Quelle einer lebendigen Religion. Er begann zu feiern.

Der wahre Jesus ist völlig verlorengegangen in der Wüste der christlichen Theologie. Er ist völlig verschollen. Unter dem Müll, den die christliche Theologie nach wie vor in großen Mengen produziert, liegt das wahre Evangelium verschüttet und vergessen. Die Botschaft dieses Mannes war, sich am Leben zu freuen, denn das ist das einzige Dankgebet an Gott. Das Leben soll Feier und nicht Fasten sein.

Warum fasten wir und die Pharisäer,
und deine Jünger fasten nicht?

Jesus sprach zu ihnen:
Wie können die Hochzeitleute Leid tragen,
solange der Bräutigam bei ihnen ist?
Es wird aber die Zeit kommen,
daß der Bräutigam von ihnen genommen wird;
alsdann werden sie fasten.

Sehr vielsagende Sutras. Er sagt: *Wie können die Hochzeitleute Leid tragen, solange der Bräutigam bei ihnen ist?* Das wäre wirklich idiotisch, absurd, neurotisch. . . Wenn der Bräutigam im Haus ist, ist Trauern und Fasten und Wehklagen fehl am Platz. Die Hochzeitsleute tanzen, jubeln und genießen: der Bräutigam ist bei ihnen!

Es wird aber die Zeit kommen,
daß der Bräutigam von ihnen genommen wird;
alsdann werden sie fasten.

Und diese Zeit ist gekommen. Diese Zeit währt nun schon seit langem auf Erden, seit fast zweitausend Jahren. Die Kirchen trauern: der Bräutigam ist nicht mehr unter ihnen. Die Päpste sind griesgrämig, die Bischöfe können nicht lachen. Ihre Gesichter sind halb tot: eingefrorenes, steckengebliebenes Leben, alle Beweglichkeit verloren. Sie plappern nur mechanisch nach, was Jesus gesagt hat.

Jesus sagt, daß in Zeiten einer lebendigen Religion niemand ans Fasten denkt. Feiern und Danken ist angesagt, Danken dafür, daß der Bräutigam da ist. Tanzen und Singen ist angesagt – vor Entzücken schier den Kopf Verlieren. Ja, die Zeit wird kommen, da der Bräutigam von euch genommen wird, da Jesus nicht mehr hier sein wird. Dann könnt ihr trauern und fasten, soviel ihr wollt. Jesus sagt: „Wo doch ich da bin, wie können sie da traurig sein? Wieso sollten sie fasten, solange ich da bin? Jetzt ist die Zeit zu jubeln!"

Jesus sagt immer wieder: „Freut euch!" Er sagt niemals: „Verzichtet!" Er sagt: „Freut euch! Die Welt gehört euch, wenn ihr euch freut. Alles gehört euch, wenn ihr glücklich seid."

Ein wahres Sprichwort: „Lache, und die ganze Welt lacht mit dir. Weine, und du weinst allein." In dein herzhaftes Lachen stimmen plötzlich die Bäume mit ein, die Vögel und die Tiere, der Himmel und die Erde. Es ist wie eine Einladung, eine Eröffnung. Wenn

du weinst und klagst, bist du zu. Du bist nicht da für das Meer und die Dünen, und das Meer und die Dünen sind nicht da für dich. Du bist eine Monade geworden, fensterlos, türlos, alles verriegelt.

Ein trauriger Mensch ist verschlossen, völlig in sich selbst eingeschlossen. Sein Wesen dehnt sich nicht aus; sein Wesen ist nicht wie ein Strom, der dem Meer zuströmt. Er ist ein toter Tümpel, der nirgends hinführt. Jede Bewegung hört auf, der Fluß des Lebens steht still.

Jesus sprach zu ihnen:
Wie können die Hochzeitleute Leid tragen,
solange der Bräutigam bei ihnen ist?

Laßt euch die Chance nicht entgehen, solange Religion lebendig und jung ist; denn die Zeiten, da der Bräutigam nicht mehr unter euch weilen wird, werden lang sein. Dann könnt ihr trauern und fasten und tun, was ihr wollt.

Aber das Schwierige ist: wenn Jesus da ist, töten ihn die Menschen, und wenn er fort ist, beten sie ihn an. Solange Buddha da ist, werfen die Menschen Steine auf ihn; kaum ist er fort, wird er angebetet. Das war immer so. Die menschliche Dummheit kennt keine Grenzen. . .

Wenn Jesus dann fort ist – bei seinem Tode entsteht ein völlig anderer Typ Religion, seinem Wesen diametral entgegengesetzt, denn die Religion nach Jesus wird von den traurigen Leuten gemacht, von Kopfmenschen, im Kopf Steckengebliebenen. Sie sind die Religionsstifter.

Sie versammeln sich, berufen Konzile ein, legen fest, was Jesus war. Sie bemalen, sie überpinseln ihn, sein ursprüngliches Gesicht geht ganz verloren. Sie übernehmen die Führung. Als Jesus noch da war, haben genau diese Leute einen großen Bogen um ihn gemacht, denn er war ihnen nicht ehrbar genug.

Was für ein Unglück! Solange Jesus lebt, ist er diesen Gelehrten, Pharisäern und Rabbis nicht ehrbar genug, als daß sie zu ihm gingen und ihm zuhörten. Sie kommen unter keinen Umständen, es ist unter ihrer Würde. Sie wissen ja schon alles. Aber wenn der Geruch fort ist, kommen sie sofort und füllen das Vakuum, füllen den Platz aus, den Jesus hinterließ, denn nun dürfen sie diskutieren, was Jesus gemeint hat und was nicht. Jetzt können sie den Charakter von Jesus festlegen. Sein Charakter wird dabei zur Karikatur, er wird absolut unwahr, denn diese Leute *können* ihn gar nicht verstehen, diese Gelehrten.

Ein Mann von Wissen kann Jesus nicht verstehen. Er versteht nur heilige Schriften, nur tote Buchstaben. Jesus ist das Wort, das Fleisch geworden ist, das pulsiert, das lebendig ist, das lebt. Der Mann von Wissen kennt sich nur bei Leichen aus. Er kann die Leiche sezieren und macht daraus etwas, was dem wirklichen Menschen, der da war, absolut und diametral entgegengesetzt ist. Solche Menschen schaffen das Christentum, den Jainismus, den Buddhismus. Buddha war nicht der Stifter des Buddhismus, und Christus war nicht der Stifter des Christentums.

Das Christentum wurde von dem gleichen Menschenschlag geschaffen, der Jesus kreuzigte, genau von denen. Es sind vielleicht nicht dieselben Menschen, aber sie sind vom gleichen Schlag. Die ihn kreuzigten, waren Priester und die das Christentum schufen, waren ebenfalls Priester.

Es ist egal, ob ein Priester Jude ist oder Christ. Das ist nur eine Frage des Etiketts, kein wirklicher Unterschied. Der Priester ist immer gegen den lebendigen religiösen Menschen und immer für den toten, denn der tote Mensch läßt sich von ihm manipulieren.

Der lebendige Jesus wird nicht auf den Rabbi hören. Der Rabbi hat Angst vor dem lebendigen Jesus. Er kreuzt niemals seinen Weg, er meidet ihn wie die Pest. Aber wenn er tot ist, rotten die Rabbis sich zusammen. Auf seinem Leichnam errichten sie die Kirche. Das ist es, was Jesus hier sagt:

Wie können die Hochzeitleute Leid tragen,
solange der Bräutigam bei ihnen ist?
Es wird aber die Zeit kommen,
daß der Bräutigam von ihnen genommen wird;
alsdann werden sie fasten.

„Wenn ich tot bin", sagt Jesus, „wenn die Frische der Religion fort ist", sagt Jesus, „dann werden die Menschen fasten, dann werden sie trauern. Aber jetzt im Moment ist Fasten nicht angebracht."

Vergiß also nicht: solange eine Religion Freudenfeste feiert, ist sie lebendig. Mach mit! Aber wenn eine Religion fastet, lauf weg, so schnell du kannst, denn nicht nur, daß sie selbst tot ist, sie tötet auch dich, wenn du ihr zu nahe kommst.

Niemand flickt ein altes Kleid
mit einem Lappen von neuem Tuch;
denn der Lappen reißt doch wieder vom Kleid,
und der Riß wird ärger.

Jesus sagt: „Die traditionelle Religion, die alte Religion, kann nicht feiern." Ein Fest ist „neu", jeden Augenblick ist es „neu", es ist nie „alt".

Niemand flickt ein altes Kleid
mit einem Lappen von neuem Tuch. . .

Eine neue, frische, junge Religion paßt nie zur Tradition. Eines Tages wird sie zu ihr passen, wenn die Frische weg ist, wenn sie selbst zur Tradition geworden ist, zu toter Vergangenheit. Lebendige Religion ist Gegenwart. Sie ist in der Gegenwart. Tradition ist nur Erinnerung. Könnt ihr den Unterschied genau spüren? Ihr müßt ihn fühlen.

Du liebst eine Frau. Die Frau ist da, du bist da. . . zwischen euch fließt Liebe. Etwas ist präsent, etwas Unbeschreibliches umschließt euch, etwas, das ihr nicht fassen könnt, etwas Unstoffliches, etwas Spirituelles. Etwas aus einer andern Welt hat sich über euch gesenkt. Ihr lebt in einer völlig andern Welt. Der Augenblick ist nicht mehr von dieser Welt, ihr seid hinausgelangt, hinausgetragen worden in eine unbekannte Dimension. Aber irgendwann ist die Frau nicht mehr da, ist die Liebe nicht mehr da. Jahre vergingen. Nur Erinnerung bleibt. Du kannst ihr gelegentlich nachhängen, kannst die Augen zumachen und jenen Augenblick der Glückseligkeit noch einmal schauen. Aber jetzt ist er staubig geworden, viel Staub liegt darüber. Nun lebt er nicht mehr. Du kannst ihn noch spüren, aber nun ist dies Nachspüren nur ein Gefühl vom Kopf her, es ist nicht mehr unmittelbar.

Als die Liebe da war, war sie unmittelbar. Sie war etwas, das du hättest anfassen können, etwas, das dich umgab, das lebendiger war als dein eigener Körper, das kraftvoller war als dein eigener Geist. Aber jetzt ist sie nur noch Erinnerung.

Eine Blume: lebendig am Morgen, begrüßt die Sonne, tanzt im Morgenwind. Am Abend sind ihre Blüten verwelkt, ist der Duft verflogen. Eine Erinnerung an Vergangenes. Vergangenes kannst du nicht leben, du kannst nur daran denken.

Solche Gedanken können bewirken, daß man sich ans Vergangene klammert. So entsteht Tradition. Buddha lebte vor zweitausendfünfhundert Jahren, Jesus vor zweitausend Jahren, Krishna vielleicht vor fünftausend. Als Jesus hier auf der Erde war, da war etwas im Gange. Jetzt ist es nur mehr Erinnerung: die Blume ist fort, der Duft ist fort. Nur die Leere bleibt zurück. Und ihr betet immer noch diese Leere an, baut Tempel um sie her, Kirchen um sie her. Ihr betet diese Leere an. Was bleibt, ist Erinnerung.

Was für eine Dummheit hat sich im Herzen des Menschen breitgemacht? Ist die Blume da, meidet ihr sie, und die Leere, die zurückbleibt, betet ihr an. Ihr habt Angst vor der wahren Religion. Darum werdet ihr Hindus, Moslems, Christen. Das ist ein Trick des Verstandes, ein Täuschungsmanöver, ein Weg, der

Religion auszuweichen, denn Religion würde dich verändern. Religion zerstört das, was du bist, Religion bringt dich neu hervor. Religion läßt etwas Unbekanntes entstehen, und davor hast du Angst – Angst vorm Sterben, vorm Wiedergeborenwerden. Darum lauft ihr alten Traditionen nach.

Jesus sagt: *Niemand flickt ein altes Kleid mit einem Lappen von neuem Tuch. . .* Traditionen sind alt, wie alte Kleider.

Ein Fest ist immer neu, es ist nie alt. Es ist hierjetzt. Tote Religionen fasten; sie sind asketisch. Junge Religionen feiern; sie sind spiritueller Hedonismus.

Kennt ihr „Alexis Sorbas" von Kazantzakis? Müßt ihr lesen! Jesus muß etwas von Alexis Sorbas an sich gehabt haben: die ungeheure Gabe, das Leben zu genießen, ein unendliches Vertrauen ins Leben, ein tiefer Gleichklang mit der Gegenwart. Kazantzakis Roman „Alexis Sorbas" enthält etwas vom Wesen Jesu. Natürlich wird es den Papst im Vatikan tödlich beleidigen, wenn er mich sagen hört, Jesus und Alexis Sorbas seien wesensverwandt. Aber ich sage es. Sie sind es. Was kann ich dafür? Ein und derselbe spirituelle Hedonismus. . .

Laßt mich diesen Ausdruck prägen: „spiritueller Hedonismus". Denn „Hedonismus" klingt euch normalerweise zu weltlich. „Wein, Weib und Gesang" – das ist weltlicher Hedonismus. Im spirituellen Hedonismus gibt es auch das – und mehr dazu. Wein, Weib und Gesang gibt es dort, plus: Gott. Wein, Weib oder Mann und Gesang, im Namen des Heiligsten, im Namen deines Gottes, deines Vaters, der im Himmel ist.

Wein, Weib und Gesang, laßt das euer Gebet sein. Laßt euren Wein und eure Liebe und euren Gesang so etwas wie ein Ritual sein, so etwas wie ein Gebet, eine Geste des Glücks, die sagen will: „Ich bin okay, und ich bin glücklich, daß du mir dies Leben geschenkt hast, ich bin so froh, dazusein, und mein ganzer Dank gilt dir."

Zur lebendigen Religion gehört spiritueller Hedonismus. Stirbt die Religion, verschwindet der Hedonismus, und die Religion wendet sich feindselig gegen alle Freuden. Die tote Religion ist ständig auf der Suche nach Methoden, die dich deprimieren, mit Kummer überhäufen und dir den Zugang zu jedem Genuß, zu jeder Freude abschneiden. Sie wird zur Askese.

Man füllt auch nicht jungen Wein in alte Schläuche;
sonst zerreißen die Schläuche,
und der Wein wird verschüttet,
und die Schläuche kommen um.
Sondern man füllt jungen Wein in neue Schläuche,
so werden sie beide miteinander erhalten.

Nur eine neue Religion, eben geboren, taufrisch, ursprünglich, kann feiern. Feiern gehört einfach dazu. Sie kann lieben, kann vertrauen, kann genießen.

Man füllt auch nicht neuen Wein in alte Schläuche. . .

Eine sehr rätselhafte Antwort. Sie hatten gefragt: „Warum fasten deine Jünger nicht?" Und Jesus antwortet ganz indirekt. Es gibt Dinge, die sich nur indirekt sagen lassen. Man kann sie nicht direkt zeigen.

Ich war einmal bei einem Freund zu Besuch. Er hat ein wunderbares Kind, einen kleinen Jungen, acht oder neun. Der Junge spielte draußen im Garten, und ich beobachtete ihn. Er rannte den Schmetterlingen nach, pflückte Blumen, kugelte sich im Gras und genoß die Nässe des Rasens und die Tautropfen. Der Gärtner schnitt gerade die Hecke, und die frisch geschnittene Hecke verströmte einen herrlichen Duft im ganzen Garten. Der Junge sprang und tanzte und rannte quietschvergnügt herum.

Dann kam er herein. Die Mutter fragte: „Wo hast du gesteckt?" Er sagte: „Draußen." – „Was hast du gemacht?" – „Nichts." Da rief ich ihn und sagte: „Das stimmt nicht. Du hast doch eine

Menge Dinge getan. Und du sagst, du hast nichts gemacht?“ Er sagte: „Deswegen sage ich ja ‚nichts‘. Sowas kann man nicht sagen. Der Duft. . .“ Ja, ich verstand, was er sagen wollte. Der Duft, der ihm in die Nase drang – wie kann man das aussprechen?

Und als er im Gras herumrollte, das Gefühl vom Gras, von den Tautropfen auf der Haut. . . die unsägliche Kühle, Frische. Wie läßt sich das sagen? Und die Jagd auf Schmetterlinge. . .

Was passiert im Gemüt eines Kindes, wenn es hinter Schmetterlingen herläuft? Wie läßt sich sowas in Worte fassen? Und die Sonne, das flutende Licht, wie läßt sich sagen, was da im Herzen passiert? Ja, ich verstand, was er meinte. Er wich aus, als er sagte: „Draußen.“ Und auf die Frage der Mutter: „Was hast du getan?“ antwortete er: „Nichts“. Er hatte so vieles getan, daß es sich anders nicht sagen ließ. Nur ein „Nichts“ kann das alles abdecken, und nur ein „Draußen“ – ein Deckwort, das vieles umfassen kann. „Draußen“ – die ganze Welt liegt darin beschlossen. Draussen – die Sonne, die Bäume, die Schmetterlinge, das Gras, die Tautropfen. Das sind die äußeren Dinge. Und was geschah im Innern des Kindes? Helles Entzücken, aus keinem sichtbaren Grund. Einfach Glück. Wie das in Worte fassen?

Als Jesus gefragt wurde: „Warum fasten deine Jünger nicht?“ – was konnte er sagen? Er sagte: *„Wie können die Hochzeitleute Leid tragen, solange der Bräutigam bei ihnen ist?“*

Er antwortete also mit einer Gegenfrage.

Es wird aber die Zeit kommen,
daß der Bräutigam von ihnen genommen wird;
alsdann werden sie fasten.

Niemand flickt ein altes Kleid
mit einem Lappen von neuem Tuch;
denn der Lappen reißt doch wieder vom Kleid,
und der Riß wird ärger.

Man füllt auch nicht jungen Wein in alte Schläuche;
sonst zerreißen die Schläuche,
und der Wein wird verschüttet,
und die Schläuche kommen um.
Sondern man füllt jungen Wein in neue Schläuche,
so werden sie beide miteinander erhalten.

Eine sehr indirekte Antwort, doch gibt sie euch den richtigen Schlüssel.

Es gibt Dinge, die sich nicht direkt sagen lassen. Sie sind so von Leben erfüllt, daß man um sie herumgehen muß. Sie sind wie elektrische Leitungen. Sie mit bloßer Hand anzufassen, ist gefährlich. Daher spricht Jesus in Gleichnissen.

Adolf Hitler hat einmal gesagt: „Ich sehe nicht ein, warum der Mensch nicht genauso grausam sein soll wie die Natur." Wieso soll der Mensch nicht ebenso grausam sein wie die Natur? Und man kann sagen, daß der Mensch bisher wirklich so grausam war wie die Natur, ja, grausamer. Manchmal seid ihr grausam zu andern, manchmal seid ihr grausam zu euch selbst. Das sind die gewöhnlichen Kategorien; in sie läßt sich die ganze Menschheit einteilen. Selten gibt es einen Menschen, der weder zu andern noch zu sich selbst grausam ist. So einen Menschen nenne ich den Menschen Gottes, den Gottmenschen.

Es ist sehr leicht, von einem Extrem ins andere zu fallen. Normalerweise sind die Menschen grausam zu andern: gewaltsam, aggressiv. Und diese Gewalt gegen andere, diese Grausamkeit gegen andere muß später teuer bezahlt werden. Denn wenn du grausam zu andern bist, werden sie grausam zu dir sein.

Du kannst nicht ewig gegen sie aggressiv sein, die Gewalt kehrt zu dir zurück. Sie ist gefährlich, sie kommt einen teuer zu stehen – selbst ein Adolf Hitler oder ein Napoleon muß dafür zahlen. Sie sterben einen Tod der reinen Gewalt – einer Gewalt, die zu ihnen zurückkehrt, die auf sie zurückfällt.

Du spuckst in den Himmel, und die Spucke fällt dir auf den Kopf. Du gräbst andern eine Grube und fällst eines Tages selbst hinein. Besonders schlaue und berechnende Köpfe haben kapiert, daß es eine teure und gefährliche Sache ist, Gewalt gegen andere anzuwenden. Trotzdem möchten auch sie gewalttätig sein, möchten sie grausam sein. Die Aggression steckt ihnen tief in den Knochen, steckt tief in ihrer Animalität – was also tun?

Der beste und der diplomatischste Weg ist, gewaltsam gegen sich selbst zu sein – dann bleibt man von Rache verschont. Und so ist der normale Mensch aggressiv gegen andere, und eure sogenannten Heiligen sind aggressiv gegen sich selbst. Sie sind ganz einfach berechnender. Sie sind Feiglinge, Weltflüchtlinge, aber auch sie sind gewaltsam – gegen sich selbst.

Wißt ihr, daß es eine christliche Sekte gab – es gibt sie heute noch, sie sind zwar kaum von Bedeutung, aber es gibt sie immer noch – die sich jeden Morgen auspeitschten, ihren eigenen Körper verprügelten? Bis aufs Blut – das war ihr Gebet. So als würde Gott nach ihrem Blut hungern, als dürstete Gott nach ihrem Blut. Was für ein Gott mußte in ihrer Vorstellung herumgeistern? Ein Mörder? Irgendeine blutrünstige Macht? Nein, sie opferten sich selbst. Sie wollten Gott beweisen: „Schau her, wir sind nicht glücklich, wir sind sehr unglücklich, hab Gnade mit uns." Da war ihr Beten: „Wir sind so verzweifelt, sieh, unser Blut fließt. Wir leiden so tiefes Elend, sei uns gnädig!"

Aber ich sage euch: Gottes Gnade fällt nur auf die Glücklichen. Jesus sagt einen der rätselhaftesten Sätze: „ Wenn du viel hast, wird dir noch mehr gegeben. Und wenn du wenig hast, wird dir auch das noch genommen." Das hat noch niemand gesagt. Jesus ist einfach unerhört: „Wenn du nichts hast, wird dir selbst das noch genommen. Und wenn du wirklich etwas hast, wird dir noch mehr gegeben." Sieht wirklich antikommunistisch aus! Aber es ist ungeheuer wahr, absolut wahr. Wenn du glücklich bist, steht dir alles Glück offen. Wenn du unglücklich bist, ziehst du noch mehr Unglück an.

Bist du glücklich, bekommst du noch mehr: Türen gehen auf, Gottes Gnade ist mit dir. Er liebt alle, die tanzend und singend zu ihm kommen. Aber die mit Klagen zu ihm kommen, mit traurigen Gesichtern, überströmt von Blut, die können nicht geliebt werden. Sie waren nicht mal fähig, sich selbst zu lieben – wie könnte Gott sie lieben? Merk dir das: wenn du dich selbst nicht lieben kannst, kann niemand sonst dich lieben. Von Gott ganz zu schweigen, nicht mal gewöhnliche Menschen werden dich lieben.

Zuerst mußt du dich selber lieben. Erst dann lieben dich auch andere. Und du mußt dich so unendlich lieben, so total, daß nicht der kleinste Funken Selbsthaß übrigbleibt. Erst dann eröffnet sich dir Gottes Liebe und Gnade.

Seine Liebe ist gewaltig für die, die sich selbst lieben. Er ist ein Liebhaber der Liebenden. Seine Gnade senkt sich über dich, wenn du tanzt, und nicht, wenn du in Märtyrerhaltung dastehst. Das ist eine der häßlichsten Haltungen, die man überhaupt einnehmen kann. Versucht niemals, Märtyrer zu sein! Aber seht genau hin: Jesus ist alles andere als ein Märtyrer; nur die Christen sind seit eh und je Märtyrer, die sich selber geißeln. In Rußland gab es eine christliche Gemeinde – eine große Gemeinde, vor der Revolution – die schnitten sich die Genitalien ab – Gott zum Opfer. Was für ein Opfer soll das sein? Was wollen sie damit sagen? Sie sagen: „Gott, sieh, wir haben uns die Genitalien abgeschnitten zum Zeichen, daß uns jetzt weder das Leben interessiert, noch die Liebe, noch das Glück. Wir haben kein Interesse mehr an jeglicher Ekstase.“ Und sie fasteten, und sie beteten. . .

Gott liebt das Leben: in jedem Augenblick erschafft er Leben. Gott ist nicht gegen das Leben: er ist der innerste Kern des Lebens, er liebt das Leben.

Ihr kennt den Ausdruck: „Sein Leben ausleben“. Ich möchte das etwas abändern. Ich würde sagen: „Sein Leben aus*lieben*.“ Lebt es nicht nur aus, das wäre armselig: liebt euer Leben aus! Werdet zur Flamme, zur Fackel, die an beiden Enden brennt.

Wenn du nur für einen einzigen Augenblick an beiden Enden brennst und dich in Liebe in alle Himmelsrichtungen verströmst, bist du im selben Augenblick ins Göttliche eingegangen. Das meine ich mit „spirituellem Hedonismus". Jesus ist ein spiritueller Hedonist.

Hab immer ein wachsames Auge auf deine inneren Haltungen, denn aller Wahrscheinlichkeit nach ist da immer noch irgendwo der Asket versteckt. Beobachte genau deine Haltung zu den Dingen, denn die Wahrnehmung deiner Haltungen enthält den Schlüssel, der dir viele Türen öffnet.

Zum Beispiel fällt es dir leicht, Mitleid mit jemandem zu haben, der traurig ist und leidet und Schmerzen hat. Das erregt dein Mitgefühl. Aber wenn jemand glücklich ist, ausgesprochen vergnügt, was passiert dann? Mit einem Glücklichen kannst du nicht mitfühlen! Du empfindest Neid: Vielleicht hat der Betreffende im Lotto gewonnen, und du beneidest ihn. Dann stirbt ihm die Frau, er wird beraubt, der Lotteriegewinn ist hin, und du fließt über vor Mitgefühl. Warum bist du der Traurigkeit gegenüber so mitfühlend? Was ist das? Warum bist du der Traurigkeit gegenüber so mitfühlend? Offenbar ziehst du irgendeinen heimlichen Genuß daraus. Du bist grausam. In das Glück eines anderen fühlst du dich nicht ein, doch beim Unglück eines anderen fühlst du immer mit. Du mußt einen heimlichen Genuß daraus ziehen.

Wenn jemand unglücklich ist, empfindest du eine tiefe innere Befriedigung, daß *ihm* das passiert ist. . . „nicht *mir*". Du hast Oberwasser. Du kannst mitfühlen, es kostet nichts.

Aber kannst du mit einem tanzen, der glücklich ist? Kannst du wirklich über das Glück eines anderen glücklich sein? Wie oft warst du traurig in anderer Leute Trauer, aber kannst du wirklich glücklich sein, wenn andere Menschen glücklich sind? Ja, du kannst dich verstellen, aber du weißt es besser. Du lächelst und sagst: „Wie gut! Gott war dir gnädig!", aber tief drinnen bist du neidisch.

In die Glücklichen kannst du dich erst dann einfühlen, wenn du selbst glücklich sein kannst. Aber eben das kannst du nicht, du bist unglücklich, ein Häufchen Elend. Jeder, der noch unglücklicher ist als du, macht dich ein bißchen froh. Da geht es jemandem noch dreckiger. Gleich fühlst du dich besser. Wenigstens bist du etwas besser dran.

Aber sobald ein anderer glücklich ist, bist du in einem tiefen Loch, und er ist ganz obenauf. Du wirst neidisch. Der Neid wird nie verschwinden, es sei denn, du wirst selbst glücklich. Dein Mitgefühl ist nicht echt, dein Mitgefühl ist unsittlich, denn es versteckt sich tief darin ein Genuß . . . am Unglück des anderen.

Merkt euch das, ein religiöser Mensch ist einer, der so glücklich ist, daß er überhaupt nicht neidisch sein kann. Er ist überglücklich, ihm fehlt nichts. Ich kann mir nicht vorstellen, daß ich neidisch auf einen anderen sein könnte. Unmöglich. Ich bin so glücklich, daß mehr Glück nicht möglich ist. Und wenn mehr nicht möglich ist, wie kann man dann neidisch sein?

Die Leute bemühen sich, neidlos zu sein. Das geht nicht. Sei glücklich und du wirst neidlos sein. Sei glücklich und du wirst ehrgeizlos sein. Sei glücklich – und das Ego wird verschwinden.

Das Ego kann nur in tiefem Unglück und Elend existieren. Es ist ein Höllenbewohner, es hält sich nur in der Hölle auf.

Geh und schau dein eigenes Leben an. Wenn du „Gott" sagst – was meinst du damit? Kennst du einen anderen Gott als die grünen Bäume und die roten Blumen, und die Wolken, die am Himmel treiben, und das Sonnenlicht, und den Mond in der Nacht, und die stillen Sterne? Kennst du irgendeinen anderen Gott? Und das Herz im Innern, und das Herz im Äußeren – kennst du einen anderen Gott? Das Ganze ist Gott, der einzige Gott. Aber die Religiösen, die sogenannten Religiösen, haben einen Gott gegen das Leben geschaffen. Sie sagen: „Entsage dem Leben. Nur so kannst du zu Gott kommen."

Jesus sagt: Lebe das Leben als Gebet. Liebe das Leben als Gottes eigenes Leben. Liebe das Leben! Gehe ins Leben hinein, tiefer und tiefer, und am tiefsten Kern, plötzlich eines Tages, wirst du Gott finden. Er schlägt in jedem Herzen, er blüht in jeder Blume, er verbirgt sich in jedem Stein.

Die Religionen haben etwas Schreckliches getan, sie haben einen grauenhaften Schlamassel angerichtet. Sie haben alles verdreht. Als Ho Chi Minh noch lebte, sagte er jedem amerikanischen Besucher: „Sagen Sie, steht eigentlich die Freiheitsstatue noch? Sprechen Sie offen!" Jedesmal fragte er so: „Bitte, sagen Sie es mir, ich bin nämlich skeptisch. Selbst wenn sie noch steht, muß sie auf dem Kopf stehen."

Alle Kirchen stehen auf dem Kopf. Und alle sogenannten Religionen sind verdreht. Bei ihnen geht es nicht um Gott. Wenn Gott gegen das Leben ist, dann ist Gott nur Theorie, bloße Abstraktion, ein leeres Wort. Es enthält kein Fleisch, enthält kein Blut, enthält keine Wärme. Es ist nur ein kalter, abstrakter Begriff.

Pascal, einer der größten Denker des Westens, hatte einmal einen Traum. Darin empfing er eine Botschaft. Er wachte davon auf – der Traum hatte ihn so tief erschüttert. Er stand augenblicklich auf und schrieb die empfangene Botschaft in sein Tagebuch. Er las die Botschaft am Morgen. Sie war von ungeheurer Bedeutung. Er nähte sie in seinen Mantel ein – sein ganzes Leben lang blieb sie in seinen Mantel eingenäht. Oftmals, wenn er auf der Straße spazierenging oder sich mit jemandem unterhielt, sah er verstohlen nach und knöpfte seinen Mantel dann wieder zu. Es war ein ganz einfacher Satz: „Ich will den Gott der Philosophen nicht, ich will den Gott Davids, Abrahams und Jakobs." Den Gott des Lebens, nicht der Philosophie. Den Gott des gewöhnlichen Menschen, nicht des außergewöhnlichen Egoisten. Der Gott Jakobs, Abrahams, Davids – der Gott aller, die das Leben lieben und das Leben leben. Das ist der wirkliche Gott. Ein Gott, der gegen das Leben ist, ist eine Fälschung. Hütet euch davor. Der einzig wahre Tempel ist dem Leben selbst, als Gottes Allerheiligstem, geweiht.

Jesus hat das Richtige geantwortet. Und wenn du das Leben als Gott siehst, dann bist du immer im Brautgemach. Dann ist der Bräutigam immer und ewig da. Wenn du das Leben als Gott siehst, wird dich der Bräutigam nicht verlassen. Das ist der Gott, der sich durch Jesus zum Ausdruck gebracht hat, der sich durch Krishna zum Ausdruck gebracht hat, der in Krishna tanzte, in Krishna Flöte spielte. Manchmal mischt sich dieser Gott mitten unter das Marktgewühl, aber ihr erkennt ihn nicht, weil ihr einen Pseudo-Gott habt.

Ich habe gehört: ein Mann nahm einmal seine Großmutter mit in eine große Kunstausstellung. Dort sah sie zum ersten Mal ein echtes, ein Originalgemälde von Vincent van Gogh. Als sie das Bild sah, lachte sie. Der Mann fragte: „Warum lachst du? Gefällt es dir?“ Sie sagte: „Das ist ja abgemalt! Seit fast zwanzig Jahren hängt ein Kalender an meiner Wand, und das hier ist einfach davon abgemalt!“ Auf dem Kalender war eine Kopie dieses Bildes; hier war das wahre, das echte Bild. Aber sie lachte und sagte: „Warum werden hier so billige Sachen ausgestellt? Dies Bild hängt seit zwanzig Jahren in meinem Zimmer!“

Wer zu sehr unter dem Eindruck der Fälschung steht, dem bleibt das Wirkliche verborgen. Wenn sich deine Augen zu sehr mit Gefälschtem trüben, kannst du vieleicht das Wirkliche, wenn es dir begegnet, nicht einmal erkennen.

Gott ist das Leben. Einen anderen Gott gibt es nicht. Gott bist du, ich und alles – und es gibt keinen anderen Gott. Feiert, jubelt, daß Gott in allem vorhanden ist. Jeder Kiesel und jedes Blatt ist voll Gott; jeder Tropfen Wasser ist voll Gott. Wenn du durstig bist, dürstet Gott in dir. Und trinkst du kaltes Wasser, so rinnt Gott in dein Sein. Gott ist es, was deinen Durst stillt. Der Durst ist Gott. Das Stillen ist Gott. Das Wasser, das stillt, ist Gott.

Alles ist Gott. Auf was wollt ihr verzichten? Warum solltet ihr fasten? Feiert und tanzt! Echte Religion ist ein Fest, falsche Religion ist Verzicht.

Zweiter Morgen

Was heißt „jüdisch“ sein?

Warum schränkt mich der Aschram so ein?

Wie kann man denn zugleich feiern
und täglich sein Kreuz tragen?

Warum gibt's hier so viele Reformer?

Was ist eigentlich Bewußtsein?

Warum müssen wir im Aschram so viel arbeiten?

Hat die letzte Reise begonnen?

Zweiter Morgen

Trage dein Kreuz tanzend

Roses are red,
Violets are bluish,
If it wasn't for Jesus
We'd all be Jewish.

(Rosen sind rot,
Veilchen sind bläulich,
Wenn Jesus nicht wär,
Wär'n wir alle jüdisch.)

Bitte sag was dazu.

Wir sind es noch. Jesus hat es nicht ändern können. Jüdisch sein hat nichts mit Rasse zu tun; es ist eine Einstellung. Jüdisch sein heißt berechnend sein, heißt auf das Gesetz hören, nicht auf die Liebe. Jüdisch sein heißt, nicht poetisch sein, sondern mathematisch. Jüdisch sein heißt, nicht von dem Wunder ergriffen werden, das dich umgibt.

Es ist kein Zufall, daß dieses ganze Jahrhundert von drei Juden beherrscht wurde – Marx, Freud und Einstein – denn die Welt ist materialistisch. Sie ist nie so materialistisch gewesen wie heute. Ein Jude, Marx, kam auf den Gedanken, daß das ganze Leben nichts weiter sei als Ökonomie. Genau das meine ich mit „Berechnung". Selbst Religion ist Ökonomie, selbst Poesie ist Ökonomie. Marx sagt, daß sogar das Bewußtsein abhängig ist von der ökonomischen Situation, daß es ihr Nebenprodukt sei. Bewußtsein sei ein Nebenprodukt der ökonomischen Verhältnisse, der gesellschaftlichen Struktur. Marx ist der perfekte Jude, ein Musterexemplar.

Dann Freud, der auf den Gedanken kam, daß das ganze Leben sich nach unbewußten Gesetzen verhalte, nach Instinkten. Nichts im menschlichen Leben spiele sich bewußt ab, alles werde vom Unbewußten beherrscht. Er war Fatalist. Der Fatalismus nimmt auch an, daß die Welt von toten Gesetzen beherrscht wird.

Bei Marx ist alles der Ökonomie untergeordnet. Bei Freud ist alles dem unbewußten Trieb untergeordnet. Einstein kam auf den Gedanken, daß die Gesamtheit des Lebens lediglich eine Kombination von Atomen sei. Alle drei sind Rechner.

Jude sein hat nichts mit der jüdischen Rasse zu tun. Es gibt Juden, die Hindus sind, es gibt Juden, die Jainas sind, es gibt Juden, die Buddhisten sind. Jüdisch sein ist eine Einstellung.

Christus hat es nicht ändern können: die Christen *sind* Juden! Christus kann nur siegen, wenn die Liebe das Gesetz besiegt, wenn der Geist Gottes die Materie besiegt, wenn das Schweigen über das Reden siegt, wenn Poesie über Prosa siegt. Wenn das Leben nicht von ökonomischen, instinktiven, historischen Gesetzen beherrscht wird, sondern wenn im Leben die Anmut, die Leichtigkeit regiert, dann siegt Jesus.

Denkt also nicht, ihr wärt keine Juden. Von hundert Menschen sind neunundneunzig Juden. Nur manchmal ist ein einzelner nicht jüdisch. Dieser Mensch lebt ein Leben der Liebe. Er hat kein Muster, in das er sein Leben zwängt, sondern lebt von Augenblick zu Augenblick; er fließt von einem Augenblick zum andern, ohne Plan, ohne Richtung, ohne Ziel. Dann entsteht Freiheit.

Nur in Freiheit gibt es Bewußtheit, nur in Freiheit gibt es Gott. Gott ist die totale Freiheit. Nur wer von Augenblick zu Augenblick lebt, ohne zu wissen, wohin er geht, ohne zu wissen, woher er kommt, wem die Vergangenheit unwichtig ist und die Zukunft ebenfalls, wem überhaupt nur die Gegenwart Bedeutung und Wirklichkeit hat, der kann sein „Judentum" hinter sich lassen.

Jeder wird als Jude geboren. Selten, sehr selten stirbt jemand nicht als Jude. Das ist ein seltener Segen. Indem ihr euch einfach Christen nennt, ändert sich noch nichts. Nur die Bezeichnungen ändern sich, das Gefäß ändert sich, aber der Inhalt bleibt gleich.

Jesus ist gescheitert – aber nicht, weil seine Revolution keinen Sieg wert gewesen wäre. Jesus ist gescheitert, weil seine Revolution zuviel für euch war, weil sie euch überfordert hat. Es ist euch unmöglich, auch nur so weit und so hoch zu blicken. Eure Augen kleben am Erdboden. Ihr habt den Himmel völlig vergessen. Und weil ihr den Himmel vergessen habt, habt ihr vergessen, daß ihr Flügel habt. Den Blick nach unten gerichtet, tappt ihr im Dunkel der Erde, seid ihr zu Kriechern geworden – wie Schlangen. Ihr seid keine Vögel mehr, Vögel des Himmels.

Jesus scheiterte, weil eure Unbewußtheit so tief ist. Und Jesus wird immer wieder scheitern; worum es ihm geht, ist so beschaffen, daß Erfolg praktisch unmöglich ist. Was die Gesellschaft betrifft, kann er vielleicht niemals Erfolg haben. Erfolg ist nur bei einzelnen möglich.

Und so betonen alle, die je erkannt haben – fragt die Erwachten: fragt Buddha, Jesus, Krishna, Zarathustra – sie alle betonen das Individuum. Sie wissen genau, daß man höchstens von einigen wenigen einzelnen erwarten kann, in die Höhe zu steigen.

Der größere Teil der Menschheit wird alles tun, um an seiner Knechtschaft festzuhalten, um sicher hinter Gefängnismauern zu bleiben, um weiter bequem zu sitzen und irgendwie fortzuleben, das Leben wie eine Last zu ertragen und dann irgendwie zu sterben. Die großen Massen werden nicht hinhören, werden nicht verstehen, werden sich nicht ändern wollen. Religion ist individuell.

Und Religion hat keinen Namen. Immer, wenn jemand religiös wird, ist er im selben Augenblick kein Hindu, kein Moslem, kein Christ mehr. Er ist nun einfach religiös. Er versteht. Er erkennt auf neue Art, er sieht auf neue Art. Und wenn du auf eine neue

Art siehst, siehst du eine neue Wirklichkeit. Die Wirklichkeit hängt von deinen Augen ab. Ändern sich deine Augen, so ändert sich die Wirklichkeit.

Wer berechnend ist, wird niemals mehr als Materie erkennen; denn Berechnung hat ihre Grenzen. Wenn du zu mathematisch bist, wirst du nie herausfinden, was schön ist, was gut ist, was wahr ist. Du wirst es nie erfahren können, weil Berechnung nicht in diese Richtung führt.

Wie kannst du eine schöne Blume erkennen, indem du rechnest? Du kannst zwar die Blütenblätter zählen, aber ihre Schönheit entgeht dir dann. Du kannst die Einzelteile zählen, aber das Ganze entzieht sich dir. Und eins ist sicher: die Schönheit, die in der Blume ist, die die Blume umgibt, entzieht sich dir – die Schönheit, die wie eine Aura ist, die sich aber nicht dadurch fassen läßt, daß du die Blütenblätter zählst. Du mußt alles Zählen vergessen, du mußt deine berechnende Einstellung vergessen.

Aller Verstand ist „jüdisch". Gehst du einmal über den Verstand hinaus, betrittst du eine neue Welt: die Welt, für die es keine Rechenbelege gibt, die nicht erklärt werden kann, die ein Mysterium ist und Mysterium bleibt. Je tiefer du in sie eindringst, desto größer das Mysterium. Je mehr du erkennst, desto weniger weißt du, und es kommt der Augenblick – dann, wenn du wirklich erkennst, weißt du nur eines: daß du nicht weißt.

Oh Bhagwan, heute während du sprachst, wollte ich tanzen! Und dann sprachst du sogar von Kazantzakis, den ich so liebe. . . Aber ich hatte Hemmungen zu tanzen, obwohl ich hinten saß. Der Aschram fühlt sich für mich konservativ an, aber wahrscheinlich hab ich deshalb nicht getanzt, weil ich selber konservativ bin. Ist das eine Frage?

Keineswegs. Es ist ein Geständnis.

Der Aschram ist nicht konservativ. Aber ihr seid alle konservativ. Und ihr macht den Aschram. Der Aschram ist nicht meiner, er ist eurer. Wenn er meiner wäre, wäre er nicht konservativ, aber ich bin allein, und ich kann den Aschram nicht machen. Ich bin ein Fremder hier. Er besteht aus euch, und ihr seid konservativ; und so wird der Aschram konservativ. Er kann nicht über euch hinausgehen, weil ihr die Teile seid, aus denen er besteht. Er ist die Summe eurer Konservativismen.

Aber wenn schon! Wen kümmert es, wenn dir wirklich nach Tanzen zumute ist? Dann kannst du auch auf der Straße tanzen. Vielleicht kommt die Polizei und steckt dich ins Gefängnis, aber das ist okay. Was kannst du daran ändern? Wenn du den Tanz anhalten könntest, wäre er nicht wert, getanzt zu werden. Es muß ein Kopf-Spiel gewesen sein, es wird nur so eine Idee gewesen sein, eine kopfige Vorstellung, daß du gern tanzen würdest.

Aber in Wirklichkeit wolltest du gar nicht tanzen. Wenn dir der Tanz passiert, ist es nicht nur eine Idee im Kopf, absolut nicht. Das ist dann eine enorme Energie im Körper. Sie hat ihre eigene Kraft. Du bist dann besessen, du kannst gar nichts ändern. Du vergißt den Aschram, du vergißt die Gesellschaft, du vergißt die Welt. Du bist hilflos. Du bist vom Tanz besessen. Dann tritt etwas aus dem Jenseits in dich ein.

Es kann nur eine Idee im Kopf gewesen sein. Darum hast du es abgebremst. Ideen können gestoppt werden, aber wenn du besessen bist, kannst du nichts daran ändern. Es passiert; es wird nicht getan. Und wenn es passiert, ist es göttlich. Wenn du es tust, ist es menschlich und gewöhnlich.

Es ist keine Frage, es ist ein Geständnis.

Und du sagst, du liebst Kazantzakis. Das ist vielleicht auch nur eine Idee im Kopf. Die Leute mögen Sachen, die in ihrem Leben fehlen. Wenn du von Alexis Sorbas liest, magst du Sorbas lieben; aber würde Sorbas dir tatsächlich begegnen, könnte es sein, daß er dir nicht gefällt. Er ist ein so total anderes, so ganz und gar anderes Wesen als du. Sogar Kazantzakis fühlte sich in der Gesellschaft von Sorbas nicht wohl. Sie waren Freunde – Sorbas war ein wirklicher Mensch, er ist nicht nur eine Romanfigur. Sogar Kazantzakis fühlte sich bei ihm nicht wohl in seiner Haut, weil das ein total anderer Typ von Mann war. Er war ein absoluter Hedonist, absolut im Augenblick. Nichts als Glück zählte für ihn.

Natürlich sieht das sehr selbstsüchtig aus. Nur traurige Leute sehen selbstlos aus, glückliche Leute sehen immer selbstsüchtig aus. Und glückliche Menschen werden immer verdammt. „Wie kannst du es wagen, glücklich zu sein, wo doch die ganze Gesellschaft unglücklich ist?" Wo alle so traurig sind, wie selbstsüchtig mußt du sein, daß du so glücklich bist! Lächle nicht, wenn alles weint und schluchzt. Man lacht nicht! Das Leben ist sehr traurig, und sowas tut man nicht.

Ein Mann wie Sorbas würde in keinem Hause geduldet. Ihr würdet ihn nicht bei euch wohnen lassen, seine bloße Anwesenheit wäre ein Ärgernis. Er glaubt an keine Moral. Er kennt nur eine Moral: das Glück.

Und ich sage euch, das ist die einzige Moral, die es gibt. Alles andere ist Unsinn. Nur ein glücklicher Mensch kann moralisch sein.

Nur ein glücklicher Mensch ist nicht daran interessiert, andere unglücklich zu machen. Nur ein glücklicher Mensch verbreitet eine Atmosphäre, in der auch andere glücklich sein können. Aber die andern stört der Gedanke, daß du glücklich bist, während sie unglücklich sind.

Du magst Sorbas lieben; aber Gast in deinem Haus dürfte Sorbas nicht sein. Er ist unzuverlässig. Solche glücklichen Leute sind gefährlich! Auf traurige, tote Leute ist Verlaß. Sie werden nicht mit deiner Frau durchbrennen. Sorbas könnte sehr wohl mit ihr durchbrennen. Er lebt im Augenblick; er hat keine Zukunft, keine Vergangenheit, keinen Himmel, keine Hölle. Er ist dem wirklichen Augenblick treu.

Aber es kann schon sein, daß du ihn liebst. Das kommt vor. Das gilt es zu verstehen.

Man liebt immer das Gegenteil, das Gegenteil zieht dich an. Aber nur in der Fantasie. In der Wirklichkeit wäre es unbequem. Leute, die nie haben lieben können, lesen sehr gern Liebesgedichte. Manchmal versuchen sie sogar, Gedichte über die Liebe zu schreiben. Mir sind schon viele Dichter begegnet, und ich habe festgestellt, daß sie die Liebe im Leben verfehlt haben, daher schreiben sie ständig Gedichte darüber. Das ist ihr Ersatz. Ein sehr blasser Ersatz, wertlos, aber trotzdem ein bißchen befriedigend. Wenigstens e t w a s ist da. Plastikblumen. Aber sie sehen wie Blumen aus. Liebe ist gefährlich. Gedichte über Liebe zu schreiben ist ohne Risiko.

Achtet einmal darauf! Wenn jemand ein Gedicht auf die Liebe vorträgt, mag er euch willkommen sein, aber wenn sich der Mann tatsächlich auf die Liebe einläßt, wird die Gesellschaft ihn verdammen. Ihr könnt die Geschichte von Leila und Majnu lesen, oder von Romeo und Julia, und ihr werdet sie lieben. Aber die Menschen, die in den Tagen von Majnu lebten, haßten den Mann. Wer liebt schon einen Liebenden? Sei ein Liebender, und die Gesellschaft wird dich verdammen. Schreib Poesie darüber, und der Präsident verleiht dir vielleicht einen Preis, vielleicht bekommst du sogar den Nobelpreis. Kein Liebender hat je einen Nobelpreis bekommen; Leute, die Gedichte über Liebe schreiben, bekommen Nobelpreise.

Der Mensch hat Angst vor dem Echten, aber das Unechte – kein Risiko! Hast du das bemerkt? Du sitzt manchmal in deinem Zimmer, in deinem Haus, wartest oder tust etwas, und plötzlich klopft es. Du findest das sehr lästig: es kommt jemand und stört dich. Du möchtest nicht zur Tür gehen, am liebsten tätest du es nicht. Du schickst den Diener zur Tür, du gehst nicht selbst. Oder du schickst dein Kind, um dem Besucher ausrichten zu lassen, daß „Pappi nicht zu Hause ist". Aber wenn das Telefon klingelt, stört dich das nicht, dann nimmst du sofort ab, denn die Wirklichkeit ist so weit weg!

Es geschah einmal, daß ein Dieb irgendwo eingebrochen hatte und geschnappt wurde – wegen einer alten Gewohnheit. Das Telefon hatte geklingelt. Er konnte nicht widerstehen, er mußte einfach den Hörer abnehmen. Ein Telefon muß man beantworten! Also nahm er ab und wurde geschnappt. Als man ihn fragte: „Warum haben Sie das getan?", sagte er: „Ich vergaß völlig, daß ich als Dieb im Hause war. Wenn das Telefon klingelt, muß man abnehmen."

Jemand hat dieses Phänomen wissenschaftlich untersucht. Er rief in zwanzig öffentlichen Telefonzellen an, und jedesmal wurde abgehoben. Dann erkundigte er sich immer: „Warum haben Sie abgenommen? Es war nicht für Sie!" Der Betreffende sagte: „Ich ging grad vorbei." – „Aber darum brauchen Sie doch nicht abzunehmen!" Die Antwort war: „Aber es hatte doch geklingelt!"

Das Telefon hat Macht. Wenn es klingelt, mußt du abheben. Da spielt etwas mit hinein, das mit Hypnose zu tun hat. Der Anruf geht dich nichts an; es steht fest, daß du nicht gemeint bist. Es ist eine öffentliche Zelle. Du gehst zufällig vorbei, auf dem Weg ins Büro. Es ist klar, daß der Anruf nicht dir gilt. Warum also antworten?

Wenn die Wirklichkeit weit weg ist, fällt es sehr leicht zu antworten. Je näher die Wirklichkeit kommt, desto schwerer wird es. Die größten Schwierigkeiten im Leben hast du mit den Menschen, die für dich sehr wirklich sind, die dir sehr nahe stehen: deine Frau, deine Kinder, dein Mann. Sie sind dir sehr nahe, sie sind wirklich. Da wird es schwierig.

Mag sein, daß Sorbas dir gefallen hat. Sogar Kazantzakis gefiel der Mann. . . wenn er nicht mit ihm zusammen war. Aber solange sie zusammen lebten, war es wirklich nicht einfach. Manchmal kam er betrunken nach Hause und er fing an zu tanzen und tanzte die ganze Nacht durch. Er war ein kräftiger Mann, sehr stark. Wenn du mit so einem Mann zusammenlebst, wird es schwierig, es sei denn, du bist auch so einer.

Baut euch keine Attrappen. Das ist ein Trick des Verstandes, der euch täuscht. Liebt das Echte, liebt nicht das Unechte. Es ist besser zu lieben, als Gedichte über die Liebe zu schreiben. Liebe verändert dich, Liebe schenkt dir Erkenntnis, Liebe gewährt dir Einsicht ins Herz des Menschen – ins eigene wie in das Herz des andern. Liebe bringt viele unglückliche Augenblicke, bringt Qualen, aber es wird auch Höhepunkte der Freude geben. Und nur so wächst man: durch die Nacht der Qualen, und durch den Tag der Freude. Man muß die Dualität durchleben: es ist ein dialektischer Prozeß.

Nur Gedichte über die Liebe zu lesen, ist zwar bequem, aber glaubt nicht, daß ihr dann wirklich liebt. Liebesgedichte zu lesen ist sehr einfach, es steht nichts auf dem Spiel.

Leo Tolstoi schreibt in seinen Erinnerungen, daß seine Mutter, als er noch klein war, oft ins Theater ging. Sie waren sehr reiche Leute, sie gehörten zur königlichen Familie. In Moskau fiel Schnee – es war ein Winterabend, und die Mutter war mit dem Kind im Theater. Tolstoi erinnert sich, daß seine Mutter bei jeder Tragödie, die aufgeführt wurde, weinte und schluchzte. Die Tränen flossen nur so. Tolstoi dachte dann immer: „Was für ein tiefes Mitgefühl sie hat! Aber nach und nach, später, entdeckte er, daß sie überhaupt kein Mitgefühl hatte. Es war nur Ersatz.

Als sie aus dem Theater kamen, war der Kutscher, der in der Kutsche saß und wartete, tot, erfroren. Er durfte ja die Kutsche nicht verlassen, er hatte dazubleiben, sie konnten jeden Augenblick kommen. Und Tolstois Mutter schenkte ihm nicht die geringste Beachtung. Der Mann wurde einfach hinausgeworfen, weggeworfen. Ein neuer Kutscher wurde gerufen, und sie fuhren los. Die Mutter vergoß keine Träne. Tolstoi sagt: „Damals wurde mir bewußt, daß ihr Mitgefühl verlogen war – ein Trick."

Es ist sehr leicht, im Theater zu weinen, weil man nichts riskiert. Es ist sehr leicht zu weinen, wenn man einen Film sieht. Jeder weint im Kino. Aber im Leben zu weinen, fällt sehr schwer, weil man dann was riskiert. Wenn du um diesen Toten weinst, deinen Kutscher, dann mußt du das nächste Mal deine Lebensweise ändern. Dann gehst du eben nicht ins Theater, wenn es zu sehr schneit; oder du richtest es so ein, daß der Kutscher irgendwo sitzen kann, oder du versorgst ihn mit wärmerer Kleidung. Aber das berührt deine Lebensgewohnheiten. . .

Wer kümmert sich um den wirklichen Menschen? Die Leute weinen, wenn sie Romane lesen, wenn sie einen Film sehen, wenn sie ins Theater gehen. Aber im wirklichen Leben sind ihre Augen leer, hohl; es kommen keine Tränen.

Vergiß nicht, wenn du Sorbas wirklich liebst, wirst du ein Sorbas; wenn du Jesus liebst, wirst du Jesus. Das ist eins von den fundamentalen Lebensgesetzen: wenn du jemand liebst, wenn du etwas liebst, wirst du nach und nach von dem Gegenstand deiner Liebe verändert, bis du ihm gleich wirst.

Habt ihr das schon mal beobachtet? Manchmal begegnet man einem Ehepaar, einem Mann und einer Frau, die sich gleichen. Sie reden gleich, sie laufen gleich, sie lächeln gleich. Es herrscht eine tiefe Wesensverwandtschaft. Woher kommt das? Sie sind nicht verschwistert, warum also sind sie sich so ähnlich?

Sie lieben sich, und lieben sich tief. Wenn du jemand liebst, bist du offen, der andere verändert dich, und du veränderst den andern. Wenn sich das Leben dem Ende zuneigt und Mann und Frau sich wirklich lieben, werden sie fast gleich. Es muß so sein. Liebe verändert.

Aber Theater und Kino, Romane und Gedichte – das alles kann dich nicht groß verändern. Im Gegenteil, sie helfen dir, jeder Veränderung auszuweichen. Sie sind Hilfen, dem Leben nicht ins Auge sehen zu müssen, weiter in der Fantasie leben zu können.

Es ist keine Frage, es ist ein Geständnis. Wenn du wirklich hättest tanzen wollen, wer hätte dich abhalten können? Und wenn diese Art von Tanz kommt, wer hätte dich dann abhalten wollen? Wenn du besessen bist, und es nicht aus dem Kopf kommt. . .

Wenn du das nächste Mal besessen bist, mach dir keine Gedanken um den Aschram. Laß sie machen, was sie wollen. Es ist nicht deine Sache, dir darüber Gedanken zu machen. Tanze! Aber vergiß nicht: es darf nicht aus dem Kopf kommen. Sonst störst du nur. Sei besessen. Wenn du besessen bist, ist der Tanz heilig.

Bhagwan, du hast gesagt: „Wenn es keine Reformer gäbe, wäre die Welt ein natürlicherer Ort, ein schönerer Ort.“ Warum ist denn dein Aschram so voll von Reformern?

Damit sie die Reformer reformieren. Die Welt ist voller Reformer – was tun? Sie müssen reformiert werden. Ich bilde Leute aus, die die Reformer reformieren können.

Die Frage trägt keine Unterschrift. Wer diese Frage gestellt hat, muß Angst haben. Ihr dürft keine Angst haben. Ihr solltet eure Fragen unterzeichnen, so daß ich genau sehen kann, in wessen Kopf diese Frage entsteht. Denn ich antworte nicht der Frage, sondern ich antworte dem Frager. Die Frage ist wertlos, wenn deine Angst so groß ist, daß du nicht mal unterschreiben kannst. Wenn du deine Identität nicht zu erkennen geben willst, stehst du nicht mit ganzem Herzen dahinter.

Warum versuchst du zu mogeln? Selbst wenn die Frage dumm ist, mußt du zeigen, wer du bist. Du bist nicht hier, um Versteck zu spielen, du bist hier, um aus deinem Versteck herauszukommen, um dich mir zu zeigen, so daß ich dich verwandeln kann. Wenn du dich immer nur versteckst, wie kann ich dich dann verwandeln? Wenn du dumm bist, ist das okay. S e i dumm, aber lege es bloß. Wenn du im Dunkeln tappst, hab keine Angst. Mach die Türen auf – von wo sonst soll das Licht kommen?

Hier läuft kein Streitgespräch, keine Diskussion; ich habe kein Interesse an Streitgesprächen oder Diskussionen. Was ich sage, das sage ich nicht als Argument, das sage ich nicht, um irgendetwas zu beweisen. Ich verteidige keine Ideologie, keine Religion, keine heilige Schrift. Ich habe keine. Keine Ideologie, keine Bibel, keine Religion. Ich versuche, eine Kommunion zwischen euch und mir zu schaffen. Aber wenn du dich versteckt hältst, entgeht sie dir.

Gebt euch immer zu erkennen. Und versucht nicht, eure Frage zu polieren, denn auch das spüre ich. Ihr schreibt die Frage hin, dann poliert ihr sie und versucht, so zu schreiben, daß es sehr raffiniert, sehr gebildet klingt. Je mehr ihr poliert, desto weiter ist die Frage von eurer Realität weg. Laßt sie so roh, wie sie ist, so daß sie dem Herzen nahe ist.

Wenn schon deine Frage weit von deinem Herzen entfernt ist, wie kann dir dann meine Antwort nahe sein? Laß sie roh sein wie eine Wunde, so daß ich sie direkt treffen kann.

Es wird wehtun. Darum versuchst du, sie weit von dir zu schieben. Aber wenn deine Angst vor dem Wehtun zu groß ist, kann der chirurgische Eingriff, den ich vorhabe, nicht passieren.

Es *ist* Chirurgie. Du hast einen sehr kranken Kopf, hast ein Krebsgeschwür im Kopf. Es muß operiert werden. Das tut weh, ganz sicher wird es wehtun, aber dieser Schmerz ist heilsam, denn wenn er vorbei und der Krebs entfernt ist, bist du wieder heil und gesund. Versuch also nicht, dich zu verstecken. sei ehrlich.

Noch eins: du kannst auch ins andere Extrem schlagen und so tun, als wärst du offen und verwundbar. Das hilft nicht. Sei einfach du selbst.

Bhagwan, irgendwo fordert Christus seine Jünger dazu auf, täglich ihr Kreuz zu tragen, und an einer anderen Stelle gebietet er ihnen, seine Gegenwart wie die eines Bräutigams zu feiern. Woher der Widerspruch?

Da gibt es keinen. Es erscheint nur wie ein Widerspruch.

Man darf den Tod nicht für einen Augenblick vergessen, denn er ist jeden Augenblick möglich. Genau das bedeutet „täglich sein Kreuz tragen“: den Tod nicht zu vergessen. Sobald man den Tod vergißt, sinkt man in Unbewußtheit zurück. Solang du den Tod nicht vergißt, bleibst du bewußt, bleibst du wach.

Aber wenn wir sagen, man soll den Tod nicht vergessen, ist damit nicht gemeint, daß man sich von dem Gedanken bedrücken, beherrschen lassen soll. Damit ist nicht gemeint, daß man vor tiefer Todesangst nur noch zittern soll. Das wäre krankhaft, das wäre Perversion.

In der Einstellung zum Tod gibt es zwei Arten von pervertierten Leuten. Die einen haben völlig vergessen oder wollen vergessen, daß es den Tod *gibt*. Sie weichen ihm möglichst aus. Am liebsten reden sie nicht einmal über den Tod. Wenn du anfängst, mit ihnen über den Tod zu sprechen, halten sie dich für taktlos und unhöflich. Sie meiden das Thema überhaupt. Sie gehen auf keinen Friedhof. Darum werden die Friedhöfe auch vor die Städte gelegt, damit niemand durch Zufall hinkommt. Nur wer unbedingt zum Friedhof muß, geht hin, sonst nicht.

Der Tod ist ein Tabu – noch tabuisierter als Sex. Niemand spricht darüber. . . und jeder weiß, daß er kommt. Die Menschen leben im großen Selbstbetrug.

Das ist die eine Art Krankhaftigkeit; dann gibt es noch die andere: ins entgegengesetzte Extrem zu gehen und sich vom Tod beherrschen zu lassen, ständig vor ihm zu zittern und nachts wach zu liegen, denn wer weiß? . . . am Morgen stehst du vielleicht nicht mehr auf. Nichts schmeckt dir mehr; denn wie kannst du essen, wo doch der Tod kommt? Lieben kannst du auch nicht; denn wie kannst du einen Menschen lieben, wo doch jeder sterben muß? Das ist genauso krankhaft. Das ist ebenfalls Perversion.

Jesus sagt: „Trage dein Kreuz täglich." Er meint damit: „Vergiß den Tod nicht. . . und mache dennoch aus jedem Augenblick eine Feier des Lebens." Der Tod kommt – ein umso tieferer Grund zum Feiern. Denn wer weiß? – dies ist vielleicht dein letzter Augenblick!

D i e s e r Augenblick darf nicht durch die Angst vor dem Tod zerstört werden, sondern dem Tod zum Trotz, dem Tod die Stirn bietend, mußt du diesen Augenblick feiern. Er muß umso mehr gefeiert werden, denn wer weiß, im nächsten Augenblick sind wir vielleicht nicht mehr da. Solange der Bräutigam da ist – feiert!

Das Gleichnis vom Bräutigam kann eine tiefe innere Bedeutung haben. In dir vereinigt sich beides: dein Körper ist der Körper des Todes, und dein Bewußtsein ist Leben, die Quelle des Lebens. Du bist beides. Dein Körper wird sterben: er gehört der Erde, Staub zu Staub. Er wird gehen müssen, er wird zu seiner Quelle zurückkehren.

Du gehörst dem Himmel, du gehörst Gott – dein Bewußtsein ist losgelöst vom Körper. Das ist die Bedeutung von Jesus am Kreuz. Jeder ist am Kreuz, denn das Bewußtsein lebt im Körper, und der Körper ist Tod.

Wer das versteht, weiß, daß jeder am Kreuz ist. Aber daraus darf kein Pessimismus werden. Im Gegenteil, das sollte umso mehr Grund zum Feiern sein. Der Bräutigam ist in dir, und dein Körper ist das Brautgemach des Bräutigams. Feiere es!

Jesus widerspricht sich nicht. Jesus spricht absolut einfach. Der Widerspruch liegt im Leben selbst: daß nämlich das Leben durch den Tod existiert und der Tod durch das Leben existiert. Das Leben selbst ist das Paradox. Aber das ist gerade das Schöne. Alle Schönheit beruht auf Kontrast, und alles Leben kommt aus der Spannung zwischen Gegensätzen. Es ist eine Brücke, auf zwei Ufer gebaut: Tod und Leben.

Feiert jeden Augenblick, denn dies kann der letzte Augenblick sein. Aber vergeßt über dem Feiern nicht, daß der Tod kommt. Vergeßt es nicht.

Diese Gewärtigkeit darf nicht zur Besessenheit werden. Diese Gewärtigkeit muß zum Jubel werden. Trage das Kreuz, aber trage es tanzend! Trage das Kreuz, aber trage es singend! Trage das Kreuz, aber trage es mit einem tiefen Jubel in deinem Innern.

Dann lebst du beides: du lebst das Leben und du lebst den Tod. Und lebe beides tief und intensiv. Wenn du beides intensiv leben kannst, werden sie eins. Dann erkennst du, daß Leben und Tod zwei Gesichter ein und derselben Sache sind, der geichen Energie. Leben ist Ausdruck, ist Entfaltung. Tod ist eine Rückkehr.

Bhagwan, kannst du bitte „Bewußtsein“ definieren und etwas darüber sagen, was es eigentlich ist? Wie verhält sich Bewußtsein zum Ego? Ist Bewußtsein das kreative Prinzip? Mit andern Worten, könnte man ebensogut sagen: „Im Anfang war das Bewußtsein“, anstatt: „Im Anfang war das Wort, oder der Logos“? Wie verhält sich „Bewußtsein“ zu „Gott“?

„Im Anfang war das Wort“ – oder der Logos. Vom Bewußtsein kann man nicht das gleiche sagen. Denn im Anfang war auch das Unbewußte da. Das Bewußtsein ist nur der eine Teil deiner Realität, der Realität des Inneren. Das Unbewußte ist genauso da. Also war im Anfang nicht nur Bewußtsein da, auch Unbewußtsein war da, und zwar ebensoviel wie Bewußtsein. Oder man kann sagen: im Anfang war etwas da, worin sich sowohl Bewußtsein wie Unbewußtsein mischten.

Das ist die Bedeutung von „Gott“; Gott ist nicht nur Bewußtsein. Gott ist Bewußtsein plus Unbewußtsein. Gott ist sowohl die dunkle Nacht als auch der helle Tag, sowohl Sommer wie Winter, sowohl Leben wie Tod. Gott ist der Anfang und das Ende, beides zugleich. Gott ist jenseits aller Dualität, und die Dualität wohnt in ihm. Er ist sowohl Materie wie Geist; das Manifeste wie das Unmanifeste.

Bewußtein ist nur ein Teil des großen, ozeanischen Unbewußten. Bewußtsein ist nur die Oberfläche. In der Tiefe verbergen sich Schichten über Schichten von Unbewußtem. Man muß beides trans-zendieren, um zu erkennen, was im Anfang war – und das ist Gott.

Kannst du bitte „Bewußtsein“ definieren und etwas darüber sagen, was es eigentlich ist? Wie verhält sich Bewußtsein zum Ego?

Ein Bruchteil von dir ist Bewußtsein – ein Zehntel. Neun Zehntel von dir sind unbewußt. Wenn der bewußte Teil sich für das

Ganze hält, wird Ego daraus. Dann vergißt er das Unbewußte, dann bildet sich der Bruchteil ein, das Ganze zu sein. Das ist dann Ego. Wenn sich das Bewußte auch des Unbewußten bewußt wird. . . Und um nichts anderes geht es der Religion, um nichts anderes geht es in der Meditation. Wenn sich das Bewußte zurückwendet, wenn es zurückschaut und sich auch des Unbewußten bewußt wird – der dunklen Nacht des Inneren – dann weiß das Bewußtsein, daß „ich zwar bewußt bin, aber auch unbewußt. Mein Bewußtsein ist nur eine Welle auf dem Meer. Das Unbewußte ist unermeßlich." Damit verschwindet das Ego. Das Ego ist der Bruchteil, der sich für das Ganze hält. Das Nicht-Ego ist der Bruchteil, der sich des Ganzen bewußt wird. Dann verschwindet das Ego.

Wie soll man das Wesen des Bewußtseins definieren? Es ist noch nie definiert worden, und es wird auch nie definiert werden. Wer sollte es denn definieren? Um es definieren zu können, mußt du außerhalb von ihm stehen. Um etwas definieren zu können, mußt du außerhalb davon stehen, brauchst du Abstand. Ohne Abstand hast du keine Perspektive.

Du b i s t Bewußtsein, du b i s t Unbewußtsein. Es gibt niemand, der außerhalb stehen und es definieren kann. Du kannst es erkennen, aber du kannst es nicht definieren. Darum ist alle Religion so geheimnisvoll, mystisch, vage, verhüllt – denn kein einziger wesentlicher Begriff der Religion kann definiert werden.

Das Subjekt kann nicht zum Objekt gemacht werden. Ich kann mich nicht vor mich hinstellen, also kann ich nicht definieren. Weder hat Buddha definiert, noch Jesus. Definition als solche ist ausgeschlossen, schon vom Wesen der Sache her.

Alles andere läßt sich definieren, weil das Bewußtsein der Definierende ist. Alles andere steht v o r dem Bewußtsein, das Bewußtsein kann erkennen, kann drum herumgehen, kann beobachten, erforschen, experimentieren, definieren, sezieren. Aber wer soll „Bewußtsein" definieren? Du kannst nicht aus ihm heraustreten – du bist es. Du kannst es erkennen, aber definieren kannst du es nicht. Erkenntnis ist nicht möglich, nur Erkennen. Ich kann dir dabei helfen, einen meditativen Zustand herzustellen, in dem du erkennen kannst, was es ist. Ich kann dir die Methode geben, aber ich kann dir nicht die Definition geben.

Darum erregt Religion immer etwas Verdacht: „Warum könnt ihr eure Begriffe nicht definieren? Macht es doch so wie die Wissenschaftler auch, definiert! Wenn ihr eure Begriffe nicht definieren könnt, zeigt das nur, daß ihr nicht wißt, wovon ihr redet."

Ein großer Linguist und positivistischer Philosoph, A. J. Aiyer, sagt, von den beiden Wörtern *god* und *dog* – Gott und Hund – sei das letztere wahr, das erstere aber unwahr. Niemand könne Gott definieren, das Wort sei bedeutungsleer. „Gott" ist nicht zu definieren. „Hund" läßt sich definieren. Also hat *dog* mehr Bedeutung als *god*.

Wenn du auf Definitionen bestehst: nur Sachen können definiert werden, Personen nicht; Gesetze können definiert werden, Liebe nicht. Schwerkraft kann definiert werden, aber Gnade kann nicht definiert werden. Was außen ist, läßt sich definieren; was innen ist, entzieht sich. Versteht das . . . und geht in Meditation.

Buddha sagt: „Die Buddhas können dir nur den Weg zeigen. Gehen mußt du ihn selbst. Eines Tages kommst du ans Ziel. Niemand kann dir das Ziel vorher geben."

Nicht eine einzige Definition ist möglich. Und es ist gut, daß keine Definition möglich ist, denn sonst würdet ihr es euch mit der Definition bequemmachen, mit der Information bequemmachen, und würdet niemals aufbrechen, niemals die Reise zum Ziel antreten. Und es kommt vor, daß gerade die Landkarte, nach der du reisen willst, zum Hindernis wird. Du gibst dich schon mit der Karte allein zufrieden.

Ich las die ungewöhnliche Autobiographie eines Mannes, der zu einem sehr primitiven Stamm im Amazonasgebiet gehörte. Er war der Sohn des Häuptlings. Sein Vater liebte den Amazonas über alles, er war selbst bis hinauf zur Quelle gefahren.

Der junge Häuptlingssohn ging nach Amerika. Missionare hatten ihm dort zu einem Studium verholfen. Er studierte, er machte sein Examen und wollte nun zurückkehren. Mit dem Gedanken: „Mein Vater liebt den Amazonas so sehr, da würde er sich bestimmt freuen, wenn ich ihm eine Karte, eine genaue Detailkarte des Amazonas mitbrächte", kaufte er die beste Karte, die es gab, und brachte sie seinem Vater mit.

Er glaubte, seinem Vater eine große Freude zu machen, aber der Vater sah sich die Karte an und wurde traurig. Er warf die Karte weg. Der Sohn war sehr verletzt. „Ich habe ein Geschenk mitgebracht, eine Gabe, und mein Vater hat sie weggeworfen. Warum?" Er fragte den Vater. Der Vater sagte: „Das ist absoluter Betrug, denn ich sehe den Amazonas nirgends. Wie kann der Amazonas auf Papier sein? Du bist ein Dummkopf, und du willst mich täuschen. Ich bin auf dem Amazonas gefahren, ich kenne ihn. Laß dich durch diese Karte nicht täuschen. Nur Linien sind darauf."

Definitionen von Gott sind Landkarten, Linien auf Papier. Definitionen des Bewußtseins sind Karten. Und manche Leute sind allzu versessen auf Karten.

Der beste Weg sich zu verirren ist, eine Landkarte zu haben. Wenn du eine wirklich detaillierte Karte hast, wirst du dich unweigerlich in ihr verlieren. Und der Kopf wird denken: „Jetzt weiß ich alles." Der lebendige Amazonas ist schön, gefährlich, furchterregend. Jeden Augenblick kann das Leben auf dem Spiel stehen. Mit einer Karte kannst du ihn bequem im Lehnstuhl studieren und dir einbilden, alles über den Amazonas zu wissen. In der äußeren Welt haben Karten eine gewisse Bedeutung, aber in der inneren Welt sind sie absolut irrelevant. Wenn du irgendwelche Karten hast, wirf sie weg. All die Religionen haben euch nur Karten gegeben. Werft sie weg! Genug von Karten! Jetzt laßt es eine echte Reise werden.

Wenn du zu Bewußtsein gelangst, wirt du über die Dummheit der Kartenmacher lachen. Dann wirst du erkennen, daß sie nie bis zu den innersten Quellen des Lebens vorgedrungen sind. Sie haben andere Kartenmacher kopiert. Jahrhundertelang haben sie kopiert und tun immer noch ihre eigene Fantasie und ihre eigenen Vorstellungen dazu. Sie verändern, sie schmücken aus. Alle Karten stimmen nicht. Denn das Innerste bleibt undefinierbar.

Aber es ist gar nicht nötig zu definieren. Das Bewußtsein ist da, in dir. Dreh dich um, und das Reich Gottes ist nah. Warum sich um die Definition kümmern? Wenn die wahre Sache so nah ist, warum nicht davon kosten? Der Fluß fließt, und du fragst mich nach der Definition des Wassers! Ich weiß, du hast Durst, und ich weiß, daß eine Definition den Durst nicht stillen kann. Aber du sagst: „Ehe nicht definiert worden ist, was Wasser ist, wie kann ich da Wasser trinken? Überzeuge mich erst!“ Wenn alle Menschen erst auf die Definition gewartet hätten (weil sie sonst ihren Durst nicht gelöscht hätten!) – die Menschheit wäre längst verdurstet; denn Wasser ist nach wie vor undefinierbar. Laßt euch nicht von den Wissenschaftlern zum Besten halten, egal, was sie sagen. Mögen sie sagen, daß Wasser H_2O ist, zwei Teile Wasserstoff und ein Teil Sauerstoff. Aber wenn ein Wissenschaftler Durst hat, und ihr ihm Wasserstoff und Sauerstoff zu trinken gebt, wird er sagen: „Was soll das? Bist du verrückt geworden? Wasser braucht mein Durst, nicht zwei Teile Wasserstoff und einen Teil Sauerstoff!“

Mulla Nasrudins Sohn kam von der Universität nach Hause, wo er Logik studiert hatte und ein großer Philosoph geworden war, wie es jeder in der Jugend leicht wird. . . die Jugend ist töricht, und da wird sich's leicht Philosoph. Dem Sohn lag sehr daran, mit seinem Wissen zu protzen. Frisch von der Universität will das jeder. Sie saßen am Mittagstisch, und die Mutter brachte zwei

Äpfel heran. Mulla Nasrudins Sohn sah seine Gelegenheit kommen und sagte: „Mammi, ich will dir zeigen, was ich gelernt habe. Was siehst du hier auf dem Teller?“ Die Mutter sagte: „Zwei Äpfel.“ Er sagte: „Nein, die Logik weiß es anders. Es sind drei Äpfel, nicht zwei.“ Die arme Mutter sah nochmal hin, aber es waren nur zwei Äpfel da. Sie sagte: „Wie meinst du das?“ Er sagte: „Schau, siehst du, dieser Apfel ist eins, und der da ist zwei. Wieviel sind eins und zwei?“ Die Mutter sagte: „Natürlich sind eins und zwei drei.“ Der Sohn war sehr zufrieden.

Mulla Nasrudin sah sich das Ganze an. Er sagte: „Gut, sehr gut! Ich werde den ersten Apfel essen, und deine Mutter den zweiten. Iß du den dritten.“

Logik läßt sich nicht essen, Wissenschaft läßt sich nicht essen, Philosophie läßt sich nicht essen. Der Religion geht es darum, wie man den Durst stillen kann, der Religion geht es um deinen Hunger – nicht um Definitionen, um Landkarten.

Bhagwan, du hast gesagt: „Wir tun hier überhaupt nichts“, aber die, die hier leben und im Aschram arbeiten, sind ununterbrochen mit „Tun“ beschäftigt. Ja, je mehr wir tun, desto mehr werden wir gelobt. Und jeder, der nichts „tut“, oder weniger „tut“, wird gescholten. Erkläre das bitte.

Wenn ich sagte: *Wir tun hier überhaupt nichts*, habe ich damit gemeint: ich tue hier überhaupt nichts. Weil ich euch liebe. Für den, der liebt, ist alles Tun überhaupt kein Tun.

Wenn du mich liebst, kommst du auch nicht auf den Gedanken, daß du viel tust. Vielmehr kommt es dir so vor, als tätest du überhaupt nichts. Liebe ist keine Pflicht. Durch Liebe wird Arbeit zum Gebet.

Du arbeitest im Aschram. Die ganze Qualität deiner Arbeit, deine ganze Einstellung wird sich ändern, wenn du mich liebst. Wenn du mich nicht liebst, ist es natürlich Arbeit. Dann lechzt dein Verstand nach Lob. Dann wirst du auf jede erdenkliche Art die Arbeit zu meiden suchen. . . wie es ja viele von euch tun! Ihr findet Mittel und Wege, wie ihr sie vermeiden könnt, wie ihr nichts zu tun braucht.

Ich drücke mich nie, weil ich euch liebe. Je mehr ich tun kann, desto wohler fühle ich mich. Aber du drückst dich – als wäre die Arbeit etwas, das du erträgst – eine Last. Nur wenn Arbeit eine Last ist, erscheint sie wie Arbeit. Wenn Arbeit aus Liebe kommt, wird daraus Gebet. Dann ist keine andere Meditation nötig. Das genügt. Die Arbeit selbst wird zu Meditation. Du bist so tief in ihr, daß der Verstand stehenbleibt.

Energie braucht Arbeit, sonst verwandelt sie sich in Rastlosigkeit. Energie braucht Ausdruck, Energie muß kreativ sein. Sonst wird die gleiche Energie, unentfaltet in dir, krankhaft, zur Krankheit. Du hast Energie. Deine Energie muß kreativ werden. Es gibt kein Glück außer in Kreativität.

Aber Kreativität ist Arbeit plus Liebe. Ein Maler malt. Er arbeitet nicht, er liebt. Er ist völlig absorbiert davon – der, der es tut, ist nicht mehr. Ein Sänger singt oder ein Tänzer tanzt. Wenn der Tänzer nur ein Profi ist, dann ist es Arbeit. Dann wird er müde davon. Aber wenn ein Tänzer wirklich das Tanzen liebt, bekommt er umso mehr Energie zum Weitermachen, je mehr er sich in den Tanz hineinbegibt.

Von Nijinski, einem der größten Tänzer, den es je auf Erden gab, heißt es, daß er sogar die Wissenschaftler überraschte: sie konnten seine Sprünge nicht fassen. Tanzte er, so machte er Sprünge, die so groß waren, daß sie gegen die Gesetze der Schwerkraft verstießen. Sie waren nicht möglich: man kann nicht so weit springen. Und wie er sprang – so anmutig! Und wenn er herunterkam, kam er wie eine Taube, so langsam, als wäre die Schwerkraft aufgehoben. Oft wurde Nijinski gefragt: „Was ist Ihr Geheimnis?“ Er antwortete: „Ich weiß nicht – außer, daß ich das Tanzen liebe.“ Und einmal sagte er: „Wenn du das Tanzen liebst, dann stehst du nicht unter dem Gesetz der Schwerkraft. Du stehst unter dem Gesetz der Schwerelosigkeit.“

Das ist der Unterschied zwischen Moses und Jesus. Moses bringt der Welt das Gesetz der Schwerkraft – und Jesus bringt das Gesetz der Schwerelosigkeit – und das ist überhaupt kein Gesetz. . .

Wenn du tief liebst, unterliegst du den Gesetzmäßigkeiten einer völlig anderen Dimension. Würdest du mich lieben, wäre diese Frage nicht aufgekommen. Du hättest nicht den Eindruck von Arbeit.

Schau einer Mutter zu, wieviel sie für ihr Kind tut. Aber wenn du sie fragst, wird sie sagen: „Ich habe doch gar nichts getan. Im Gegenteil, es war viel mehr zu tun, und ich habe es nicht getan. Ich habe immer das Gefühl, daß mein Kind nicht so viel Sorgfalt bekommen hat, wie nötig war.“ Und dann geh und frag den Sekretär eines Clubs oder Instituts. Er wird dir eine lange Liste von Dingen vorhalten, was er alles gemacht hat. Auch Dinge, die er nicht gemacht hat, werden auf der Liste erscheinen. Er ist ein Macher; die Mutter ist eine Liebende.

Ich las in der Biographie eines hinduistischen Sannyasin, der in Südafrika lebte: er fuhr auf Pilgerfahrt in den Himalaja. Es ging bergauf, und es war heiß. Er schwitzte und schnappte nach Luft. Die Reise war beschwerlich. Direkt vor ihm ging ein Mädchen, nicht älter als zehn Jahre, das ein sehr schweres, dickes Kind auf den Schultern trug. Sie schwitzte. Der Sannyasin sprach das Mädchen an und sagte: „Meine Tochter, ist dir das Kind nicht zu schwer?“ – Das Mädchen sah den Sannyasin an und sagte: „Swamiji, es ist für mich keine Last, er ist mein Bruder. Er ist überhaupt keine Last, er hat kein Gewicht; er ist mein Bruder.“

Wenn du liebst, verschwindet alle Schwere. Wenn du liebst, spielt sich alles in einer andern Welt ab.

Bhagwan, ist es das? Erfahre ich dich? Hat die letzte Reise begonnen?

Das ist von Dharmateerth Bodhisattva. Ja. . .

Dritter Morgen

Lukas 10

1 *Danach sonderte der Herr andere siebzig aus*
und sandte sie je zwei und zwei vor sich her
in alle Städte und Orte, da er wollte hinkommen,

2 *und sprach zu ihnen:*
Die Ernte ist groß, der Arbeiter aber sind wenige.
Bittet den Herrn der Ernte, daß er Arbeiter aussende
in seine Ernte.

3 *Gehet hin; siehe, ich sende euch*
wie Lämmer mitten unter die Wölfe.

4 *Tragt keinen Beutel noch Schrift noch Schuhe,*
und begrüßt niemand unterwegs.

5 *Wenn ihr in ein Haus kommt, so sprecht zuerst:*
Friede sei diesem Hause!

6 *Und wenn daselbst wird ein Kind des Friedens sein,*
so wird euer Friede auf ihm ruhen;
wo aber nicht, so wird sich euer Friede wieder zu euch wenden.

16 *Wer euch hört, der hört mich;*
und wer euch verachtet, der verachtet mich;
wer aber mich verachtet, der verachtet den,
der mich gesandt hat.

17 *Die siebzig aber kamen wieder mit Freuden und sprachen:*
Herr, es sind uns auch die bösen Geister untertan
in deinem Namen.

18 *Er sprach aber zu ihnen: . . .*

20 *Doch darüber freuet euch nicht,*
daß euch die Geister untertan sind.
Freuet euch aber,
daß eure Namen im Himmel geschrieben sind.

21 *Zu der Stunde frohlockte Jesus im heiligen Geist und sprach:*
Ich preise dich, Vater und Herr Himmels und der Erde,
daß du solches den Weisen und Klugen verborgen hast
und hast es den Unmündigen offenbart.
Ja, Vater, so war es wohlgefällig von dir.

22 *Es ist mir alles übergeben von meinem Vater.*
Und niemand weiß,
wer der Sohn sei, denn nur der Vater;
noch wer der Vater sei, denn nur der Sohn
und wem es der Sohn will offenbaren.

Dritter Morgen

Wer euch hört, der hört mich

Es waren einmal zwei Forschungsreisende, die stießen mitten im Dschungel auf eine Lichtung. Es war ein überaus schöner Platz, es blühten dort Tausende und Abertausende von Blumen. Einer der beiden Forscher sagte: „Es muß einen Gärtner geben, der diese Blumen pflegt, der sich um dieses Fleckchen Erde kümmert.“ Er war ein gläubiger Mensch.

Der andere bestritt es und sagte: „ Ich kann hier keinen Gärtner entdecken. Ich sehe nicht einmal Fußspuren. Und es erscheint mir unsinnig, einen so schönen Garten in einem so tiefen und dichten Urwald anzulegen. Wer sollte sich ihn anschauen? Und wer sich an diesen Blumen freuen? Es kommt hier niemand vorbei. Nein, einen Gärtner gibt es nicht. Der ganze Garten ist reiner Zufall.“ Sie stritten sich. Der zweite war kein gläubiger Mensch – ein Skeptiker. Aber sie konnten sich nicht einigen, wer recht hatte, und so schlugen sie ihr Zelt auf und warteten sieben Tage lang. Kein Gärtner ließ sich blicken.

Der Skeptiker freute sich sehr. Er sagte: „Siehst du? Es gibt keinen Gärtner. Das ist jetzt bewiesen.“ Aber der Gläubige sagte: „Der Gärtner ist unsichtbar. Er kommt sehr wohl, aber wir können ihn nicht sehen. Er kommt, aber wir können seine Frußtritte nicht hören. So ein Garten ist ohne Gärtner unmöglich.“

Also zäunten sie den Garten ein, setzten die Drähte unter Strom, schafften sich Spürhunde an und patrouillierten Tag und Nacht. Aber niemand kam. Nie ertönte ein Schrei vom elektrischen Zaun her; von den Wachhunden kam kein Laut.

Nach weiteren sieben Tagen sagte der Skeptiker: „Schluß! Jetzt ist eindeutig bewiesen, daß es keinen Gärtner gibt – ob sichtbar oder unsichtbar.“

Aber der Gläubige war immer noch nicht überzeugt. Er sagte: „Der Gärtner ist nicht nur unsichtbar, er ist auch ungreifbar. Er ist geruchlos. Er entzieht sich ewig. Er läßt sich nicht mit elektrischen Zäunen fangen, er läßt sich nicht durch Spürhunde fangen, und unsere Augen können ihn nicht sehen. Aber er existiert, er existiert mit Sicherheit.“

Darauf sagte sein skeptischer Freund ganz verzweifelt: „Was ist nun aus deiner anfänglichen Behauptung geworden? Wo ist der Unterschied zwischen einem unsichtbaren, ungreifbaren, ewig sich entziehenden Gott, oder Gärtner, und einem bloß eingebildeten oder gar nicht existenten? Wo ist der Unterschied?“

Dieses Gleichnis las ich, und es gefiel mir. Denn ganz genauso geht der Streit auf Erden immer weiter. . . Die Gäubigen reden immerzu von einem unsichtbaren Gott; skeptische Geister bestreiten ständig seine bloße Möglichkeit. Und beide scheinen sie recht zu haben. Oder beide unrecht. Der Streit findet kein Ende. Von vornherein geht diese ganze Fragerei in die falsche Richtung. Sobald man den Gärtner vom Garten trennt, Gott von der Schöpfung trennt, ist das Problem da. Dann läßt es sich niemals lösen.

Der Garten ist Beweis genug, daß es den Gärtner gibt. Aber der Gärtner ist nicht von ihm zu trennen. Er kommt nicht und pflegt den Garten. Er ist im Garten; er ist der Garten. Er kümmert sich nicht um die Blumen, er ist in den Blumen, er ist die Blumen. Nicht unsichtbar, nein, er ist sichtbar – als Blumen sichtbar.

Wenn du eine Vorstellung von Gott hast, wirst du ihn niemals finden. Die bloße Vorstellung wird zur Schranke. Nur wer keine Vorstellung von Gott hat, findet ihn auch – oder er erlaubt es Gott, ihn zu finden. Wenn du eine bestimmte Vorstellung hast, wird gerade diese Vorstellung zur Mauer, zum Wall zwischen dir und der Wahrheit.

Der gläubige Mensch irrte sich nicht, aber er ging mit seinem Argumentieren in die verkehrte Richtung. Er trennte den Gärtner vom Garten. Der Gärtner läßt sich nicht beweisen, weil es den Gärtner nicht gibt. Ein Gärtner, losgelöst vom Garten, existiert nicht.

Genau deswegen konnte sein skeptischer Freund einhaken. Und er argumentiert stichhaltig; stichhaltig nicht gegen Gott oder Gärtner, sondern stichhaltig gegen den, der glaubt. Der gläubige Mensch hat das falsche Argument gewählt.

Für mich ist Gott hierjetzt. Alles, was ihr seht, ist Gott. Gott ist nichts Jenseitiges. Gott ist etwas Diesseitiges. Oder, wenn ihr Paradoxe mögt: ihr könnt Gott das „innere Jenseits“ oder das „jenseitige Innere“ nennen. Aber Gott ist innewohnend, Gott ist der innerste Kern der Schöpfung.

Wer nicht in die richtige Richtung aufbricht, verirrt sich immer mehr. Glaubt nie an einen Gott, der von seinen Geschöpfen und von der Schöpfung getrennt ist. Das ist er nicht, das kann er nicht sein. Er ist eins damit. Er wohnt darin, er ist es. Sobald du das verstanden hast, fängst du zu strömen an – dein ganzes Leben wird zum Gebet. Das ist die eigentliche Botschaft von Jesus. Darum sagt er immer wieder: „Gott ist mein Vater.“ Damit sagt er auf seine Art das gleiche, was auch ich euch sage.

Zwischen Vater und Sohn, oder zwischen Mutter und Kind, herrscht eine Kontinuität. Der Vater lebt im Sohn weiter, die Mutter setzt sich im Kind fort. Der Sohn ist nichts als eine Erweiterung der Existenz des Vaters – eine ausgestreckte Hand. . . so als ob sich der alte Körper, der nicht länger weiterleben kann und verschwinden wird, als Vater einen neuen Körper erzeugt hat, um darin weiterzuleben.

Wenn Jesus sagt: „Gott ist mein Vater“, meint er einfach nur: „Er setzt sich in mir fort. Es hat nie eine Trennung gegeben, er fließt in mir, er strömt in jeder meiner Zellen. Es gibt überhaupt keinen Bruch.“ Das ist der ganze Sinn davon, aber er benutzt das Wort „Vater“, weil er zu ganz einfachen, ungebildeten Leuten spricht. Er spricht zu echten Menschen, nicht zu Plastikmenschen. Er spricht nicht an einer Universität. Er spricht zu echten Menschen, Menschen, die lebendig sind.

Er benutzt das Wort „Vater“. Und auf eine Art ist das schön, denn solange Religion nicht persönlich wird, bleibt sie Philosophie. Wenn Religion persönlich wird, wird sie lebendig. Religion ist etwas, das gelebt werden muß, nicht etwas zum Nachsinnen. Sie ist etwas, das zu dir gehört und dich umgibt, das zu einem ständigen Atmen werden muß, zu einem ständigen Herzschlag.

Religion ist eine Art zu leben, eine Art zu sein. Es hat nichts mit Denken zu tun. Wenn Jesus sagt: „Gott ist mein Vater“, meint er damit: „Diese Existenz ist nichts Fremdes, diese Existenz ist deine Heimat. Du kannst in ihr ruhen, du kannst dich auf sie verlassen; du brauchst keine Angst zu haben.“

Es ist ganz wichtig, das zu verstehen, weil der moderne Mensch so viel Angst hat. Das hat es nie zuvor gegeben. Noch nie in der Geschichte der Gattung Mensch ist der Mensch so voller Angst gewesen wie jetzt.

Tag für Tag spreche ich mit Menschen über ihre Probleme. Und fast immer ist – irgendwo tief versteckt – Angst da. Je tiefer sie in ihr Wesen eintauchen, desto mehr verlieren sich alle übrigen Probleme, und nur ein Problem bleibt: Angst. Warum ist der moderne Mensch so voller Angst? Das hat es nie zuvor gegeben.

Es ist etwas geschehen, das einer Katastrophe gleichkommt. Wenn Gott erst einmal aus dem Bewußtsein verschwunden ist, bekommt man Angst. Denn ohne Gott wird dir die Existenz fremd. Dann bist du nicht mehr daheim, dann scheint es so, als wäre jeder gegen dich.

Wenn Gott nicht mehr da ist, wird die Existenz feindlich. Nicht, daß sie tatsächlich feindselig wäre, aber sie kommt dir so vor. Dir erscheint sie feindselig. Das Leben erscheint wie ein einziger Wettkampf, ein Kampf ums Überleben. Nichts als Neid weit und breit. Die Liebe verschwindet, wenn es keinen Gott gibt. Das Zu-Hause-Sein verschwindet, wenn es keinen Gott gibt.

„Gott" ist nur ein symbolisches Wort. Es bezeichnet lediglich eine Haltung, nämlich die Haltung, daß „ich hier zu Hause bin". Wenn Gott der Vater ist, dann ist die ganze Existenz dein Zuhause. Du kannst dich entspannen, du hast nichts zu befürchten – alles ruht in den Händen deines Vaters.

Religion ist persönlich. Alles drängt dich dann, das Leben wie eine Familie zu erleben. Der Baum ist verwandt mit dir – wie entfernt auch immer. Er ist dein Verwandter. Und der Fels genauso. Und die Ozeane genauso, und der Mond und die Sterne genauso. Alles ist mit allem verwandt. Du lebst in einer weitverzweigten Sippe.

Du gehörst dazu – so als streckte die Schöpfung durch dich die Hand nach etwas aus, nach einem höheren Gipfel der Bewußtheit. Gott strebt durch dich nach einer neuen Existenz, nach einem neuen Gipfel der Ekstase, nach einem neuen Gipfel der Wachheit, nach einer neuen Spielart. So als suche sich Gott einen Durchbruch zu schaffen – durch dich. Plötzlich gehörst du dazu. Nicht nur dazu. . . Gott will gerade durch dich etwas ausrichten.

Geschichte wird durch dich ins Leben gerufen, Existenz wird durch dich ins Leben gerufen. Du bist wichtig, du hast eine ungeheure Bedeutung. Ohne dich würde Gott etwas fehlen.

Denk doch nur: ohne den Sohn wäre der Vater kein Vater. Ohne den Sohn würde dem Vater nicht nur etwas fehlen, er wäre überhaupt kein Vater mehr. Er wäre unfruchtbar, Ödland. Der Sohn ist Erfüllung.

D u bist die Erfüllung. Aber sobald du Gott vergißt oder die Vorstellung von Gott aufgibst, wie es der moderne Mensch getan hat, bist du plötzlich ein Fremder. Von da an bist du nie mehr entspannt. Wohin du auch gehst, du gehst wie ein Fremder, umringt von Feinden, nicht umgeben von Freunden.

Ein Freund kam mich einmal besuchen. Er war Vizepräsident irgendeiner Universität, ein entschiedener Atheist. Ich hatte schon immer Bäume gern gemocht, und am liebsten war es mir, wenn die Bäume bis direkt ans Haus wuchsen, so daß sie es fast berührten und überwucherten. Die Leute mögen das nicht, weil die Gefahr besteht, daß der Baum die Mauern, die Grundmauern zerstört. Aber mir ist es das wert. Mag das Gebäude draufgehen, es ist schön!

Am Morgen sah sich der Freund um und sagte: „Was hast du getan? Du schaffst dir ja einen Dschungel. Weißt du nicht, daß die Bäume die Feinde des Menschen sind?“

In gewisser Weise hat er recht, denn die Bäume haben seit je gegen den Menschen gekämpft, und der Mensch hat seit je gegen die Bäume gekämpft. Alle Städte, die ihr kennt, waren einmal Wälder. Der Mensch hat die Bäume zerstört, den Boden gerodet, ihn für sich beansprucht. Aber wenn ihr nun nichts mehr gegen die Bäume unternehmt, genügen ihnen zwanzig Jahre, um sich auszubreiten und das Land wieder zurückzuerobern. Sie werden die Gebäude und die Straßen und alles zerstören. Er sagte also: „Was tust du? Bäume sind Feinde!“ Das war das erste

Mal, daß ich diesen Gedanken hörte. Er ist historisch richtig, aber existentiell falsch; wissenschaftlich richtig, aber religiös falsch.

Wissenschaftlich gesehen ist alles Leben ein Kampf. Alle andern kämpfen gegen dich, und du kämpfst gegen alle andern: der Stärkere überlebt! Es ist eine mörderische Konkurrenz, ein Wettrennen der Halsabschneider. Niemand ist freundlich. Selbst die, die du für Freunde hältst, sind keine Freunde, können keine sein, wissenschaftlich gesehen.

Ein Kind wird neugeboren. Jetzt ist ein neuer Konkurrent auf der Welt, wieder ein Feind mehr. Er will atmen, wird viel Sauerstoff verbrennen, Sauerstoff, den du hättest gebrauchen können. Jetzt wird er ihn verbrauchen. Er wird Raum brauchen, Nahrung brauchen; er wird Wasser brauchen und dies und das. Jetzt gibt es einen Feind mehr.

Jeder Mensch, der stirbt, ist ein toter Feind. Du kannst das feiern. Jetzt ist umso mehr Sauerstoff frei, umso mehr Nahrung zur Verfügung – ein Konkurrent ist fort. Wissenschaftlich ist das richtig. Fragt Malthus.

Ja, es stimmt. Aber religiös gesehen. . . religiös gesehen ist die Welt eine Einheit. Die Existenz ist eine Familie. Wir existieren gemeinsam. Leben ist Gemeinsamkeit, und diese Gemeinsamkeit ist Gott. Wer diese Gemeinsamkeit nicht empfinden kann, wird sich immer fremd fühlen und sich immer ängstigen. Ein religiöser Mensch lebt furchtlos. Für einen nicht-religiösen Menschen ist Angst die einzige Daseinsweise.

„Gott der Vater“ läßt sich übersetzen in: „Die Existenz ist eins; sie ist Gemeinsamkeit. Sie ist Harmonie, kein Konflikt.“

Wir sind wie die Glieder eines Körpers. Wann immer jemand stirbt, stirbt auch etwas in mir. Wann immer ein neues Kind geboren wird, wird auch in mir etwas geboren. Wann immer ein neues Kind da ist, wird das Leben dadurch lebendiger – das Leben lächelt. Wann immer jemand stirbt, sind Tränen da. Es muß so sein, weil ich aus dem Leben hervorgehe. Ich gehe ins Leben zurück. Das Leben hat versucht, durch mich etwas zu tun.

Jeder ist ein Bote; jeder ist ein Messias. Jeder hat eine Bestimmung zu erfüllen. Und bevor du nicht diese Bestimmung erfüllst, wirst du dich niemals erfüllt fühlen. Du kannst noch so viel Geld haben, aber dadurch kommt keine Erfüllung. Du kannst noch so viel Sex haben, aber dadurch kommt keine Erfüllung. Du kannst noch so viel Macht haben, aber dadurch kommt keine Erfüllung.

Erfüllung kommt nur, wenn du deine ganz eigene Bestimmung erfüllt hast, die du in dir trugst, die in dir verschlüsselt lag, die tief in deinem Bauplan angelegt war. Nur wenn du das geworden bist, wofür du gemacht warst, nur wenn du zum Sein gelangt bist, wirst du dich je erfüllen.

Erfüllung ist Friede, Erfüllung ist Seligkeit, Erfüllung ist Zufriedenheit. Und nur ein erfülltes Herz kann beten, weil nur ein erfülltes Herz dankbar sein kann und die Gnade empfinden kann, die herabsteigt: den Geist Gottes, einer Taube gleich.

Nun die Sutras:

Danach sonderte der Herr andere siebzig aus
und sandte sie je zwei und zwei vor sich her
in alle Städte und Orte, da er wollte hinkommen.

Die Evangelien sind im Telegrammstil gehalten, weil sie für das Gedächtnis bestimmt waren, dafür bestimmt, auswendig gelernt zu werden. Kein einziges überflüssiges Wort kommt vor. Sie sind sehr ökonomisch. Und so muß alles, was gesagt wird, voller Vertrauen und Ehrfurcht aufgenommen werden, weil das der einzige Weg ist, diese Dinge zu verstehen. Tiefe Ehrfurcht ist das Grundklima und die Grundvoraussetzung. Nur in solch tiefer Ehrfurcht kann etwas in dich eindringen und dich ins Herz treffen, kann es deine Seele berühren.

Wenn du mit einer skeptischen Einstellung zuhörst, verschlossen und zweifelnd, verfehlst du's, denn hier geht es nicht um philosophische Grundsätze, sondern um dichterische Aussagen, die nur etwas andeuten – und die Andeutung ist sehr subtil. Sie geben etwas zu verstehen. . . und nur in tiefem Einvernehmen lassen sich solche Dinge verstehen.

Danach sonderte der Herr andere siebzig aus
und sandte sie je zwei und zwei vor sich her
in alle Städte und Orte, da er wollte hinkommen.

Warum zwei und zwei? Warum nicht drei? Warum nicht einer? Warum „zwei und zwei"?

Jesus zeigt, wie tief er das menschliche Gemüt versteht: mehr als zwei, das ist eine Menge, und eine Menge ist sich nie einig. Mehr als zwei, und alles fällt auseinander. Höchstwahrscheinlich werden sie sich bald zerstreiten, höchstwahrscheinlich wird es einen Führungskampf geben.

Mehr als zwei ist eine Menge. Weniger als zwei: einer allein ist einsam. In Einsamkeit steigt Zweifel auf. In Einsamkeit verliert man die Zuversicht. In Einsamkeit wird man ängstlich, mißtrauisch. Jesus sagt: „Zwei und zwei". Es darf keine Menge sein, und man darf nicht allein sein. „Geht zu zweit."

Zwei Menschen, eng vertraut, ganz nahe, bringen jeder im andern alles zum Vorschein, was groß ist. Darum ist die Liebe so bedeutsam, denn nur in der Liebe rührt man an sein Bestes. Allein existiert man auf Sparflamme. In der Liebe berührt man die Gipfel. Habt ihr das schon beobachtet? Habt ihr es erlebt, wenn ein alleinstehender Mensch sich verliebt? Habt ihr die Veränderung beobachtet, die mit ihm vor sich geht?

Plötzlich geht er anders. Er geht nicht, er tanzt. Seine Bewegungen werden plötzlich anmutig. Seine Augen glänzen, sein Gesicht wird schöner. Tief in ihm entspannt sich etwas und jubelt.

Er ist energiegeladener, strahlender. Man kann sehen, daß seine Energie strömt. Noch vor wenigen Tagen war er niedergeschlagen, reserviert. Jetzt – verliebt – hat er sich geöffnet, ist er aufgeblüht. Er fließt über. . .

Was ist geschehen? Ein tiefer Ruf ist vom andern ausgegangen. Dieser Ruf hat seine Seele berührt, hat ihn geweckt. Seine brachliegenden Kräfte sind in Bewegung geraten. Jetzt hat sein Leben Sinn bekommen, Bedeutung. Jetzt ist sein Leben nicht mehr wie eine Wüste. Die Wüste blüht. Er gewinnt ungeheuer dazu. Und das Schöne ist: der andere verliert nicht, der andere gewinnt genau das gleiche. Zwei Menschen, die sich lieben, gewinnen alle beide ungeheuer viel, und keiner verliert. Beide erreichen ihren Gipfel, weil jeder die Tiefen des andern anrührt und in ihm das Schönste zum Vorschein bringt. Jeder lockt aus dem andern das Göttliche hervor.

Liebende werden für einander zu Göttern. Und wenn jemand einen Gott in dir sieht, mußt du das erfüllen! Was kannst du sonst machen? Wenn jemand dich für einen Gott hält, fängst du unbewußt an, dem zu entsprechen. Ohne es zu wollen, erfüllst du deine Bestimmung – du wirst ein Gott.

Wenn nie jemand an dich geglaubt hat, entgeht dir viel. Wenn niemand dich je geliebt hat, bleibst du unfruchtbar. Wenn niemand je dich so tief geliebt hat, daß du zumindest für *ihn* göttlich wurdest, dann wird das Göttliche in dir brach liegenbleiben, wird es nicht in Bewegung kommen.

Wenn Jesus sagt: „Zwei und zwei", sagt er: „Geht nicht allein" – allein würdet ihr an eurer untersten Grenze bleiben – „und nicht mehr als zwei" – weil sonst Konflikte entstehen würden. „Geht zu zweit, in tiefer Freundschaft, in tiefer Liebe, in tiefem Vertrauen" – so daß ihr euch gegenseitig helfen könnt und euch gegenseitig zur größtmöglichen Höhe herausfordern könnt. Alles, was der eine seiner Anlage nach überhaupt erreichen kann, wird er durch den andern erreichen. „Geht zu zweit."

. . .und sprach zu ihnen: Die Ernte ist groß. . .

Er spricht in der Sprache der Bauern, der Fischer, der Zimmerleute.

> *. . .und sprach zu ihnen:*
> *Die Ernte ist groß, der Arbeiter aber sind wenige.*
> *Bittet den Herrn der Ernte, daß er Arbeiter aussende*
> *in seine Ernte.*

So ist es seit eh und je. Wenn ein Buddha da ist, ist es so, wenn ein Zarathustra da ist, ist es so, wenn ein Mahavir da ist, ist es so. Die Ernte ist groß, aber es sind nicht genug Arbeiter da. Der Schatz ist ungeheuer, aber es gibt nicht genug, die ihn untereinander aufteilen können. Eine gewaltige Energie wird freigesetzt, aber niemand ist offen, sie zu empfangen. Die Blüte hat sich geöffnet, aber niemand kommt, von ihrem Duft erfüllt zu werden. Der Duft ist vergeudet. Er hätte genutzt werden können, und Menschen wären durch ihn zu ihrer höchsten Entfaltung gelangt. Der Duft aber breitet sich immer weiter aus in die Leere des Himmels. Ja:

> *. . .Die Ernte ist groß, aber der Arbeiter sind wenige.*
> *Bittet den Herrn der Ernte, daß er Arbeiter aussende*
> *in seine Ernte.*

Die Ernte steht schnittbereit, und wenn sie nicht zur rechten Zeit geschnitten wird, wird sie vergeudet sein. Es gibt eine Zeit zu säen, und es gibt eine Zeit zu ernten. Jesus ist bereit, die Ernte steht bereit – nur ist keiner da, sie in Empfang zu nehmen.

Warum ist das so? Warum sind die Menschen so blind? Warum wollen die Menschen in ihrem Unglück bleiben und, wenn die Tür zum Glücklichsein aufgeht, nicht einmal hinsehen?

Sie haben gut in ihr Unglück investiert. Sie haben sich in ihrem Unglück eingerichtet. Das ist auch meine Erfahrung. Ihr kommt her und sagt mir, daß ihr gern glücklich wärt. Aber im selben Augenblick kann ich erkennen, daß irgendwo in euch ein Teil, ein größerer Teil von euch, dagegen ist. Dieser Teil möchte nicht glücklich sein, denn dieser Teil hat eine Menge ins Unglücklichsein investiert. Jetzt wäre die ganze Investition umsonst. Ihr möchtet glücklich sein, aber ihr möchtet nicht die Investitionen verlieren, die ihr ins Unglück gesteckt habt. In vielen, vielen Leben habt ihr versucht, Unglück für bestimmte Zwecke zu nützen. Zum Beispiel reden die Leute viel zu viel von ihren Wehwehchen. Sie übertreiben. Warum übertreiben sie ihre Beschwerden? Was soll es, allen Leuten zu erzählen, wie schlecht es einem geht?

Dadurch holt man sich ein gewisses Glück. Sobald du über dein Unglück sprichst, zeigen die Leute Mitleid. Das ist eine Möglichkeit, Mitleid auf sich zu lenken. Natürlich kann so jemand nie Liebe erfahren haben, denn was hätte man sonst vom Mitleid? Mitleid ist ein armseliger Ersatz für Liebe; es ist Falschgeld. Wer je von einem Menschen geliebt wurde, und wer je einen Menschen geliebt hat, der bettelt nicht um Mitleid, nein. Mitleid ist eine Beleidigung. Liebe ist etwas total anderes. Aber Mitleid sieht nach Liebe aus; es ist Falschmünzerei. Es erscheint wie Liebe. Es ist aber keine.

Wenn dich jemand liebt, geht es um *dich*. Wenn jemand dich bemitleidet, geht es nicht um dich. Wenn jemand dich liebt, bist du Kaiser. Wenn jemand dich bemitleidet, bist du Bettler. Mitleid bekommst du, weil du so im Elend bist; Liebe bekommst du, weil du so glücklich bist. Wenn du glücklich bist, lieben dich die Menschen. Wenn du unglücklich bist, bemitleiden dich die Menschen.

Aber Mitleid gibt vor, Liebe zu sein. Und ihr habt viel ins Mitleid investiert. Wie könnt ihr euer Unglück jetzt fallenlassen? Unmöglich. Immer, wenn ein Mensch wie Jesus kommt und euch die Türen des Paradieses auftut, hört ihr weg. Ihr sagt: „Da muß wohl ein Irrtum vorliegen. Paradies? – nicht möglich. Wir sind doch keine Narren. Wir haben uns schließlich auch redlich darum bemüht. Das Paradies ist nicht möglich. Nur Unglück ist möglich."

In seinen letzten Lebensjahren wurde Sigmund Freud sehr pessimistisch. Fünfzig Jahre lang hatte er sich mit dem menschlichen Bewußtsein beschäftigt. Keiner hat je so hart gearbeitet, so ausdauernd, so wissenschaftlich. Er hatte das Gemüt von Tausenden und Abertausenden erforscht: wie es funktioniert, seine Mechanismen. In seinen letzten Jahren begann er zu glauben, daß der Mensch, so wie er ist, nicht glücklich sein *kann*. „Es scheint für den Menschen keine Möglichkeit zu geben, glücklich zu sein. Etwas scheint grundsätzlich verkehrt zu sein."

Nichts ist grundsätzlich verkehrt. Es liegt nur daran, daß der Mensch zuviel ins Unglück investiert hat.

Ein Kind wird geboren. Wann immer ein Kind glücklich ist, kümmert das keinen. Aber kaum ist es krank, zeigen alle Mitleid, Sorge, Liebe. Das Kind lernt allmählich den Trick: wenn du Mitleid willst, wenn du Beachtung willst, sei krank!

Sei nicht glücklich, denn wenn du glücklich bist, rufst du in andern nur Neid hervor. Neid heißt Feindseligkeit. Wenn du unglücklich bist, erzeugst du Mitleid in andern. Mitleid heißt Freundlichkeit.

Darum achtet ihr Jesus nicht. Er ist so glücklich! Er ist ein Bräutigam. Er feiert immer Feste – fasten tut er nie. Ihr geht zu Heiligen, die fasten und elend sind, denn die erzeugen in euch keinen Neid. Die sind so unglücklich, daß sie in euch Mitleid wecken. Wenn ihr mit ihnen Mitleid habt, wertet ihr ihr Unglück nur noch mehr auf.

Es ist ein Teufelskreis. In Indien passiert das überall. Geht und schaut euch die Heiligen an: je unglücklicher sie sind, je mehr sie fasten, je selbstmörderischer sie sind, je mehr sie ihren Körper, ihr Dasein vergiften, je blasser und abgestorbener sie sind, je ungesünder sie aussehen – desto mehr werden sie geachtet, werden sie von der Menge angegafft. Die Leute nennen sie „große Asketen". Elend bewirkt Mitleid. Wie könnte Jesus solches

Mitleid erhalten? Unmöglich. Wenn ihr zu ihm geht, tafelt er mit seinen Freunden. Er genießt Essen und Trinken. Er muß Tanzen und Singen genossen haben; ich kann es mir nicht anders denken. Er ist ein Mann, der sein Essen genießt und aus dem Essen ein Sakrament macht. Er nennt es heilig. Er nennt es eine Art Gebet. Es ist Gott, der in dir hungrig ist, und wenn Gott gesättigt ist, hast du gebetet.

Nicht nur das. Jesus trinkt sogar und erlaubt seinen Jüngern zu trinken, denn er sagt: „Das Leben muß in seinem Überfluß gelebt werden." Nicht nur, daß die Bedürfnisse erfüllt werden sollten – denn würden nur die Bedürfnisse erfüllt, das Leben wäre nur grad eben okay, nicht ekstatisch! Der Wein ist nur ein Symbol für Ekstase: daß Leben mehr ist als Befriedigung von Bedürfnissen. Es sollte überfließen, es sollte zu Tanz werden. Wein ist kein Bedürfnis, niemand braucht Wein. Wein ist ein Fest. Brot ist ein Bedürfnis, jeder braucht es. Aber Wein ist kein Bedürfnis, Wein ist ein Fest.

Wenn ihr Jesus erblickt, erweckt er in euch kein Mitleid. Viel eher erweckt er Neid. Genau deswegen wurde er gekreuzigt. So viel Neid erweckte er in seiner Umgebung. Jeder war ihm irgendwie feind: „Auf *die* Art ist man doch kein Heiliger!"

Ihr schätzt immer nur die Pessimisten, die toten Leute, Leute, die mit einem Bein im Grab stehen. Warum? Kein Wunder, daß ihr ihnen allmählich ähnlich werdet. . . denn wen immer man achtet, dem wird man gleich. Achtet Menschen, die glücklich sind, achtet keine Menschen, die im Elend leben und ihr Unglück selbst erzeugen. Sie sind krank, pervers. Verbeugt euch vor keinem Menschen, der in irgendeiner Weise masochistisch ist, der sein eigenes Leiden herbeiführt. Auf diese Art helft ihr ihm auch.

Denkt doch nach: wenn kein Mensch zu euren masochistischen Heiligen hingeht, meint ihr, daß sie dann bleiben, wo sie sind? Sie werden aus ihren Einsiedeleien davonlaufen. Sie werden zum Marktplatz kommen, sie werden sagen: „Wozu das Ganze? Wir fasten unentwegt, quälen uns zu Tode, und kein Mensch nimmt Notiz von uns!" Dann ist der ganze Zweck weg. Auch ihnen wäre sehr damit geholfen. Es wäre wahres Mitleid mit ihnen. Wenn ihr nicht zu ihnen geht, werden sie ins Leben zurückkehren. Aber ihr zollt ihnen Respekt, ihr bestätigt ihr Ego. Jetzt ist ihr Unglück ihre größte Investition.

Und genauso haltet ihr es auch in eurem Leben. Die Leute klammern sich an ihr Unglück, weil sie sonst nichts haben. Das ist der Grund, warum „die Ernte groß ist, aber der Arbeiter nur wenige sind." Nur Menschen, die wirklich eingesehen haben und die sich wirklich im klaren sind, daß das Leben dazu da ist, gefeiert zu werden, können durch die Tür gehen, die Jesus ihnen geöffnet hat.

Die andern werden nicht kommen; nicht nur nicht kommen – sie werden leugnen, daß die Tür existiert. Würden sie akzeptieren, daß die Tür da ist, dann entstünde in ihrem Herzen ein ewiges Nagen, eine Unrast, daß die Tür da ist, sie aber nicht hingegangen sind. Nein, sie werden einfach abstreiten, daß die Tür existiert. Nicht nur das – sie werden behaupten, daß Jesus ein Betrüger ist, daß er kein wahrer Prophet ist. „Wahre Propheten sind immer unglücklich, sie leben im Elend", und deren Sprache versteht ihr, weil auch ihr im Elend lebt.

Die Sprache des Glücks ist euch absolut fremd. Ihr könnt sie nicht verstehen. Ihr könnt Schmerz und Leid verstehen, aber Ekstase? „Der Mann muß verrückt sein!" – Ekstase sieht verrückt aus. Schmerz könnt ihr verstehen, aber Entzücken? Das könnt ihr nicht verstehen.
Hier liegt das Problem. Ich sage zu euch das gleiche:

> *Die Ernte ist groß, der Arbeiter aber sind wenige.*
> *Bittet den Herrn der Ernte, daß er Arbeiter aussende*
> *in seine Ernte.*
> *Gehet hin;*
> *siehe, ich sende euch*
> *wie Lämmer mitten unter die Wölfe.*

Es ist sehr gefährlich, ekstatische Menschen unter die Unglücklichen zu schicken. Sehr gefährlich. Wer auf der Straße tanzt, findet sich früher oder später bei der Polizei wieder. Wenn du unglücklich bist und weinst und schluchzt, wird dich sogar der Wachtmeister trösten. Aber wenn du lachst und tanzt, muß etwas mit dir nicht stimmen. Sowas gibt's nicht. Ekstase? „Der Mann ist verrückt.“ Du darfst nicht auf die Welt losgelassen werden. Du bist gefährlich.

Seht ihr die Absurdität? Ein glücklicher Mensch erscheint gefährlich. Ein unglücklicher Mensch erscheint okay. Der Unglückliche paßt zu euch. Der Glückliche nicht.

Gehet hin; ich sende euch
wie Lämmer mitten unter die Wölfe.

Jesus weiß, daß er seine Jünger in eine gefährliche Welt hineinschickt. Erstens wird kein Mensch verstehen, was sie sagen. Die Leute werden mißverstehen. Aber noch im Mißverstehen wird in den Hinterköpfen der Leute der Zweifel lauern: „Und wenn diese Menschen recht hätten. . .?“

Das birgt noch mehr Gefahren. Sobald man fühlt, daß etwas stimmen könnte, steigt Unbehagen auf: entweder du mußt darauf eingehen, oder du mußt es zerstören. Also wird der sichtbare Beweis zerstört.

Jesus wurde nur gekreuzigt, um den Beweis aus der Welt zu schaffen, daß ein Mensch so glücklich und so ekstatisch sein kann. Ein Mensch kann wirklich zum Sohn Gottes werden – dieser Beweis muß weg. Ihr fragt immer nach Beweisen: was für Gottesbeweise gibt es? Und immer, wenn ein Beweis da ist, zerstört ihr ihn.

Jesus war der Beweis. Wenn ihr ihn hättet verstehen können, hättet ihr verstehen können, daß Gott existiert. Es gibt keine andere Möglichkeit, von Gott zu wissen. Man kann den Baum nur an der Frucht erkennen. Jesus ist die Frucht, das Produkt, die Ernte. Er war der lebendige Beweis. Aber er mußte zerstört werden, denn wenn Gott existierte, wie könntet ihr da weiter in euren elenden Löchern hausen? Ihr würdet ans Licht kommen müssen.

Besser, ihr leugnet Gott, als daß ihr aus eurer Dunkelheit hervorkriecht. Denn ihr habt so lang in dieser Dunkelheit gelebt, ihr habt euch so auf sie eingespielt! Ja, sie ist elend, aber damit habt ihr nun schon so lange gelebt, daß so etwas wie eine Anhänglichkeit entstanden ist. Ihr könnt nicht mehr ohne sie sein.

Die Ärzte vermuten, daß Menschen, die lange mit einer Krankheit gelebt haben, sich an sie klammern und tief drinnen nicht mehr gesund werden wollen. Da kann keine Medizin helfen, weil der Kranke gegen die Medizin ankämpft. Er will, daß die Krankheit fortdauert.

Ich kenne so einen Menschen. Ich habe ihn lange beobachtet. Er ist schon seit fast sieben Jahren bettlägerig. Er war Politiker, bis er krank wurde.

Ich habe ihn all die Jahre hindurch beobachtet. Er wurde krank, weil er bei einer Wahl verlor. Seine Krankheit war psychologisch. Er konnte die Tatsache nicht akzeptieren, daß er geschlagen werden konnte. Sein Ego war zertrümmert – er wurde krank. Der Körper spiegelte lediglich etwas Tieferliegendes wider, das dem Ego widerfuhr.

Das ging dann immer weiter. Eine Krankheit folgte der anderen. War eine weg, passierte etwas anderes. So ging es immer weiter. Nach einem Jahr war jedem Familienmitglied klar, daß er nie wieder gesund werden würde.

In seinem Bette liegend, entspannte er sich zum ersten Mal. Man kann das ganze Elend eines Politikerlebens wohl verstehen. Der Kampf, die Spannung, die Angst. Ein Jahr lang ruhte er sich aus. Dann meldete sich tief im Unbewußten der Wunsch, es weiterhin so gut zu haben. Er weiß genau: wenn er wieder aufsteht, ist er wieder der Alte. Das ist die einzige Rolle, die er auf der Welt zu spielen versteht. Er kann nichts anderes als Politiker sein. Das ist sein Beruf, das einzige Geschäft, worauf er sich versteht. Jetzt hat er Angst.

Sieben Jahre sind verstrichen – und alles geht blendend. Als er noch arbeitete und draußen war, kümmerte sich sein Sohn nicht im geringsten um die Familiengeschäfte. Jetzt kommt der Sohn glänzend voran. Seine Frau hat vieles selbst übernommen. Sogar sein alter Vater geht inzwischen wieder ins Geschäft. Alles läuft gut, ausgesprochen gut – besser denn je. Wozu also aufstehen? Jetzt ist die Krankheit ein willkommener Vorwand.

Ich ging ihn besuchen und sprach mit ihm. Ich sagte ihm die Wahrheit. Da wurde er sehr böse. Er sagte: „Was willst du damit sagen? Willst du sagen, ich ziehe meine Krankheit in die Länge? Ich hoffte, wenigstens du würdest mich verstehen! Du verstehst mich nicht. Warum sollte ich hier liegen wollen?“

Aber im gleichen Augenblick wußte ich, daß er verstanden hatte. Ich sagte: „Nur heraus mit der Wahrheit – es hört uns niemand hier. Es bleibt unter uns, ich sage es keinem weiter.“ Da entspannte er sich und sagte: „Mag stimmen. Ich werde drüber nachdenken.“

Am nächsten Tag ging ich wieder hin, und er beichtete. Er sagte: „Du hast recht. Ich hab die ganze Zeit nachgedacht, ich hab kein Auge zugemacht die ganze Nacht. Es scheint so zu sein. Aber ich möchte wirklich nicht gesund werden. Das Leben war noch nie so schön. Und jetzt, nach sieben Jahren wieder in die Politik zurück – das wäre praktisch unmöglich!“

Wenn man sieben Tage lang aus der Politik raus ist, ist man erledigt. Sieben Jahre? – kein Mensch erinnert sich mehr an einen. Sieben Tage reichen schon. Ein Politiker muß ständig in den Augen der Öffentlichkeit bleiben. Er muß ständig irgendwas tun, irgendwelchen Unfug – einen Streik oder Hungerstreik oder was auch immer. Egal, was es ist – er muß im Licht der Öffentlichkeit stehen, in den Zeitungen. Auch nur sieben Tage nicht in den Zeitungen, und er ist erledigt. Das Gedächtnis der Öffentlichkeit ist sehr kurz. Wer macht sich schon die Mühe, sich noch an ihn zu erinnern? Die Leute würden nicht mal mehr zugeben, daß er einmal ein wichtiger Mann war. Und inzwischen gibt es andere wichtige Männer, die seinen Platz eingenommen haben. Sie würden ihn nicht ranlassen. Und so sagte er: „Es würde schwer werden – es war schon beim ersten Mal sehr schwer. Jetzt wäre es praktisch unmöglich. Und so läuft alles bestens."

So ist die Situation. . . So wird sogar Unglück zur lieben Gewohnheit, so wird sogar Krankheit zur lieben Gewohnheit. Krankheit kann für vieles eine Ausrede sein. Vergeßt das nicht, sonst könnt ihr niemals glücklich werden. Spielt keine Spiele mit euch selbst. Jesus sagt:

> *Siehe, ich sende euch wie Lämmer mitten unter die Wölfe.*

Warum? Warum Lämmer unter die Wölfe? Weil er weiß, daß man die Wahrheit angreifen wird; er weiß, daß man die Liebe angreifen wird. Er weiß, daß man die Ekstase angreifen wird.

> *Tragt keine Beutel noch Schrift noch Schuhe und begrüßt niemand unterwegs.*

Warum sagt Jesus dies?

> *Tragt keine Beutel noch Schrift noch Schuhe und begrüßt niemand unterwegs.*

Er sagt: „Ihr seid jetzt so glücklich, ekstatisch, ihr seid so selig darüber, vom Göttlichen gekostet zu haben, daß ihr euch schon damit genug in Schwierigkeiten bringt. Tragt also keine Geldbeutel – geht wie die Bettler, damit sie wenigstens Mitleid mit euch haben können. Ihr seid zwar Kaiser, aber geht wie die

Bettler. Tragt nicht mal Schuhe, damit ihr wie Bettler ausseht. Nur der ärmste Bettler hat keine Schuhe. Geht barfuß, damit sie wenigstens Mitleid mit euch haben können."

Das scheint auch der Grund gewesen zu sein, warum Buddha seine Sannyasins *bhikkus* – Bettler – nannte; warum Mahavir darauf bestand, daß man wie ein Bettler umherzieht. „Da ihr das Wesen von Kaisern habt, genügt das allein, um euch in Schwierigkeiten zu bringen. Wenn euer Äußeres jetzt auch noch Kaisern gliche, würdet ihr sofort angegriffen. Seid wenigstens äußerlich bettlerhaft. Es gibt keine Garantie, daß ihr davonkommt, denn ihr werdet immer noch wie Lämmer unter Wölfen sein, früher oder später finden sie heraus, daß ihr Kaiser seid. Euer Äußeres ist nur ein Schutzmantel." Jesus sagt dies, um seine Jünger zu schützen.

Tragt keinen Beutel noch Schrift noch Schuhe. . .

Warum sagt er „noch Schrift"? Er sagt damit: „Geht nicht als Wissende."

Dies sind die beiden Reichtümer: Die Reichtümer des Äußeren und die Reichtümer des Inneren. Geht nicht als Reiche und geht nicht als Wissensreiche. Laßt sie glauben, daß ihr nichts wißt. Sie werden Mitleid empfinden. Schleppt keine Schriften mit, sonst werdet ihr unnötig angegriffen. Sie werden streiten und euch in Diskussionen verwickeln.

Auch das muß man sich merken. Nehmt keine Schriften, nehmt kein Wissen mit. Geht wie unschuldige Kinder. Das wird euch ein Schutz sein. Redet aus eigener Erfahrung, aber kommt nicht mit der Schrift. Die Leute sind sehr klug im Umgang mit der Schrift. Sobald ihr die Schrift ins Spiel bringt, werden sie euch in die Enge treiben. Sie können besser argumentieren als ihr.

Merkt euch das. Ein Mensch, der aus eigener Erfahrung spricht, spricht immer zögernd, weil er weiß, daß sich das, was er erfahren hat, nicht ausdrücken läßt. Er zögert. Aber ein Mensch, der nichts außer der Schrift kennt, ist absolut sicher. Nur Dumme sind sicher. Weise Menschen zögern immer.

Laßt also die heiligen Schriften zu Hause, sonst geht ihr den Gelehrten, den Rabbis ins Garn und ihr werdet unnötig abgelenkt. Dann ist alles umsonst.

Jesus sagt: *Ich sende euch wie Lämmer* – reine Wesen, unverdorben. Unverdorben durch Wissen, unverdorben durch äußere Dinge. „Ich schicke euch jungfräulich – unverdorben. Das ist zwar gefährlich, aber das ist für euch die einzige Möglichkeit, meine Botschaft weiterzutragen", sagt er.

. . . *und begrüßt niemand unterwegs.* Warum sagt er dies: *begrüßt niemand unterwegs*? Er sagt damit, daß es unterwegs tausenderlei Abwechslung gibt, „also behaltet euer Ziel vor Augen, wo ich euch hinschicke. Denkt nur an das Ziel, wohin ich euch schicke. Selbst ein gewöhnlicher Gruß an einen Menschen, einen Fremden am Straßenrand, kann zur Ablenkung werden."

Ich will euch eine Geschichte erzählen. Sie passierte in Tibet. Ein Lama, der in einem sehr entlegenen Tal wirkte, schrieb einen Brief an das Hauptkloster, an seinen Meister mit der Bitte, ihm noch einen Lama zu schicken. „Wir brauchen ihn hier!" Der Leiter des Klosters rief all seine Jünger zusammen, las den Brief vor und sagte dann: „Ich möchte fünf von euch schicken." Ein Lama fragte: „Aber es wird doch nur einer angefordert, warum fünf?" Der alte Abt sagte: „Das werdet ihr später erfahren. Ich will fünf schicken, und sogar dann ist noch ungewiß, ob einer ankommen wird. Denn der Weg ist lang und Ablenkungen gibt es zuhauf." Sie lachten. Sie sagten: „Der Alte ist verrückt geworden. Warum fünf, wenn nur einer gebraucht wird?" Aber der alte Mann bestand darauf, und so machten sich fünf auf die Reise.

Am nächsten Morgen, als sie durch ein Dorf kamen, kam ein Bote gerannt vom Chef des Dorfes: „Unser Priester ist gestorben, und wir brauchen einen neuen! Das Gehalt ist gut." Das Dorf sah reich aus, wohlhabend, und so sagte einer von den fünfen: „Ich möchte hierbleiben, denn auch hier geschieht Buddhas Arbeit. Warum in jenes Tal gehen, wo ich die gleiche Arbeit mache? Ihr vier seid genug, es wird nur einer gebraucht. Also, ich bleibe hier." Einer weniger.

Am nächsten Tag kamen sie durch die Ausläufer einer Stadt. Der König der Stadt ritt hoch zu Roß an ihnen vorbei und sah sie sich genau an. Einer von ihnen, ein junger Mönch, war sehr schön und gesund und strahlend. Der König sagte: „Wartet. Ich bin auf der Suche nach einem jungen Mann, denn meine Tochter ist heiratsreif. Ich habe überall Ausschau gehalten, aber du scheinst genau der Richtige zu sein. Willst du? Ich habe nur die eine Tochter. Mein Reich wird dir gehören." Natürlich sagte da der junge Mann seinen Freunden Adieu und ging mit. Der zweite war weg.

Jetzt wurde den andern dreien klar, daß der alte Mann nicht verrückt war. Der Weg war wirklich weit, und Ablenkung gab es zuhauf. . . Da beschlossen die drei: „Aber wir werden so etwas nicht tun!" – obwohl sie tief drinnen neidisch waren, daß einer ein König, und ein anderer ein großer Priester geworden war. Und wer wußte schon, was sie in jenem Tal erwartete?

In der dritten Nacht verirrten sie sich. Man sah nur von weitem ein Licht auf einer Bergspitze – ein Haus. Irgendwie schafften sie es bis dorthin. Da war nur eine junge Frau, die sagte: „Wie gut, daß ihr gekommen seid. Euch hat Gott, euch hat Buddha selbst geschickt, denn heute abend sollten meine Mutter und mein Vater zurückkommen, aber sie sind ausgeblieben. Ich hatte große Angst so allein im Haus, so weit weg von der Stadt. Bitte, bleibt bei mir und verlaßt mich nicht, bis meine Eltern kommen."

Am nächsten Morgen mußten sie weiter. Aber einer von ihnen, der sich heimlich in die Frau verliebt hatte, sagte: „Ich kann nicht fort, bis ihre Eltern zurückkommen. Das wäre unbarmherzig." Barmherzigkeit war es nicht; Leidenschaft war es. Aber wo

Leidenschaft ist, reden die Leute von Barmherzigkeit. Die andern beiden sagten: „Das ist nicht recht. Wir müssen weiter, und du steigst aus. Und wir hatten beschlossen, daß wir sowas nicht mehr tun wollten." Der Mann sagte: „Ich bin mein ganzes Leben lang zur Barmherzigkeit erzogen worden. Die Frau ist allein, die Eltern sind nicht zurückgekommen. Wegzugehen wäre nicht gut, wäre nicht edel. Buddha würde es mir nie verzeihen. Ihr könnt ja gehen" – genauer gesagt, er wollte, daß sie gingen! – „aber ich will bleiben." Der dritte blieb zurück.

In einem Dorf wurden sie am nächsten Morgen von einer Menge umringt, weil das Dorf ungläubig war – sie glaubten nicht an Buddha. Die beiden wurden herausgefordert: „Ihr müßt uns beweisen, daß das, was Buddha sagt, wahr ist." Im Dorf gab es einen großen atheistischen Gelehrten, und der Gelehrte forderte sie heraus.

Einer der beiden nahm die Herausforderung an. Der zweite sagte: „Was tust du? Wer weiß, wie lang das dauern wird?" Er sagte: „Und wenn es mein ganzes Leben dauert, ich bin Buddha ergeben, und dieser Mann hat Buddha herausgefordert und seine Philosophie." Nicht Buddha war herausgefordert; sein Ego war herausgefordert. „Ich kann dieses Dorf nicht verlassen. Ich will dieses Dorf bekehren. Du kannst gehen. In Wirklichkeit wird ja nur einer benötigt." – Und so geschah es. Der Mann blieb da, um sich zu streiten. Und nur einer kam an.

Jesus sagt:

> *Und begrüßt niemand unterwegs.*
>
> Damit wird gesagt: „Denkt bitte immer ans Ziel."
>
> *Wenn ihr in ein Haus kommt, so sprecht zuerst:*
> *Friede sei diesem Hause!*

Dies ist ein Mantra, ein Segensspruch. Er verändert die ganze Atmosphäre. Jesus sagt: „Ehe ihr ein Haus betretet, sagt:

‚Friede sei diesem Hause.'" Das ist nicht nur ein Spruch. Fühlt so. Seid so. Bringt Friede in das Haus, denn nur in einer solchen friedvollen Atmosphäre läßt sich meine Botschaft mitteilen. Erzeugt eine spirituelle Aura von Frieden, laßt ein Gefühl des Friedens von euch ausgehen."

Und wenn ihr es wirklich fühlt, geht es auch von euch aus. Versucht es. Wenn jemand zu dir kommt, mit dir zusammentrifft, dann komm einfach in dir selbst zur Ruhe. Werde still. Wenn der andere hereinkommt, fühle tief in dir Frieden für ihn. Fühle: „Friede sei diesem Menschen." Sag es nicht nur, fühle es. Plötzlich stellst du eine Veränderung im andern fest, so als wäre ein Unbekanntes in sein Wesen gekommen. Er wird völlig verändert sein. Versucht es. Es ist experimentell beweisbar. Es ist absolut wissenschaftlich, man braucht also nicht daran zu glauben.

Gedankenübertragung findet ständig statt. Manchmal zerstört man sich durch seine eigenen Gedanken. Jemand kommt, und du wirst mißtrauisch: dieser Mensch scheint gefährlich! Diesen Gedanken überträgst du nun dem andern, und jetzt könnte er tatsächlich gefährlich werden! Wenn er es dann ist, wirst du sagen: „Ich hatte recht!", aber in Wirklichkeit hast *du* die Welle in Gang gebracht. Du selbst hast damit angefangen.

Ein Ehemann kommt nach Haus und denkt bei sich, wie seine Frau wohl gleich gemein zu ihm sein wird, und legt sich schon zurecht, was er ihr darauf antworten wird, was für Ausreden er für sein spätes Nachhausekommen vorbringen kann. Damit sät er vielleicht erst den Zweifel in die Gedanken seiner Frau. Frauen sind sehr intuitiv. Einem Mann kann man vielleicht keine Gedanken übertragen, aber bei einer Frau ist es praktisch unmöglich, Gedanken *nicht* zu übertragen. Sie sind intuitiver. Sie sind weniger im Kopf und mehr im Herzen.

Jetzt wird in der Frau der Ärger wach. Und der Mann liefert den Anlaß. Wenn sie nun gemein wird, denkt er: „Siehste!" Das nächste Mal hat er dann noch mehr Angst, und seine Angst wird die Umstände herbeiführen. Versucht es einmal genau mit dem Gegenteil. Denk dir auf dem Nachhauseweg, wie wunderbar deine Frau sein wird, fühl es. Es nur zu sagen und dabei das Gegenteil zu fühlen, nützt nichts. Fühl es, und eines Tages wirst du plötzlich sehen, daß es funktioniert.

Wir sind miteinander durch unsere Herzen verknüpft. Wir existieren als Teile eines fühlenden Herzens. Dies Herz ist Gott. Er schlägt in unseren Herzen: Sein Herzschlag ist es. Er lebt – sein Leben ist es.

Wenn du einen großen, starken Gedanken oder ein Gefühl um dich herum schaffen kannst, breiten sich dessen Wellen immer weiter aus. Du lebst in der Welt, die du erschaffst, und du bekommst die Welt, die du verdienst.

Wenn ihr in ein Haus kommt, so sprecht zuerst:
Friede sei diesem Hause!
Und wenn daselbst wird ein Kind des Friedens sein,
so wird euer Friede auf ihm ruhen; wo aber nicht,
so wird sich euer Friede wieder zu euch wenden.

Wenn das, was du gibst, angenommen wird, so ist es gut. Denn in diesem tiefen Frieden wirst du willkommen sein. Wenn es nicht ankommt, wenn die Leute hart und sehr verschlossen sind, wenn sie sich gar nicht öffnen und deine Botschaft, deine tiefe Liebe und deinen Frieden zurückweisen, nimm es dir nicht zu Herzen. Dieser Friede wird auf dich zurückfallen, du wirst von ihm überschüttet werden. Es wird gut sein. Nichts ist verloren.

Wer euch hört, der hört mich;
und wer euch verachtet, der verachtet mich;
wer aber mich verachtet, der verachtet den,
der mich gesandt hat.

Jesus sagt: „Wenn die Menschen euch“ – seine Jünger – „lieben, werden sie mich lieben, weil ich durch euch zu ihnen komme.

Und lieben sie mich, so lieben sie den, der mich gesandt hat. Denn er ist durch mich gekommen. Wenn sie euch hassen, hassen sie mich. Wenn sie mich hassen, hassen sie die Quelle allen Lebens."

Vergeßt nie: alles was man tut, tut man letzten Endes Gott an. Vorerst mag man es nur einem andern antun, aber am Ende kommt heraus, daß du es Gott angetan hast. Wenn du einen Menschen haßt, haßt du letztlich Gott. Wenn du liebst, liebst du letztlich Gott. Alle andern sind nur Medien. Was immer du ihnen tust, das tust du nicht ihnen. Es geschieht letztlich dem Ursprung, dem Samen selbst.

Die siebzig aber kamen wieder mit Freuden
und sprachen:
Herr, es sind uns auch die bösen Geister untertan
in deinem Namen.

Er sprach aber zu ihnen. . .
Doch darüber freuet euch nicht,
daß euch die Geister untertan sind.
Freuet euch aber,
daß eure Namen im Himmel geschrieben sind.

Die Jünger sind Jünger; sie sind noch nicht erwacht. Sie sind in tiefe Berührung mit dem Erwachten gekommen. Dieser Erwachte hat sie angesteckt, sie sind zutiefst beeindruckt, der Schock ist ihnen bis in die Wurzeln gefahren. Aber noch sind sie Jünger. Sie sind nicht selbst Erwachte.

Als sie zurückkamen, waren sie überglücklich. Sie hatten Gott in ihrem Glück ganz vergessen. Wo sie auch hinkamen, da hörten die Menschen ihnen mit größter Aufmerksamkeit zu. Wo sie auch hinkamen, da wurden sie mit Liebe aufgenommen. Sie konnten nicht fassen, was geschehen war. Sie kamen jubelnd wieder und sagten: „Herr, es sind uns auch die bösen Geister untertan in deinem Namen."

Ihr Auge reicht nur bis zu Jesus. Sie haben noch nicht Gott durch ihn geschaut. Jesus ist noch nicht transparent für sie geworden. Sie können Gott nicht sehen. Sie sehen höchstens Gottes Abglanz, sie fühlen höchstens etwas vom Unbekannten, aber dieses Gefühl ist noch nicht in ihnen gefestigt, in ihnen verankert. Sie haben Gott vollkommen vergessen. Sie sagen: *Es sind uns auch die bösen Geister untertan.* Jetzt ist ihr Ego aufgeblasen. Sie erinnern sich nur einer Sache: „Durch deinen Namen." Es ist „dein Name, der Wunder gewirkt hat, der selbst Teufel in unsere Gewalt bannt."

Jesus sagt sofort darauf: *Doch darüber freuet euch nicht. . .* Freut euch nicht, daß euch die Geister untertan sind. Wenn ihr euch wirklich freuen wollt, so freut euch lieber über etwas, das euch noch gar nicht bewußt ist: *Freuet euch aber, daß eure Namen im Himmel geschrieben sind.* Freut euch lieber, daß Gott eure Gebete gehört hat. Denkt nicht an euch selbst und auch nicht an meinen Namen. Seid lieber glücklich, daß Gott euch gehört und euch geholfen hat, *daß eure Namen im Himmel geschrieben sind.*

> *Zu der Stunde frohlockte Jesus im heiligen Geist*
> *und sprach:*
> *ich preise dich, Vater. . ."*

Die Jünger waren sich bewußt, daß sie Wunder gewirkt hatten. Sie waren sehr wichtig geworden. Sie erinnern sich an Jesus. Jesus hingegen *frohlockte im heiligen Geist und sprach: Ich preise dich, Vater*

Er erinnert sich Gottes. Der Name von Jesus ist bedeutungslos. Wenn sein Name solche Macht hat, so ist es Gottes wegen. Er ist nur Medium – eine Flöte, auf der Gott in seiner Gnade beschlossen hat, eine Weise zu spielen oder ein Lied zu singen.

> *Ich preise dich, Vater und Herr Himmels und der Erde,*
> *daß du solches den Weisen und Klugen verborgen hast*
> *und hast es den Unmündigen offenbart.*

Diese Jünger sind einfach unmündige Kinder. Sie sind weder weise noch klug. Sie kennen die Schriften nicht, sie kennen die Tradition nicht. Sie sind weder Priester noch Gelehrte, sie sind einfach Babies: einfältig, unschuldig.

. . .daß du solches den Weisen und Klugen verborgen hast
und hast es den Unmündigen offenbart.
Ja, Vater, so war es wohlgefällig von dir.

Es ist mir alles übergeben von meinem Vater.
Und niemand weiß,
wer der Sohn sei, denn nur der Vater;
noch wer der Vater sei, denn nur der Sohn
und wem es der Sohn will offenbaren.

Es ist mir alles übergeben von meinem Vater. . . Er sagt damit nur, „ich bin nicht mehr als nur ein Medium. Wenn ihr mir Ehre erweist, dann erweist sie nicht m i r. Allenfalls könnt ihr eure Ehre d u r c h mich erweisen, aber die Ehre gebührt Gott."

Es ist mir alles übergeben von meinem Vater.
Und niemand weiß, wer der Sohn sei. . .,

. . .denn wißt ihr erst, wer der Sohn ist, dann habt ihr den Vater schon erkannt. Wenn ihr Jesus erkennt, habt ihr Gott erkannt; wenn ihr Jesus kreuzigt, habt ihr Gott gekreuzigt. Denn was immer ihr mit Jesus tut, das tut ihr mit Gott.

Nicht nur Jesus wurde auf Golgatha gekreuzigt; Gott wurde an jenem Tag gekreuzigt. Ihr konntet nicht an Gott glauben, der sich durch Jesus ausdrückte. Ihr konntet den Sohn nicht erkennen. Ihr konntet nicht erkennen, woher das Lied kam; ihr habt die Flöte zerstört. Aber indem die Föte zerstört ward, verschwand auch das Lied.

Es ist mir alles übergeben von meinem Vater.
Und niemand weiß, wer der Sohn sei, denn nur der Vater;

„Nur er allein kennt mich“, sagt Jesus – „noch wer der Vater sei, denn nur der Sohn“ – „und nur ich weiß, wer er ist“, denn diese Offenbarung ist nur möglich, wenn du Teil von Gott wirst und Gott Teil von dir wird. Wenn du so tief mit der gesamten Schöpfung verbunden bist, daß du nicht länger getrennt von ihr bist, dann weißt du, wer Gott ist.

> *. . .noch wer der Vater sei, denn nur der Sohn*
> *und wem es der Sohn will offenbaren.*

Und für die gewöhnliche Menschheit gibt es keine andere Möglichkeit, als durch den Sohn hindurch die Offenbarung zu sehen, sie entgegenzunehmen, Gott durch ihn zu schauen, der mit ihm eins geworden ist. Siehst du i h n, bist du bereits zum „Sohn“ geworden. Dann können andere durch dich sehen, und die Sache kann sich immer weiter ausbreiten.

Jeder, der Jesus erkannt hat, ist augenblicklich zu einem Jesus geworden. Jeder, der Buddha erkannt hat, ist augenblicklich zu einem Buddha geworden. Im Erkennen kommst du an. Und dann wird jeder, der dich erkennt, mit Gott verbunden, und du wirst zur Brücke. E i n Mensch kann die ganze Welt verändern: eine Kette von Öffnungen entsteht.

Wenn du mich erkennst, bist du ich geworden. Dann erkennt dich ein anderer. Er ist du geworden. Und das kann so immer weiter gehen. Ein einziger kleiner Kiesel ins Meer geworfen, und es bilden sich Wellenkreise und setzen sich weiter und weiter fort. Jesus ist nur dieser Kiesel. Du kannst Jesus werden, wenn du ihn erkennst.

Das ist es, was „Christ sein“ wirklich bedeutet: daß du Jesus als Sohn Gottes erkennst und du sagst: „Meine Augen sind noch nicht fähig, in die Sonne zu blicken, das Licht ist mir zu stark. Ich blicke dafür die Kerze an. . . aber ich erkenne, daß das Licht das gleiche ist.“ Gott selbst anzublicken, das würde dich blenden. Jesus anzublicken, das ist schön – er blendet nicht so.

Aber durch ihn kannst du erkennen, und nach und nach stellen sich deine Augen um. Hast du dich erst einmal auf Jesus eingestellt, kannst du Gott direkt anschauen. Nach und nach wird Jesus verschwinden, wird er durchsichtig und immer durchsichtiger, und schließlich ist er weg, und nur noch Gott ist da. Darum wiederholt Jesus auch ständig: „Ich und mein Vater sind eins."

Dies zu erkennen ist einer der Wendepunkte im Leben. Die Suche nach einem Meister ist die Suche nach einem Mann, an dem du erkennen kannst, daß Gott ist, an dem du erkennen kannst, daß jetzt kein Beweis mehr nötig ist, an dem du erkennen kannst, nicht intellektuell, sondern existentiell: „Ja, Gott ist." So einer wird dein Meister, er wird dir zur Tür. Darum sagt Jesus ständig: „Ich bin die Tür, ich bin die Öffnung, durch die du kommen kannst."

Andernfalls kannst du weiterhin diskutieren; deine Argumente sind allesamt hohl. Ob du beweist, daß Gott ist, oder daß Gott nicht ist, spielt dabei keine große Rolle. Das ist alles nur intellektuelle Gymnastik. Nichts ist damit bewiesen. Kein Atheist wird je einen Theisten konvertieren können, und kein Theist wird je einen Atheisten konvertieren können. Der Streit währt schon Jahrhunderte. Niemand scheint ihn zu gewinnen, die ganze Sache erscheint unsinnig, bedeutungslos. Man kann niemand von irgendetwas überzeugen, außer er öffnet die Augen und erkennt etwas, das aus dem Unbekannten kommt.

Es geschah einmal: Mulla Nasrudin wachte eines Morgens auf und fing fürchterlich zu heulen und zu schreien an. Seine Frau fragte ihn ganz erschrocken: „Was ist? Hast du schlecht geträumt?" – Er sagte: „Nein, nicht schlecht geträumt. Ich bin gestorben. Ich bin tot!" Nun, wie ihn überzeugen, daß er nicht tot ist? Die Frau versuchte es, die Nachbarn versuchten es, aber es gab keine Möglichkeit, es ihm zu beweisen. Er beharrte darauf, tot zu sein. Man brachte ihn zum Analytiker. Der besah ihn sich, befragte ihn, befand ihn einen sehr rationalen Mann, der zu argumentieren verstand. . . und der nun nachweisen wollte, daß er tot war! Und dazu noch forderte: „Gib mir einen Beweis, daß ich lebe!“ – Der Psychologe überlegte und sagte: „Gut“, er hatte eine Idee: „Komm mit.“ Er nahm Nasrudin mit ins Krankenhaus, in die Pathologie. Dort erkärte er den Ärzten die Situation. Es wurden Leichen seziert, und der Analytiker fragte: „Sieh mal – fließt da Blut?“ Es floß keins. Er hatte nämlich die Idee, Nasrudin dadurch zu überzeugen, daß Leichen nicht bluten. Eine andere Möglichkeit sah er nicht: Leichen bluten nicht, und lebende Körper bluten. Sieben Tage lang nahm er Nasrudin zu den Autopsien mit. Nasrudin war vom Verstand her überzeugt. „Bist du nun zufrieden?“, fragte der Analytiker. Nasrudin sagte: „Du brauchst dir keine Mühe zu machen. Ich bin zwar überzeugt, daß tote Menschen nicht bluten, aber das ändert nichts an meiner Einstellung.“ Da sagte der Analytiker: „Warte!“, nahm Mullas Hand, griff nach einem scharfen Messer und machte ihm einen kleinen Schnitt in den Finger. Es floß Blut. Damit glaubte der Analytiker, absolut bewiesen zu haben, daß Nasrudin nicht tot war. Aber was sagte Nasrudin, als er das Blut sah? „Mein Gott!“, rief er. „Also bluten Tote doch!“

Kein Beweis kann etwas beweisen. Wenn du überzeugt bist, daß Gott nicht ist, werden alle Beweise beweisen, daß er nicht ist. Wenn du überzeugt bist, daß er ist, dann beweisen alle Beweise, daß er ist. Überzeugungen lassen sich nicht ändern, ob du nun an Gott glaubst oder nicht an Gott glaubst. Beides ist Humbug, beides sind Kopf-Trips. Solange du nicht erkennst. . . Es ist keine Sache der Argumente. Erst wenn du die Augen aufmachst und etwas siehst, das dich plötzlich erfüllt, dein ganzes Wesen erfüllt, erst wenn eine Gewißheit in dir aufsteigt, die nicht intellektuell ist, sondern existentiell. . .

Einen Meister suchen heißt, jemand suchen, an dem du erkennen kannst; jemand, der selbst zum Beweis wird, an dessen Wesen du etwas vom Göttlichen kosten, in dessen Augen du einen Schimmer und einen Funken des Göttlichen sehen kannst, in dessen Liebe du etwas auf dich niederregnen fühlst, in dessen Lied du spüren, ja, über jeden Zweifel erhaben erkennen kannst, daß das Unendliche strömt. Der Meister ist nichts als ein Schilfrohr, eine Flöte, eine hohle Flöte, eine Leere. Gott strömt durch ihn. Wenn du es zu erkennen vermagst, bist du bereits damit eins geworden. Jetzt können es auch andere in dir erkennen, und es kann sich ausbreiten.

Ein Mensch, der zu Gott gefunden hat, kann die ganze Menschheit völlig verändern. Es ist bisher noch nicht geschehen. Denn die Menschen bestehen darauf, unglücklich zu sein. Sie bestehen darauf, blind zu sein, sie bestehen immer auf dem, was sie zufällig gerade sind. Sie beschützen ihre Hölle, sie verteidigen ihr Elend. Sie wappnen sich gegen Gott.

Das ist der Grund, warum es bisher noch nicht geschehen ist. Sonst nämlich hätte ein Buddha gereicht, hätte ein Jesus gereicht. Aber es hat Tausende von Buddhas und Jesussen und Mahavirs gegeben, und ihr haust noch immer in eurer Dunkelheit. Es ist einfach nicht zu glauben; aber so ist es – seit eh und je schon.

Wartet nicht erst auf die ganze Menschheit. Niemand kann sagen, wann die ganze Menschheit hinhören wird. Aber wenn du hören kannst, wenn du erkennen kannst, wirst auch du zu einer Tür.

Vierter Morgen

Hat Christus seine Kreuzigung geplant?

Bist du der größte Meister aller Zeiten?
Oder ist das meine Projektion?

Klingen alle Erleuchteten so egoistisch wie du?

Wer bist du?

Manchmal siehst du mir satanisch aus. . .

Warum haben Aschramiten keine Zeit zum Meditieren?

Sind Angst und Schuld das gleiche?

Bhagwan – wie??

Vierter Morgen

Wer bist du, Meister?

Bhagwan, ich finde die ganze Idee der Kreuzigung abstoßend. Der Mord an dem dreiunddreißigjährigen Jesus scheint mir völlig überflüssig, mehr noch als der Mord an Johannes dem Täufer oder an Sokrates. Hätte er, der Fürst der Nächstenliebe, nicht ein bißchen mehr Mitleid mit den Hohenpriestern aufbringen können, als er ihre ausweglose Situation sah? Immerhin waren sie Bischöfe und keine Gestapo – geistig umnachtet zwar, aber nicht blutrünstig. Oder hat er sie etwa, was noch schlimmer wäre, absichtlich in die endgültige Ausweglosigkeit getrieben, so daß sie ihn ganz einfach töten mußten und dann selbst als die Schurken dastanden?

Hier muß man etwas ganz Grundsätzliches verstehen: die sogenannten „schlechten“ Menschen sind nie so schlecht wie die sogenannten „guten“ Menschen. Die schlechten Menschen sind schlecht, aber sie haben keine Ausrede für ihre Schlechtigkeit. Sie wissen, sie sind schlecht und können sich nirgends verstekken. Aber die Leute, die für gut gelten – die Respektspersonen, die Ehrbaren, die Geachteten, die Frommen – das sind die wahrhaft gefährlichen Leute, weil sich ihre Schlechtigkeit hinter ihrem Anstand verstecken kann. Sie können morden, ohne überhaupt zu merken, daß sie morden. Sie können töten und dabei noch das Gefühl haben, zum Wohle der Getöteten zu töten.

Der gewöhnliche schlechte Mensch, der Kriminelle, ist bloßgestellt. Er weiß, daß er nicht gut ist. Und gerade das ist seine Chance zur Verwandlung: er kann es einsehen und aussteigen. Aber der sogenannte Gute versteckt sich hinter seiner Persönlichkeit. Vielleicht begreift er nicht einmal, was er tut und aus welchen Gründen er es tut. Er ist fähig, alles zu rationalisieren.

Und so auch hier. Und nicht nur im Fall von Jesus, sondern so war es immer. Die Priester, die ihn töteten, kamen gar nicht auf die Idee, daß sie etwas Schlimmes täten. Sie glaubten, ihre Religion zu retten; sie glaubten, die Sittlichkeit zu retten. Sie dachten: „Dieser Mann ist gefährlich. Er verdirbt die Jugend."

Man warf Jesus vor, die Menschen zu verderben, die Moral zu zerstören, Chaos zu verbreiten. Und genau das warf man Sokrates vor, und jetzt mir. Es war immer so.

Die Priester! Ob Hindus oder Griechen oder Juden, es ist gleich. Die Priester sind die Hüter des Alten. Der Tempel gehört der Vergangenheit an; sie sind seine Hüter, die Wächter der Tradition. Natürlich war Jesus ihnen verdächtig. Er konnte das ganze Gebäude einreißen.

Nein, sie machten sich selbst nichts vor! Sie werden keinen Augenblick daran gezweifelt haben, im Recht zu sein. „Dieser Mann ist gefährlich. Diesen Mann vernichten heißt, die Gesellschaft retten." Und natürlich, wenn sich diese Alternative stellt – daß der Tod eines Mannes die ganze Gesellschaft rettet – dann lohnt sich der Mord. Die Priester töteten ihn aus Güte, aus Tugend, aus Sittlichkeit. Sie töteten ihn im Namen Gottes. Sie töteten ihn ganz unschuldig.

Diese Situation wiederholt sich seit Menschengedenken. Daran läßt sich wohl nichts ändern. Der einzige Ausweg: Jesus hält sich zurück und tut keinem weh. Aber dann ist er wertlos. Er hätte das ja tun können; du fragst mit Recht. Er hätte das zuwegebringen können, er hätte ganz gemäßigt und liberal auftreten können.

Er hätte so reden können wie ein Politiker: viel reden, ohne was zu sagen, über vieles reden, aber sich nie festlegen, nie klare Aussagen machen, auf die man ihn festnageln kann.

Jesu Verbrechen war seine Klarheit, seine Eindeutigkeit, und daß er alles ganz undiplomatisch sagte. Er machte sein Herz auf. Er war nicht diplomatisch. Eine verwässerte Lehre hätte niemand gestört. Aber dann hätte es auch keinen Christus gegeben. Und das wäre ein schlimmerer Mord gewesen. Dann hätte der Christus Selbstmord begangen.

So wie ich es sehe, so wie die Dinge sind, konnte es nur so kommen, wie es gekommen ist. Jesus mußte so hart sein wie er war, mußte so rebellisch sein wie er war. Er konnte seine Botschaft nicht verwässern und er konnte keine Kompromisse machen.

Die Priester wären froh gewesen, wenn er selbst ein Rabbi geworden wäre, ein Priester. Dann hätte es keine Probleme gegeben. Wenn er einfach innerhalb der Kerkermauern der Tradition geblieben wäre und nicht versucht hätte, der Menschheit neue Dimensionen zu öffnen, dann hätte es kein Problem gegeben. Dann hätten sie ihn angebetet, ihn geliebt, ihn zum Heiligen erklärt. Sie hätten ihm ein ehrenvolles Andenken bewahrt.

Aber er versuchte, neue Dimensionen zu öffnen. Das hieß: sich in Gefahr zu begeben. Aber es war das Risiko wert. Deshalb gekreuzigt zu werden, ist richtig. Es ging nicht anders. Er gab der Menschheit einen Anstoß zu einer höheren Daseins- und Bewußtseinsebene. Das heißt nun nicht, daß er irgendwie nachgeholfen hätte, um getötet zu werden. Das war gar nicht nötig. Dazu genügen Priester; man braucht sie nicht erst zu provozieren. Sie fühlen sich automatisch provoziert, bei ihnen läuft alles mechanisch ab. Es war nicht nötig, sie zu provozieren – das bloße Dasein von Jesus genügte.

Du findest die ganze Vorstellung von der Kreuzigung abstoßend, weil du sie nicht verstehst. Dieser Mord ist kein gewöhnlicher

Mord. Er ist bedeutsam, er ist sinnvoll. Er hat viel ausrichten können, er hat Neues geschaffen, etwas noch nie Dagewesenes. Durch die Kreuzigung hat Jesus fast die halbe Menschheit verändert, hat sie gezwungen, einen andern Weg zu gehen als je zuvor.

Wenn du dir eine Kreuzigung vorstellst, bekommst du Angst, so als würdest du gekreuzigt. Du weißt nicht, daß ein Jesus nicht gekreuzigt werden kann. Nur sein Körper – nicht er. Wenn du an Kreuzigung denkst, stellst du dir vor, wie du gnadenlos gekreuzigt und getötet wirst. Du verstehst noch nichts von Leben und Tod.

Das ist der Sinn der Geschichte von der Wiederauferstehung. Jesus sei nach dem dritten Tage wieder lebendig geworden, wieder auferstanden. Das bedeutet nichts anderes, als daß man wohl den Körper eines Jesus kreuzigen kann, niemals aber seinen Geist: binnen drei Tagen wird er wieder auf Erden wandeln. Er ist unsterblich. Die Kreuzigung war der Anlaß, seine Unsterblichkeit unter Beweis zu stellen.

Jesus kann nur dann leben, ohne gekreuzigt zu werden, wenn die Menschen alles Religiöse so wenig berührt, daß es ihnen gleichgültig ist. Und das ist nicht gut, das wäre sehr traurig. Jesus kommt und wandelt auf Erden – und niemand fühlt sich verletzt, und kein Priester kräht nach ihm? Im Gegenteil, die Leute finden ihn lustig und gaffen ihn an! Jesus sieht so komisch aus, er sieht aus wie ein Narr oder Clown, er redet offensichtlichen Unsinn. Genau das sagen ja die modernen Philosophen: Es ist Unsinn, von Gott zu reden. Das ergibt keinen Sinn, das ist bedeutungslos. Ihr benutzt Worte, die nur Hülsen sind, in denen gar nichts steckt. „Gott“, „Moksha“, „Nirvana“ – was meint ihr denn damit?

Wenn Jesus eines Tages käme und niemand fühlte sich gestört – das wäre das Allertraurigste. Jesus verletzt, weil es den Leuten eben nicht egal ist. Jesus verletzt, weil Religion Sinn hat; Jesus reizt zu Gegnerschaft, denn im Religiösen geht es ums Leben.

Das wird der unglücklichste Augenblick der Geschichte sein, wenn ein Jesus kommt und niemand macht sich die Mühe, ihn zu steinigen, niemand macht sich die Mühe, ihn zu kreuzigen. Er läuft auf Erden umher, und die Leute lachen nur und amüsieren sich – ein Hanswurst.

Nein, die Kreuzigung von Jesus zeigt nur, daß Religion so wichtig ist, daß mit dem Auftreten eines Mannes wie Jesus ein Riß durch die ganze Menschheit geht. Die ganze Menschheit teilt sich auf in die, die ihn lieben und die, die ihn hassen. Er ist wichtig.

Oft muß ich daran denken, daß das in Indien nie passiert ist: Buddha wurde nicht gekreuzigt, Mahavir wurde nicht gekreuzigt, Krishna wurde nicht gekreuzigt. Warum? Dieses Land ist zu überzüchtet in religiösen Dingen, und wenn man überzüchtet ist, wird man gleichgültig.

Dieses Land konnte Buddha, Mahavir, Krishna dulden. Gewöhnlich denken die Leute, das liegt daran, weil unser Land so religiös ist. Der Meinung bin ich nicht. Dieses Land ist so überzüchtet, daß die Menchen abgestumpft geworden sind. Es kümmerte keinen, was Buddha eigentlich sagte. Genauer gesagt: jeder wußte schon, was er sagte. Alle wissen hier schon, was es überhaupt zu wissen gibt: „Na und?"

Es ist so, als würde Jesus in Cambridge oder Oxford spazierengehen, dort wo die Philosophen glauben, Gott sei ein leeres Wort. Wenn Jesus nach Oxford kommt und stellt sich mitten auf die Kreuzung und ruft: „Mein Vater und ich sind eins!", dann würden diese Philosophen zusammenlaufen und lachen. „Von wem redest du? Was ist das für ein Vater? Wo ist er? Was meinst du mit ‚Vater'? Wer ist dann deine Mutter?" Sie würden irgendwelche Fragen stellen und lachen. Jesus würde verlegen werden.

So sehe ich es: die Juden waren zu Jesu Zeiten einfache, ungebildete Menschen. Religion war ihnen sehr wichtig und nicht bloß Philosophie. Es ging ums Leben selbst. Und dieser Mensch zerstörte es ihnen. Dieser Mann riß alles, was sie sich über Jahrhunderte hin bewahrt hatten, mit der Wurzel aus. Dieser Mann wollte eine Revolution anzetteln, ein Chaos. Sie liebten ihre Tradition zutiefst, Werte, die ihr Ein und alles bedeuteten. Sie waren nicht gleichgültig, er konnte ihnen nicht gleichgültig sein. Entweder mußten sie Jesus folgen, oder sie mußten ihn töten. Eine Alternative gab es nicht.

Indien ist philosophischer . . . zu sehr im Kopf. Die Juden waren nicht so sehr im Kopf.

Mir beweist die Kreuzigung von Jesus vor allem eines: sie nahmen Jesus ernst. Buddha wurde nie so ernst genommen. Wir konnten ihn tolerieren. „Schon gut; laßt ihn machen, was er will, da wird sowieso nichts draus. Warum ihn unnötig töten. Sein Tod würde die Sache nur gefährlich machen und Aufsehen erregen."

In Indien wäre Jesus ein *Avatar* geworden. Aber was hieße das schon? Die Tradition hätte ihn einverleibt. Selbst Buddha wurde einverleibt. Buddha leugnete alles, worauf sich der Hinduismus beruft; aber die Hindus sind raffinierte Leute. Sie sagten: „Ja, auch dies ist eine Botschaft Gottes." Er widersprach allem, was den Hindus wichtig war, aber das störte sie nicht. Sie sagten: „Auch er ist eine Fleischwerdung Gottes."

Die Hindus haben eine Legende über Buddha erfunden, die zeigt, wie spitzfindige Köpfe funktionieren. Als Buddha starb. . . Selbstverständlich war er ein bedeutender Mann, einer der bedeutendsten, die je in Indien geboren wurden, einer der einflußreichsten: aber wie mit ihm fertigwerden? Wo er doch den Hinduismus geleugnet hatte! Zu diesem Zweck erfanden die Hindus eine Geschichte.

Gott, so sagten sie, erschuf die Welt, den Himmel und die Hölle. Jahrhunderte über Jahrhunderte vergingen. Leute starben, und wer starb, kam augenblicklich in den Himmel. Niemand kam in die Hölle. Denn es gab keine Sünder! Schließlich wurden die

Aufseher der Hölle, der Teufel samt seinen Jüngern, bei Gott vorstellig und klagten: „Warum hast du überhaupt eine Hölle erschaffen? Es kommt ja keiner. Unsere ganze Existenz ist unnütz. Wir sitzen herum und warten, aber kein Mensch klopft an. Entweder du schließt die Hölle, oder du schickst uns Leute."

Gott sagte: „Wartet nur. Bald will ich mich durch einen Frauenschoß gebären lassen, als Gautam Buddha. Ich will den Menschen die Köpfe verdrehen, ich will sie vergiften, und dann kommen sie in die Hölle." Und so wurde Buddha geboren. Als Inkarnation Gottes – um den Menschen die Köpfe zu verdrehen. Und seitdem quillt die Hölle über. Das ist die feine Art, mit einem Mann wie Buddha fertigzuwerden.

Die Juden waren einfältig. Sie konnten den Mann einfach nicht ertragen. Sie töteten ihn. Das bedeutet, daß sie ihm große Beachtung schenkten. Sie erkannten die Bedeutung des Mannes, die Gefährlichkeit dieses Mannes. Entweder er – oder ihre Tradition. Koexistenz kam nicht in Frage.

Meditiere über die Kreuzigung von Jesus, und sie wird dir weniger unverständlich und weniger verwirrend sein. Und du wirst sie nicht mehr so abstoßend finden.

Bhagwan, obwohl du mich für Christus aufgeschlossen gemacht hast, für Buddha, Mahavir, Krishna, Laotse und alle, die als Erleuchtete bekannt sind, und obwohl es mir wirklich schwerfällt, dich als Einzelwesen zu begreifen, kommt es mir trotzdem ganz automatisch über die Lippen, wenn sich jemand für einen andern als dich begeistert, daß es keinen größeren Meister gegeben hat als Shree Rajneesh, und daß es wohl auch in Zukunft keinen größeren geben wird. Spricht da meine Liebe zu dir oder mein Ego oder ist es wirklich so? Lieg ich schief? Bitte kläre das.

Die Jünger von Jesus dachten genauso. Die Jünger von Buddha auch. Es kommt von deiner Liebe, nicht aus der Realität.

Es gehört zu deiner Liebe. Du verliebst dich in eine Frau und denkst: „Noch nie gab es so eine Frau, und nie wieder wird es so eine Frau geben.“ Was meinst du – ist das Realität? In gewissem Sinne ja. Es ist eine Realität für d i c h. Keine objektive Realität, sondern eine subjektive Realität. Es ist dein Gefühl. Und Gefühle sind so real wie Steine. Sie existieren.

Eigentlich vergleichst du nicht richtig. Du sagst ja nicht, daß es wirklich noch nie eine so schöne Frau gegeben hat. Woher willst du das wissen? Es hat Millionen und Abermillionen von Frauen auf der Welt gegeben – woher weißt du es, wie willst du vergleichen? Du kennst ja nicht einmal alle Frauen, die es jetzt im Augenblick auf der Welt gibt. Wer weiß? Vielleicht gibt es eine, die noch schöner ist als deine Geliebte. . .

Aber das ist unwichtig. Darum geht es nicht. Du stellst keinen Vergleich an. Du hast nicht alle Statistiken studiert. Du machst lediglich eine Liebeserklärung. Es hat mit keiner anderen Frau zu tun, es ist nicht als Vergleich gemeint. Im Augenblick der Liebe taucht eine Wahrheit auf, eine subjektive Wahrheit. Es ist dein Gefühl. Für dich ist das d i e Frau, und alle übrigen Frauen sind dir unwichtig geworden.

Das gleiche passiert, wenn du einen Meister liebst. Es passiert dann sogar extremer, weil die Liebe noch tiefer geht. Eine Frau liebst du körperlich, allenfalls mit deiner Seele. Einen Meister liebst du spirituell. Da rührst du an deinen tiefsten Kern; er berührt dein tiefstes Inneres. In dieser Ekstase steigt eine subjektive Wahrheit auf.

Das ist nichts Neues. Du bist damit nicht der erste. Das war schon immer so. Fragt die Jünger von Jesus, und sie werden sagen: „Er ist der eingeborene Sohn Gottes." Sie können sich nicht vorstellen, daß Jesus irgendwie mit einem anderen zu vergleichen wäre. Er ist unvergleichlich, einzig. . . der eingeborene Sohn. Sie können sich überhaupt nicht vorstellen, daß es noch einen anderen Sohn Gottes geben könnte. Fragt die Anhänger Buddhas, und sie werden sagen: „Er hat es erreicht. Und er allein hat das Unerreichbare erreicht. Es ist noch nie erreicht worden." Fragt die Anhänger Mahavirs. Sie sagen: „Er ist der einzige: allweise, allwissend. Es gibt keinen andern."

Was passiert da? Ein einfaches Phänomen: subjektive Liebe. Für einen, der liebt, ist es undenkbar, daß es noch jemand anderen geben könnte. Im Augenblick der Liebe bist du in einer so tiefen Ekstase, bist du so berauscht. Liebe ist ein Rauschmittel. In deinem Rausch ist alles, was du sagst, poetisch, nicht wissenschaftlich.

Und darin liegt kein Widerspruch. Aus dem gleichen Grund vergesse ich, wenn ich von Jesus spreche, alles, was ich von Buddha weiß, von Mahavir, von Krishna. Sie verblassen. Sie verschwinden; sie werden zu Schemen. Dann taucht aus der gesamten Geschichte nur ein einziger Name auf: Jesus. Das ist der einzige Weg, ihn zu verstehen. Du mußt tief lieben.

Wenn ich über Buddha spreche, vergesse ich Jesus völlig; denn schon der Gedanke an Jesus würde da stören. Wenn ich über Laotse spreche, vergesse ich alle anderen. Er allein ist genug, mehr als genug. Er allein ist schon ein so grenzenloser Himmel, in den du weiter und nur immer weiter hineingehen kannst – es gibt einfach kein Ende. Sie alle sind unendliche Himmel.

Aber die Sicht des Jüngers ist die Sicht des Liebenden. Er sagt etwas Poetisches. Es ist nicht Realität und ist doch Realität. Es ist keine Realität im objektiven Sinne des Wortes. Es ist eine Realität als subjektives Gefühl. Aber ich möchte gern, daß du da herauskommst. Ich möchte, daß du eine höhere Liebe erlangst, die weniger wie Rausch und mehr wie Bewußtheit ist.

Mit einem Meister gibt es zwei Phasen. Zuerst kommt das Verliebtsein. Absolut notwendig; ohne das wirst du nie mit ihm in Kontakt sein. Aber das ist nur der Anfang; damit darf es nicht enden. In diesem Zustand der Ekstase wirst du poetisch. Sei poetisch! Mach dir keine Sorgen – kein Grund, sich Gedanken deswegen zu machen. Verkünde deine Liebe! Stell dich auf die Dächer und verkünde sie aus vollem Halse, denn je mehr du deine Liebe verkündest, desto mehr wächst sie.

Aber das ist nur der Anfang. Das ist nötig, um dem Meister nahezukommen. Komm nur immer näher heran – und es kommt der Augenblick, da die beiden Flammen von Jünger und Meister zu einer werden. Ein Sprung, ein Satz, und die beiden Flammen werden eins. Dann wirst du bewußt. Dann wirst du über deine eigenen Behauptungen lachen.

Jetzt weißt du, daß es überhaupt keinen Unterschied zwischen Erleuchteten gibt. Nur die Namen unterscheiden sich. Buddha ist ein Name, Jesus ist ein Name, Krishna ist ein Name, aber die Erleuchtung, die sie erfahren haben, ist die gleiche. Je näher du Buddha kommst, desto näher kommst du auch Christus.

Es ist so: du bewegst dich von der Peripherie eines Kreises seinem Mittelpunkt zu. Buddha ist ein Punkt auf der Peripherie, Jesus ein anderer, Ramakrishna wieder ein anderer. Je näher du dem Mittelpunkt kommst, desto dichter laufen die Speichen zusammen, desto weniger sind sie zu unterscheiden.

Ramakrishna nähert sich Christus, Christus nähert sich Buddha, Buddha nähert sich Krishna. Sie kommen sich näher. Du kommst dem Mittelpunkt immer näher, und dabei begegnen sie sich und verschmelzen. Wenn du genau in der Mitte angekommen bist, sind sie plötzlich alle fort. Nur Erleuchtung ist, nur Licht ist. Alle sind verschwunden. Es waren nur personale Formen.

Was immer ihr in mir seht, ist eine personale Erscheinung. Es ist nicht die Qualität „Licht"; es ist die Form der Lampe. Es ist der Körper der Lampe, nicht die Qualität „Licht". Die Qualität „Licht" ist die gleiche. Lampen gibt es viele. Die eine Lampe mag nur aus Ton sein, die andere mag aus Gold sein – ein großer Unterschied. Aber dieser Unterschied macht für die Qualität „Licht" keinen Unterschied. In einer irdenen Lampe oder in einer goldenen Lampe: das gleiche Licht. Es *ist* das gleiche.

Buddha soll gesagt haben: „Gehe zum Meer und schmecke das Wasser: wohin du auch gehst, das Wasser des Meeres schmeckt gleich." Genauso verhält es sich mit der Qualität der Buddhas. Du kannst von mir kosten, du kannst von Ramakrishna kosten, du kannst von Krishnamurti kosten, du kannst von Jesus kosten – der Unterschied ist nur, von wo aus du kostest. Das *ghat*, das Ufer, mag ein anderes sein, doch der Ozean ist der gleiche. Wo du auch von ihm kosten magst – er wird gleich schmecken. Die gleiche Salzigkeit, die gleiche Flamme. Es ist also nichts Schlimmes dabei, du darfst dich deswegen nicht schuldig fühlen. Wenn du verliebt bist, mußt du verrückt sein. Verliebt – und vernünftig? Nie davon gehört! Wenn deine Liebe vernünftig ist, wird nicht viel Liebe dran sein. Wenn du verliebt bist, bist du verrückt.

Was Romeo über Julia sagt, ist keine wissenschaftliche Aussage. Aber es hat trotzdem seine Wahrheit von Romeos Herz. Es sagt nichts über Julia, sondern es sagt etwas über Romeos Liebe. Aber diese Liebe ist auch wahr.

Fühle dich deshalb also nicht schuldig, denn diese Liebe ist der einzige Weg, auf dem du vorwärtskommen kannst. Nur darfst du dich nicht daran klammern. Geh weiter. Geh immerzu weiter. Eine höhere Bewußtheit erwartet dich. Wo Liebe bewußt wird, wo aus Liebe Bewußtheit wird, wo Liebe aufflammt und zu Licht wird, dort wirst du verstehen, daß alle ein und dasselbe sind. In der Erleuchtung verschwindet die Person, die Persönlichkeit eines Buddha oder Jesus, und nur der Ozean bleibt, mit dem gleichen Geschmack.

Es ist deine Liebe. Gut – freu ich! Aber gib dich nicht damit zufrieden, glaube nicht, daß das reicht. Gut, aber mehr ist möglich. Schau immer nach vorn und versuche immer, den Zustand hinter dir zu lassen, in dem du dich gerade befindest. Es kommt ein Augenblick, wo nichts mehr zu transzendieren bleibt. Das ist die Erkenntnis des Wirklichen.

Bhagwan, klingen alle erleuchteten Meister so egoistisch wie du?

Unweigerlich, ja. Sie klingen egoistisch, weil sie nicht in dem Sinne demütig sein können, wie ihr Demut versteht. Ein heikler Punkt, nicht einfach zu verstehen.

Alles, was ihr Demut oder Bescheidenheit nennt, ist eine Funktion des Ego, ist eine Modifikation des Ego. Der Erleuchtete hat kein Ego, also kann er auch kein modifiziertes Ego haben. Er kann nicht „bescheiden" sein. In dem Sinn, wie ihr es versteht, kann er nicht bescheiden sein.

Wäre es anders, könnte Krishna nicht zu Arjuna sagen: „Laß alles stehn und komm zu meinen Füßen. Ich bin der Gott, der die ganze Schöpfung schuf. *Sarva dharman parityajya mamekam sharanam vraja*. Komm zu meinen Füßen." Was für ein Egoismus! Jesus könnte nicht sagen: „Ich bin das Tor, ich bin der Weg, ich bin die Wahrheit." – „Ich und mein Vater im Himmel sind eins." – „Die mit mir sind, werden gerettet. . . nur die mit mir sind, werden gerettet." Und als Buddha zur Buddhaschaft gelangte, verkündete er den Himmeln, den himmlischen Räumen: „Ich habe das Unerreichbare erreicht!" Sie alle klingen sehr egoistisch. Erstens also können sie nicht demütig sein in dem Sinn, wie ihr Demut versteht. Eure Demut ist ein modifiziertes, aufpoliertes, höfliches Ego.

Aber warum klingen sie dann egoistisch? Sie sind nicht demütig, und ihr kennt nur zwei Eigenschaften, zweierlei Daseinsweisen: bescheiden oder egoistisch. Bescheiden sind sie nicht – also müssen sie egoistisch sein! Ihr kennt nur diese beiden Kategorien. Und Egoismus könnt ihr leicht verstehen, das ist eure eigene Sprache.

Wenn ihr „ich" sagt, meint ihr das eine; wenn ich „ich" sage, meine ich etwas ganz anderes. Aber wenn ich „ich" sage, werdet ihr es in eurem Sinne verstehen, nicht in meinem. Wenn Krishna zu Arjuna sagt: „Komm zu meinen Füßen!" – was meint er dann? Natürlich würdet ihr es in eurem Sinn verstehen, wenn ihr zu einem andern sagtet: „Komm zu meinen Füßen!" Also muß Krishna es auch so meinen. Nein, so meint er es nicht. Er hat kein „Ich" mehr, er hat kein „Mein" mehr übrig.

Aber er muß e u r e Sprache sprechen. Und die versteht ihr auf eure Weise. Und so klingen denn alle erleuchteten Wesen egoistisch – weil i h r egoistisch seid. Ihr könnt ihre Demut erst verstehen, wenn euer Ego verschwunden ist. Sonst läßt das Ego es nicht zu. Es gibt nur eine Möglichkeit, die Erwachten zu verstehen: Aufwachen.

Ich kann das ständig beobachten: ich sage was, ihr versteht etwas anderes. Aber das ist natürlich. Wie könnt ihr verstehen, was ich meine? Wenn ich etwas sage, wandert das Wort zu euch, nicht der Sinn, den ich ihm gebe. Mein Sinn bleibt in meinem Herzen zurück. Und so geht das Wort in euch ein, und ihr färbt es, ihr gebt ihm einen Sinn. Das ist e u e r Sinn.

Sie klingen egoistisch, sind es aber nicht. Und sind sie es doch, dann ist die Erleuchtung noch nicht geschehen. Die Erleuchtung geschieht erst, wenn das Ego fort ist. Das Ego ist die Nacht der Seele, das Ego ist der Kerker der Seele, das „Ich" ist die Schranke zum Allerhöchsten.

Ein Buddha ist Leere, und wenn er sagt: „Ich habe das Unerreichbare erreicht!", sagt er einfach nur, daß die Leere ihre eigene Leere erkannt hat, weiter nichts. Aber wie soll man das in eure Begriffe übersetzen? Er sagt weiter nichts, als daß die Leere ihre Leere erkannt hat. Aber er muß sagen: „Ich habe das Unerreichbare erreicht!"

Wenn Krishna sagt: „Komm zu meinen Füßen", sagt er: „Sieh her! Die Leere steht vor dir. Löse dich auf in ihr!" Aber das wäre nicht deutlich. Er muß die Sprache Arjunas benutzen. Er sagt:

„Komm zu meinen Füßen." Wenn Arjuna bereit und willig ist, sich hinzugeben, und wenn er sich vertrauensvoll hingibt – indem er die Füße Krishnas berührt, berührt er die Leere. Erst dadurch wird er erkennen, was Krishna überhaupt gesagt hat. Es gibt keine Füße, keinen Krishna – nur eine ungeheure Qualität von Leere. Der Tempel Gottes ist Leere. Wenn er Krishnas Füße berührt, wird er sich vor der Leere verbeugen, und die Leere wird sich in ihn ergießen. Aber das wird nur möglich sein, wenn er vertraut.

Ja, oft muß ich euch sehr egoistisch klingen. Aber laßt euch nicht täuschen; denn wenn ihr an der Idee festhaltet, ich sei egoistisch, werdet ihr nie in der Lage sein, euch fallenzulassen, euch hinzugeben, und dann werdet ihr euer Ego nie los. Dann braucht ihr nicht hier bei mir zu sein, denn dann wird alles ein einziges Mißverständnis. Ihr verschwendet nur eure Zeit.

Ihr könnt hier nur auf eine Art bei mir sein: bereit, euch auszuliefern. Sonst geht weg, sucht euch einen anderen, dem ihr euch ausliefern könnt. Denn wer sich nicht ausliefert, wird nie erfahren, wer er ist. Und solange du nicht weißt, wer du bist, wirst du nicht verstehen können, was mit einem Mann vor sich gegangen ist, den wir „erleuchtet" nennen. Nur durch deine eigene Erfahrung können dir diese Dinge klar werden.

Ja, es klingt egoistisch. Nun gibt es zwei Möglichkeiten: falls du glaubst, daß es nicht nur egoistisch *klingt*, sondern *ist*, dann geh weg von mir. Je früher du gehst, desto besser. Denn die gesamte Zeit, die du hier bist, wird vertan sein. Oder aber du glaubst, daß es einfach nur egoistisch klingt, aber nicht wirklich ist; in diesem Fall: ergib dich. Dann warte nicht länger, denn manchmal kann ein zu langes Warten zur Gewohnheit werden, kannst du dem Warten verfallen. Dann kannst du warten und warten und warten. . .

Und ich werde nicht mehr lange hier warten. Noch eine kleine Weile, und ich werde fort sein. Dann wirst du bereuen, wirst du leiden, wirst du traurig sein; aber dann hat es keinen Zweck mehr. Es wird leicht sein für euch, mir die Füße zu berühren, wenn ich nicht mehr bin . . . denn dann ist es keine Hingabe mehr. Ihr könnt hingehen und die Füße einer Statue berühren: die Statue ist tot. Das ist nicht Hingabe. Wenn du die Füße eines lebendigen Mannes berührst – genauso lebendig wie du, genauso im Körper wie du – dann taucht das Problem auf. Das Ego sträubt sich.

Du kannst also entweder deinem Ego glauben, oder du kannst mir glauben. Das sind die beiden Möglichkeiten. Bis jetzt hast du an dein Ego geglaubt. Was hat es dir gebracht? Ich eröffne dir eine andere Alternative. Probier's damit.

Bhagwan, wer bist du?

Der, für den du mich hältst. Denn es kommt auf dich an. Wenn du mich mit völliger Offenheit anschaust, werde ich etwas anderes sein, als wenn du mich mit irgendwelchen Vorstellungen anschaust; deine Vorstellungen werden auf mich abfärben. Wenn du mit einem Vorurteil zu mir kommst, erscheine ich dir anders. Ich bin nur ein Spiegel. Dein eigenes Gesicht wird widergespiegelt. Es gibt ein Sprichwort: Wenn ein Affe in den Spiegel schaut, wird ihm kein Apostel entgegenblicken – nur ein Affe.

Es kommt also darauf an, wie du mich siehst. Ich bin vollkommen verschwunden, also kann ich dir nicht vormachen, wer ich bin. Ich habe nichts vorzuweisen. Es ist nur ein Nichts da, ein Spiegel. Jetzt hast du völlige Freiheit. . .

Wenn du wirklich wissen willst, wer ich bin, mußt du so absolut leer sein wie ich. Dann stehen sich zwei Spiegel gegenüber, und nur Leere wird widergespiegelt. Unendliche Leere, die sich spiegelt . . . zwei Spiegel, einander gegenüber.

Aber wenn du irgendwelche Vorstellungen hast, dann wirst du deine eigenen Vorstellungen in mir erblicken.

Bhagwan, während du redest, merke ich, wie meine Augen auf dein Gesicht fixiert sind. Aber ab und zu findet eine plötzliche Veränderung statt, und für Sekunden kommt mir dein Gesicht satanisch vor. Ich weiß, es ist Projektion. Was steckt da in mir?

Muß ich dir das wirklich erst sagen??

Du hast beide Seiten in dir – das Göttliche und das Teuflische. Manchmal, wenn deine Energie durch deine göttliche Seite fließt, wirst du den Gott in mir sehen. Dann plötzlich verschiebt sich alles, und du fließt durch die teuflische Seite. Dann wird der Teufel in mir gesehen. Aber vergiß nie, daß du das bist. Ich bin nur ein Spiegel, eine Chance, dich mit dir selbst bekanntzumachen, mehr nicht. Was immer du siehst – meditiere darüber, denn es muß eine Eigenschaft sein, die in dir steckt.

Der Verstand projiziert gern und vergißt leicht, daß es eine Projektion ist. Es gibt Leute, die glauben, daß ich wirklich der Teufel bin, und es gibt Leute, die glauben, daß ich wirklich göttlich bin. Beide halten ihre Projektionen für real. Ich bin nur. . .„Ich-bin". Ich bin nur ein Spiegel. Ich zeige dir ein Gesicht. Das ist die Funktion eines Meisters: dir dein Gesicht zu zeigen.

Meditiere also über alles, was du siehst. Wenn du den Teufel siehst, dann versuche, den Teufel in dir ausfindig zu machen und laß ihn fallen. Bilde dir nicht ein, daß der Teufel in mir ist, denn dann wirst du deinen eigenen Teufel niemals los. Wenn er in mir ist – was kannst du dann daran ändern? Dann bist du hilflos. Aber wenn er in dir ist, kann etwas geschehen. Du kannst ihn fallenlassen.

Bhagwan, warum ist es den Sannyasins, die zum Aschram gehören, nicht erlaubt, an allen Meditationen teilzunehmen? Warum wird ihnen gesagt, sie dürften nur eine Meditation pro Tag mitmachen?

Ihretwegen, meine Damen und Herren, wegen Ihrer Faulheit.

Ich rede immerfort vom „Nicht-Tun", und aus meiner Rede macht ihr eure Ausrede. Nicht-Tun hat nichts mit Faulheit zu tun. Im Gegenteil – ein fauler Mensch kommt niemals zum Nicht-Tun. Ein fauler Mensch begeht geradezu Selbstmord. Er ist verschlossen; seine Energie fließt nicht. Ein Nicht-Tuer ist ein Mensch, der fließt: lebendig!

Ein Nicht-Tuer sein heißt nicht, daß man nichts tut. Er tut vieles, viel mehr noch als ein gewöhnlicher Tuer. Aber er ist darum kein Tuer. Was er auch tut, es geschieht von selbst. Er ist ein Instrument: so als hätte das Göttliche Besitz von ihm ergriffen und wirke nun durch ihn. Er denkt nie: „Ich tue das!" Allenfalls denkt er: „Ich lasse es geschehen."

Ein Nicht-Tuer tut vieles und wird doch nicht müde dabei, weil er nicht verspannt ist. Ein Nicht-Tuer tut vieles und baut doch kein Ego auf, weil nicht e r es tut. Alles geschieht von allein. Ein Nicht-Tuer liebt seine Arbeit, und seine Arbeit wird Gottesdienst.

Im Aschram dürfen nur Leute sein, die daran arbeiten, daß aus ihrer Arbeit Gottesdienst wird. Aber sie wären lieber faul. Und vor allem in Indien hält man Sannyas für eine Art Faulheit. Leute, die nicht gern etwas tun, werden Sannyasins.

Ich bin keine Zuflucht für sie. Ich bin kein Obdach für Aussteiger. Ich bin hier, um euch das Leben, und immer mehr Leben zu lehren, denn nur wenn eure Energie fließt, werdet ihr fähig zu lieben; nur wenn eure Energie fließt, werdet ihr fähig zu erkennen;

nur wenn eure Energie fließt, werdet ihr eines Tages fähig sein, den Tod zu transzendieren – sonst nicht.

Aber nur sehr wenige im Aschram arbeiten als Gottesdienst. Viele drücken sich weiterhin. Nicht, daß sie gern meditierten. . . denn würden sie gern meditieren, dann sähe die Sache ganz anders aus: sie können ja bei ihrer Arbeit meditieren. Aber sie machen lieber alle Meditationen mit, nur um der Arbeit auszuweichen. Einige sind absolut faul und glauben, das rationalisieren zu können. Zum Beispiel – ich schildere euch einmal einen Tag im Leben eines Sannyasins:

Von sechs bis sieben in der Frühe meditiert er. Dann kommt das Frühstück. Dann kommt von acht bis halb zehn oder zehn die Lecture. Um zehn ist er natürlich schon erschöpft, erst meditiert und dann noch so lange zugehört. . . ein kleines Schwätzchen muß sein zum Aufbau. Dann, gegen elf, halb zwölf, ist er fertig zum Mittagessen. Um zwölf hat er natürlich schon mehr als genug getan: meditiert, zugehört, sogar gegessen. Also legt er sich um zwölf Uhr hin. Bis drei braucht er seine Ruhe. Drei bis halb vier: Tee oder Kaffee. Halb vier bis halb fünf: Nadabrahma. . . eine individuelle Meditation. Von halb fünf bis halb sechs geht er natürlich spazieren. Man braucht ein wenig Bewegung. Von halb sechs bis halb sieben: Kundalini-Meditation. Danach, Abendbrot. Und dann ist natürlich die Freundin dran, und der Tag ist vollbracht. Braucht ihr noch mehr Meditation?

Ich rede jeden Tag, neunzig Minuten lang. Das macht höchstens dreißig Seiten. Im Aschram haben wir zwanzig Personen, die mit der Herausgabe der Bücher beschäftigt sind. Jeden Tag haben sie dreißig Seiten zu übertragen, zu redigieren und korrekturzulesen. . . dreißig Seiten, das macht eineinhalb Seiten pro Sannyasin. Trotzdem stapelt sich die Arbeit immer mehr. Und immer ziehen sie lange Gesichter, als hätten sie zuviel zu tun. Es sieht lächerlich aus: einer redet, zwanzig Leute bearbeiten es. Es sieht einfach lächerlich aus. Und trotzdem wird die Arbeit nie fertig. Sie stapelt sich immer mehr.

Ihnen wird gesagt, nicht zuviel zu meditieren, denn mir zuzuhören ist Meditation. Wißt ihr eine bessere Meditation, als mir zuzuhören? Wenn ihr die Arbeit liebt, wenn ihr mich liebt, dann ist das Meditation. Euer ganzes Leben sollte Meditation sein. Leute, die nur für ein paar Tage von draußen hereinkommen, müssen das Meditieren erst lernen, aber diejenigen, die im Aschram leben – ihr ganzes Leben sollte Meditation sein: ihr Gehen, ihr Sitzen, selbst ihr Schlaf. Alles sollte meditativ werden. Meditation sollte das gesamte Klima hier sein. Nicht etwas, das man tut, sondern etwas, das man ist.

Und macht keine Gesichter, als ob ihr große Werke vollbringt! Macht es gern! Keinem ist damit geholfen, daß er ein langes Gesicht macht und eine Last trägt. Und du kannst niemand dadurch täuschen, denn die ganze Sache sieht einfach lächerlich aus. Ihr habt nur die fixe Idee, belastet zu sein. Diese Last tötet euch. Und wenn ihr immer daran denkt, wird sie wirklich zur Last. Magengeschwüre kommen, ihr fühlt euch krank, verkrampft, nervös. Umso mehr werdet ihr dann heraushängen, wie sehr ihr belastet seid – das ist ein Teufelskreis.

Ihr seid hier, um zu genießen, da zu sein und euch zu freuen. Und es gibt so wenig Arbeit, daß sie tatsächlich in wenigen Minuten getan werden kann. Nur eineinhalb Seiten Übertragen, Redigieren und Korrekturlesen – wie lange braucht man dazu? Und das ist nur ein Beispiel. Das gleiche gilt für andere Arbeit.

Aber es gibt auch Leute, die sie als Gottesdienst ansehen. Sie sind in Fluß, sie wachsen und gedeihen. Es gibt Leute, die arbeiten, und liebevoll arbeiten. Das ist der Grund, warum etwas Arbeit erledigt wird. Sonst wäre nicht mal das möglich.

Aber solche Fragen kommen von Leuten, die faul sind. Ich werde nicht den Namen der Person nennen, die diese Frage gestellt hat, denn es ist dieselbe Sannyasin, die gern ihren Namen genannt haben möchte.

Bhagwan, sind Angst und Schuld das gleiche? Und hat nicht Jesus – ähnlich dem Licht, das die Dunkelheit sichtbar macht – den Menschen ihre Schuld bewußt gemacht?

Angst und Schuld sind nicht das gleiche. Angst – akzeptiert – wird zur Freiheit. Angst – geleugnet, verdrängt, verdammt – wird zur Schuld.

Wenn du Angst als dazugehörig hinnimmst . . . Und sie ist ein Teil deiner Situation. Der Mensch ist ein Teil, ein kleines, winziges Teilchen, und das Ganze ist riesig groß. Ein Tropfen, ein ganz winziger Tropfen – und das Meer ist das Ganze. Da fängst du an zu zittern: „Ich könnte im Ganzen verlorengehen. Ich könnte meine Identität verlieren." Es ist die Angst vor dem Tod. Alle Angst ist Angst vor dem Tod. Und die Angst vor dem Tod ist die Angst vor der Auslöschung. Es ist also natürlich, wenn der Mensch Angst hat und zittert.

Wenn du das akzeptieren kannst und dir sagst: so ist das Leben, wenn du das vollkommen akzeptieren kannst, hört augenblicklich das Zittern auf, und Angst – die gleiche Energie, die Angst war – entfaltet sich und wird zu Freiheit. Dann weißt du: auch wenn sich der Tropfen im Ozean auflöst – er ist da. Nicht nur das, er wird zum Ozean selbst. Dann wird Tod zu Nirvana, dann hast du keine Angst mehr, dich zu verlieren. Dann leuchten dir Jesu Worte ein: „Wenn du dein Leben retten willst, verlierst du es; und wenn du es verlierst, rettest du es."

Den Tod zu akzeptieren ist der einzige Weg, der über ihn hinausführt. Er verschwindet. Die Angst zu akzeptieren ist der einzige Weg, frei von Angst zu werden. Das setzt Energie frei, und diese wandelt sich zu Freiheit. Aber wenn du sie verdammst, wenn du sie verdrängst, wenn du die Tatsache versteckst, daß du Angst hast, wenn du dich wappnest und schützt und verteidigst, dann entsteht Schuld.

Alles Verdrängte erzeugt Schuld. Alles nicht Zugelassene erzeugt Schuld. Jeder Verstoß gegen die Natur erzeugt Schuld. Dann fühlst du dich schuldig, andere belogen zu haben und dich selber dazu. Diese Unaufrichtigkeit ist Schuld.

Du fragst: *Sind Angst und Schuld das gleiche?* Nein. Angst kann Schuld sein, braucht es aber nicht zu sein. Es kommt darauf an, was man mit der Angst macht. Wenn du etwas Falsches damit anstellst, wird sie zu Schuld. Wenn du sie einfach akzeptierst, nichts an ihr änderst – es gibt nichts zu ändern – dann wird Freiheit daraus, dann wird daraus Furchtlosigkeit.

Und hat nicht Jesus – ähnlich dem Licht, das die Dunkelheit sichtbar macht – den Menschen ihre Schuld bewußt gemacht?

Nein, nicht im geringsten. Jesus hat versucht, den Menschen ihre Schuldgefühle zu nehmen. Nur darum ging es. Ihm ging es einzig und allein darum, die Menschen zu ermutigen, sich selbst zu akzeptieren, sich nicht schuldig zu fühlen, sich nicht verdammt zu fühlen. Rede dir nicht ein, häßlich, verkehrt, ein Sünder zu sein. Verdamme nichts. Was immer du bist, das bist du. Akzeptiere die Tatsache, und aus dem Akzeptieren kommt die Verwandlung.

Jesus hat niemals Menschen Schuldgefühle eingeflößt. Genau das war eines seiner „Verbrechen“: daß er versuchte, den Schuldbeladenen Mut zu machen. Das war sein Verbrechen. Er wollte ihnen sagen: „Seid ohne Schuld, fühlt euch nicht schuldig. Selbst wenn etwas nicht stimmt, bist du trotzdem in Ordnung. Vielleicht hast du verkehrt gehandelt, aber darum ist dein Wesen nicht verkehrt.“ Eine Handlung mag verkehrt sein, aber dein Wesen ist immer okay.

Er akzeptierte die Menschen. Sünder fühlten sich frei und wohl bei ihm. Das erregte Anstoß. Die Rabbis, die Bischöfe, die Priester fingen zu reden an: „Wie, wie kannst du es nur zulassen, daß die Sünder zu dir kommen? Warum ißt du mit ihnen, warum schläfst du bei ihnen? Warum folgen dir so viele Ausgestoßene?“

Jesus sagte: „Es kann ja nicht anders sein. Ich komme denen zuliebe, die krank sind. Die Kranken suchen den Arzt. Die, die schon gesund sind, brauchen ihn nicht. Geht und denkt darüber nach." Jesus sagte: „Ich bin um der Kranken, der Schwachen willen gekommen. Ich muß sie aufrichten und sie stark machen. Ich muß ihnen Licht bringen, ich muß ihnen wieder das Leben bringen, damit ihre Energie wieder dynamisch wird, wieder zu fließen beginnt."

Nein, Jesus ist kein Licht, das die Dunkelheit sichtbar macht. Vielmehr verschwindet das Dunkel, wenn das Licht erscheint. Dunkelheit wird nicht durch Licht sichtbar: sie verschwindet durch Licht.

Das ist genau der Unterschied! Wenn ein Priester kommt, macht er das Dunkle sichtbar. Er ist kein Licht; er kann das Dunkel nicht zerstören. Er macht euch schuldig. Er erzeugt Sünder, er verdammt euch und flößt euch Höllenängste ein. Er erzeugt die Gier und die Sucht nach dem Himmel und seinen Belohnungen. Er kann höchstens eure Furcht und eure Gier schüren. Nichts anderes sind „Himmel" und „Hölle" – Projektionen der Gier und der Angst.

Kommt aber ein Jesus, ein Weiser, dann wird die Dunkelheit einfach zerstört. Wenn das Licht da ist, wird keine Dunkelheit sichtbar. Dann ist einfach keine Dunkelheit mehr da. Denn Dunkelheit ist nichts anderes als die Abwesenheit von Licht.

Wenn im Zimmer Dunkelheit herrscht und ich dir eine Lampe gebe und sage: „Geh und nimm die Lampe mit, denn mit der Lampe kannst du die Dunkelheit besser sehen. . .", siehst du dann die Dunkelheit, wenn du ins Zimmer gehst? Klingt logisch, ist aber absurd. Dunkelheit kann nur gesehen werden, wenn kein Licht da ist. Wenn du Licht mitnimmst, kannst du nie und nimmer die Dunkelheit sehen. Denn wo Licht ist, kann keine Dunkelheit mehr sein. Jesus zerstört einfach die Dunkelheit, er zerstört die Schuld. Er weckt Hoffnung, er weckt Zuversicht und Vertrauen.

Menschen, die lange Zeit verdammt worden sind, haben alle Hoffnung verloren. Sie haben ihre Sündigkeit akzeptiert, sie haben ihr häßliches Leben akzeptiert und wissen, daß sich nun nichts mehr ändern läßt. Sie können nur auf die Hölle warten. Sie haben sich damit abgefunden, daß sie in die Hölle kommen und daß sie leiden müssen.

Jesus kommt und hilft den Menschen, aus der Eingeschlossenheit ihres Dunkels herauszufinden. Er sagt: „Es gibt keine Hölle." Er sagt: „Kommt raus, es gibt keine Hölle außer eurer eigenen Unwissenheit. Kommt heraus, kommt wieder in Fluß, enteist euch und taut auf und lebt wieder das Leben! Kommt ins Sonnenlicht! Gott ist für euch da!" Darum sagt er auch: „Kehrt um, denn das Reich Gottes ist nah." Er sagt nicht etwa, daß ein Sünder mehr Zeit zur Umkehr braucht als ein ehrbarer, frommer Mensch – nein.

Man kann es vergleichen mit einem langen Traum, den du geträumt hast – dein Traum, ein Sünder zu sein. Und im gleichen Zimmer träumt ein anderer, daß er ein Heiliger ist. Brauchst du nun etwa mehr Zeit zum Aufwachen als der, der träumt, er wäre ein Heiliger? Der Heilige und der Sünder – beide haben geträumt. Sie brauchen gleich viel Zeit, um aus ihrem Schlaf zu erwachen.

Paradoxerweise wird der Heilige sogar etwas länger brauchen, denn sein Traum ist so schön! Er möchte gar nicht herauskommen. Der Sünder in seinem Alptraum hat es eilig herauszukommen. Er weint, er fleht, er will da raus! Er strengt sich ungeheuer an, sich freizustrampeln. Sein Traum ist gar nicht angenehm, sein Traum ist grauenhaft. Es ist die Hölle. Der Heilige dagegen will lieber nicht gestört werden, er dreht sich gern noch mal auf's andere Ohr und schläft ein bißchen weiter.

Vergeßt nicht: wenn man sich wohlfühlt, ist es schwierig umzukehren. Im Unglück ist die Umkehr leicht. Das ist der Sinn der Sprichworts: „Unglück und Fluch kann ein versteckter Segen sein."

Wer glücklich ist und keine Probleme hat, der hat kein Interesse dran, sich zu ändern. Aber wer traurig ist und tief bekümmert, wer in Unglück und Tränen lebt, der möchte gern herauskommen. Leiden hat sein Gutes, denn es gibt dir den Anstoß aufzuwachen, aus deinem Schlaf herauszukommen. Nichts ist verkehrt am Leid, wenn du es richtig zu nutzen weißt. Sogar Gift kann als Arznei genutzt werden und belebend wirken.

Wenn du dich schuldbeladen fühlst, dann finde heraus, warum. Ja, der Mensch *ist* hiflos. Richtig. Und der Mensch ist unwissend. Auch richtig. In seiner Unwissenheit hat er so manches getan, was hätte anders sein sollen – auch das ist richtig. Akzeptiere diese Hilflosigkeit, diese Unwissenheit, und bete. Laß deine Tränen rollen, gestehe es ein, bereue, sage zu Gott: „Ich war hilflos, ich war dumm, und ich konnte es nicht besser machen. Und ich kann es immer noch nicht besser, wenn du mir nicht hilfst. So wie ich bin, werde ich es wieder falsch machen. So wie ich bin, werde ich dich wieder verraten. Ich kann mich nicht auf mich verlassen. Hilf mir. Nur deine Gnade kann mich retten."

Die ganze Lehre von Jesus ist: „Bitte um Gottes Gnade. Glaube nicht an dich selbst; denn genau dieser Glaube war dein Unglück."

Nein, er hat keinem einzigen Menschen Schuldgefühle gemacht. Er wollte die Menschen von Schuld freimachen.

Die vorletzte Frage:

Bhagwan – wie?

Jetzt! Und ein Wie gibt es nicht.

Und die letzte Frage:

Bhagwan! Bhagwan!! Bhagwan!!!.......???

So ist es richtig. Wenn du weinen kannst, wenn du beten kannst, wenn du aus deinem innersten Kern heraus rufen kannst, dann ist das Göttliche immer für dich da. Das Göttliche ist immer nah.

Ihr habt nur nicht gerufen, ihr habt nur nicht an seine Tür geklopft. Jesus sagt: „Klopfe an, und es wird dir aufgetan. Bitte, und es wird dir gegeben. . .“

Fünfter Morgen

Matthäus 12

46 *Da er noch zu dem Volk redete,*
siehe, da standen seine Mutter und seine Brüder draußen,
die wollten mit ihm reden.

47 *Da sprach einer zu ihm:*
Siehe, deine Mutter und deine Brüder stehen draußen
und wollen mit dir reden.

48 *Er antwortete aber und sprach zu dem, der es ihm ansagte:*
Wer ist meine Mutter, und wer sind meine Brüder?

49 *Und reckte die Hand aus über seine Jünger und sprach:*
Siehe da, das ist meine Mutter
und meine Brüder!

50 *Denn wer den Willen tut meines Vaters im Himmel,*
der ist mein Bruder und meine Schwester
und meine Mutter.

Lukas 14

25 Es ging aber viel Volks mit ihm;
und er wandte sich und sprach zu ihnen:

26 So jemand zu mir kommt,
und hasset nicht seinen Vater,
Mutter, Weib, Kinder, Brüder, Schwestern,
auch dazu sein eigen Leben,
der kann nicht mein Jünger sein.

27 Und wer nicht sein Kreuz trägt und mir nachfolgt,
der kann nicht mein Jünger sein.

Fünfter Morgen

Wer sind meine Brüder?

Thomas Carlyle sagte einmal von einem Freund: „Er wurde als Mensch geboren und starb als Krämer." Jeder wird groß geboren und stirbt sehr klein. Jeder wird wie ein Gott geboren und fast jeder stirbt wie ein Hund. Was passiert zwischendurch? Warum wird der Mensch vom Leben verkrüppelt? Es wäre doch wünschenswert, daß der Mensch in höhere Dimensionen hineinwächst, zu höheren Räumen aufsteigt, auf ein bedeutenderes Leben zugeht – jenes Leben, das Jesus das „Ewige Leben" nennt. Aber das kommt nur selten vor. Der gewöhnliche Lauf der Dinge ist, daß der Mensch zu schrumpfen beginnt. Im gleichen Augenblick, da er geboren wird, fängt er zu schrumpfen an, wird er kleiner, immer kleiner. Das muß verstanden werden.

Ein Kind, das geboren wird, hat keine Identität. Es ist einfach nur. Diese „Ist-heit" ist unendlich, sie hat riesige Ausmaße, sie hat keine Begrenzung. Das Kind hat noch keinen Namen; der Name verkrüppelt. Das Kind hat noch keine Identität; das Kind weiß noch nicht, wer es ist. Das ist seine Größe, seine Unbegrenztheit. Es ist noch eins mit der Schöpfung, ist noch nicht von ihr losgelöst. Es hat keine Grenze, keine Endlichkeit.

Ein Kind hat keinen Charakter. Das ist seine Schönheit. Charakter tötet. Je mehr Charakter du hast, desto kleiner wirst du. Ein Charakter ist eine Rüstung um dich her, er definiert dich. Und jede Definition ist ein Tod. Laßt es mich wiederholen: jede Definition ist ein Tod. Und nur das Undefinierte ist lebendig. Das Kind hat zwar einen Körper, aber noch keine Form. In seinem Bewußtsein existiert noch keine Form. Selbst wenn man ihm einen Spiegel vorhält, erkennt es sich nicht. Es wird den Spiegel anschauen, aber nicht erkennen, daß es selbst darin widergespiegelt wird, denn es weiß noch nicht, wer es ist. Das ist seine Unschuld.

Dann umzingeln die Dinge es langsam: der Name, der sein Gefängnis wird; die Form, die Identität. Religion, Gesellschaft, Hautfarbe, Nation – all das wird zu Begrenzungen. Jetzt schrumpft das Kind bereits, die Riesigkeit des Himmels verliert sich, es bilden sich Wolken und ersticken dein Dasein mehr und mehr. Und wenn du schließlich stirbst, bist du schon lange tot.

Das ist der Sinn dieser Sutras: Wer seine wirkliche Größe wiedererlangen will, muß undefinierbar werden, muß den Charakter verlieren. Es wird sehr schwierig werden, mich zu verstehen. Ich sage, daß man den Charakter verlieren muß, weil Charakter das ist, was dich eingrenzt. Charakter ist etwas Starres, etwas Gefrorenes. Erst wenn der Charakter schmilzt und du wieder zu fließen beginnst, erst wenn du dir selber unbekannt wirst und unberechenbar. . .

Niemand, nicht einmal du selbst, weiß, was im nächsten Augenblick passieren wird. Du fängst an, von Augenblick zu Augenblick zu leben. Alle Berechnung ist weg, alles Planen hört auf, du treibst wie eine weiße Wolke am Himmel, bewegst dich zwar, aber ohne jede Motivation, bewegst dich, aber weißt nicht, wohin du treibst, bewegst dich, aber bleibst im Augenblick, so völlig hierjetzt, daß Vergangenheit und Zukunft keinen Sinn mehr haben, daß nur noch die Gegenwart von Bedeutung ist.
Was ist dann deine Identität?

Wer bist du dann? Du kannst nichts darüber sagen. Es ist unsagbar. Das ist es, was Buddha „die Leere innen“ nennt: *anatta* – „Nicht-Selbst“. Das ist es, was Jesus „das Reich Gottes“ nennt. in mysteriöses Etwas, das du bist. Nicht, daß du es werden mußt, nein – du bist es bereits.

Es geschah in Japan, im Zweiten Weltkrieg, in einem Konzentrationslager. Die Wächter des Lagers hatten erfahren, daß jeden Augenblick die amerikanischen Truppen eintreffen würden. Sie konnten jede Minute erscheinen. . . und Japan hatte den Krieg verloren, also fürchteten sie für ihr Leben. Da schlossen sie alle Türen auf und flohen in die Wälder.

Aber die Gefangenen erfuhren nie davon, daß die Türen offen waren. Sie blieben nach wie vor „gefangen“. Die Wächter waren weg, die Schlösser aufgesperrt, aber die Gefangenen blieben Gefangene. Sie waren längst frei, aber sie wußten nichts davon. Am nächsten Tag kamen die Befreier und brauchten ihnen nur mitzuteilen: „Ihr wart schon frei. Wir brauchten nichts zu tun.“

Genau dasselbe sage ich euch auch: daß ihr schon frei seid. Die Wachen hat es nie gegeben, außer in eurer Einbildung, und die Schlösser waren nie verschlossen. Ihr habt einen Traum gehabt, und der hält euch gefangen. Das ist die einzige frohe Botschaft, die Jesus euch bringt, oder die ich euch bringe: daß ihr schon frei seid!

Also braucht ihr nicht erst frei zu werden. Eure ganze Gefangenschaft ist nur eine innere Einstellung. Ihr nennt euch Hindu oder Christ oder Moslem; nicht, daß man tatsächlich einer wäre. Wie könnte man ein „Christ“ sein, oder wie könnte man „Moslem“ sein? Wie kann dich eine bloße Ideologie einsperren, wie können bloße Worte zum Kerker für dich werden? Wie können bloße Worte – Christentum, Hinduismus – zum Kerker für eine so vitale Energie, für eine so vitale Realität werden? Unmöglich. Aber ihr glaubt an sie. Dann wird das Unmögliche möglich. Man denkt von sich, daß man dies oder jenes wäre. Der bloße

Gedanke macht dich zu dem oder dem. Aber du b i s t das nicht. Im innersten Kern deines Daseins bleibst du totale Freiheit, absolute Freiheit.

Versucht nun, euch in diese Sutras hineinzufinden. Sie sind sehr heikel, und es kann sehr leicht passieren, daß man sie mißversteht. Jesus ist in vielen Punkten mißverstanden worden. Einer von diesen Punkten wird in diesen Sutras berührt.

Man hat ihn dieser Sutras wegen kritisiert. Auf der einen Seite redet er immer von Liebe und sagt sogar: „Gott ist Liebe" – und dann sagt er auf der anderen Seite so widersprüchliche Dinge wie hier. Wie kann ein Mann der Liebe so reden? Aber er hat es gesagt. Also ist es wahrscheinlich, daß man ihn nicht richtig verstanden hat. Laßt es uns versuchen. . .

Da er noch zu dem Volk redete,
siehe, da standen seine Mutter und seine Brüder draußen,
die wollten mit ihm reden.

Da sprach einer zu ihm:
Siehe, deine Mutter und deine Brüder stehen draußen
und wollen mit dir reden.

Er antwortete aber und sprach zu dem,
der es ihm ansagte:
Wer ist meine Mutter,
und wer sind meine Brüder?

Und reckte die Hand aus über seine Jünger und sprach:
Siehe da, das ist meine Mutter und meine Brüder!"

Bis jetzt ist alles, was er sagt, zu verstehen. Das nächste Sutra ist wirklich sehr gefährlich. Er sagt:

Denn wer den Willen tut meines Vaters im Himmel,
der ist mein Bruder und meine Schwester
und meine Mutter.

Es ging aber viel Volks mit ihm;
und er wandte sich und sprach zu ihnen:

So jemand zu mir kommt und hasset nicht seinen Vater,
Mutter, Weib, Kinder, Brüder, Schwestern,
auch dazu sein eigen Leben,
der kann nicht mein Jünger sein.

Und wer nicht sein Kreuz trägt und mir nachfolgt,
der kann nicht mein Jünger sein.

Er sagt: „So jemand zu mir kommt und hasset nicht seinen Vater, Mutter, Weib, Kinder, Brüder, Schwestern. . . der kann nicht mein Jünger sein." Ein Mann, der sonst immer von Liebe spricht – wieso spricht der plötzlich von Haß? Das Wort „Haß" gehört nicht auf die Lippen von Jesus! Der Mann erscheint widersprüchlich, paradox. Aber das scheint nur so. Wir müssen tiefer gehen. Wenn Jesus „hassen" sagt, dann muß er etwas Bestimmtes damit meinen. Und er meint. . .

Erstens: der Mensch wird als Teil des Göttlichen geboren, als Teil des All-Einen, des Ganzen. Das Kind im Mutterleib ist nicht im Mutterleib – es ist im Leib des Ganzen. „Mutter" ist nichts als ein Teil des Ganzen, „Mutter" ist der ihm am nächsten gelegene Teil des Ganzen, aber das Kind existiert im Göttlichen, im All-Einen. Es kennt die Mutter nicht, es existiert lediglich. Dann wird es geboren, wird es von der Mutter getrennt. Aber obwohl getrennt von der Mutter, hat es noch keine Identität. Es kann nicht sagen: „Ich bin." Noch herrscht die Reinheit der „Ist-heit".

Dann fängt es allmählich die Mutter zu lieben an. Im gleichen Augenblick, da es anfängt, die Mutter zu lieben, vergißt es die Totalität der „Ist-heit", des All-Einen. Die Liebe zur Mutter wird zum Vergessen des Ganzen. Dann fängt es an, den Vater zu lieben – es vergißt das Ganze vollends. Dann kommen die Brüder, die Schwestern. . . es entsteht eine Familie, eine kleine Familie. Und nun hat es die große Familie der Existenz vergessen.

Erst wenn das Bewußtsein den Blick wieder von der Mutter abwendet, vom Vater, von den Brüdern und Schwestern, und wenn sich das ganze Bild wandelt. . . man hat wieder das Ganze im Blick, und das Ganze wird zur Familie, man lebt wieder mit den Sternen zusammen und den Bäumen und den Flüssen und dem Meer und dem Sand. . . erst dann wird man fähig, Jesus zu folgen; erst dann wirst du fähig, mir zu folgen.

Denn was heißt das – Jesus folgen? Der Sinn ist allein der, den Brennpunkt des Bewußtseins zu verlagern. Wenn du dich in eine Familie verliebt hast, mußt du über diese Liebe hinausgehen. Sonst wird gerade diese Liebe, diese Bindung dich hindern, in das größere Ganze hineinzugehen.

Wenn er „hassen" sagt, meint er nur: liebe nicht. Wenn er „hassen" sagt, benutzt er ein sehr starkes Wort – um zu betonen. Weil die Liebe dich zum Glied einer kleinen Familie gemacht hat, kann nur der Haß dich wieder zum Glied des Ganzen machen. Aber mit „Haß" meint er nicht Gehässigkeit. Mit „Haß" meint er lediglich: mach die Liebe, die Bindung, zunichte.

In Indien haben wir das Wort *asukti rag* dafür: Bindung, von Bindung geprägt sein. Sei ungebunden, kehr dich ab. Kehr dich ab vom Kleinen, damit du das Ganze finden kannst. Und das ist das Schöne: wenn du dich vom Teil abkehrst, von der kleinen Familie, und zur großen Familie kommst, wirst du plötzlich merken, daß die kleine Familie in der großen enthalten ist. Wo sonst sollte sie hin? In der kleinen Familie ist die große Familie nicht enthalten. Aber in der großen Familie ist die kleine enthalten. Wenn die ganze Welt deine Heimat wird, ist dein Heim darin eingeschlossen. Aber wenn nur dein Heim deine Heimat ist, schließt es nicht die ganze Welt mit ein. Wenn der ganze Himmel dein wird, ist auch der kleine Himmel, den du für den deinen gehalten hast, da.

Das Größere schließt das Kleinere ein; das Kleinere kann das Größere nicht einschließen. Dein Vater, deine Mutter, deine

Kinder, deine Frau – sie werden da sein; nicht als deine Mutter, als dein Vater, als deine Frau, sondern als Götter. Denn wirklich, du hast ihnen nichts fortgenommen; im Gegenteil, du hast ihnen etwas gegeben. Vorher waren sie gewöhnliche Sterbliche, nun werden sie göttlich sein. Deine Abkehr hat nichts zerstört. Im Gegenteil, sie hat vieles offenbart. Verliere das Kleine, damit du das Ganze gewinnen kannst. Und jenes Kleine wird wiedergewonnen sein, in größerem Glanz.

Aber anfangs wird es so scheinen, als entferntest du dich von der Liebe, weil dies die einzige Liebe ist, die du kennst: die Liebe zur Familie, die Liebe zum Land. Das ist die einzige Liebe, die du kennst. Und es ist falsche Liebe, denn solange die Liebe nicht das Ganze umfaßt, kann sie nie befriedigen. Liebe ist unendlich, und nur das Unendliche kann sie erfüllen.

Solange du nicht Gott liebst, liebst du vergeblich. Deine Liebe wird dich nur frustrieren, sie wird dich nie zufrieden machen. Liebe braucht etwas so Unendliches zu ihrer Erfüllung, daß nur Gott das kann. Kein Vater, keine Mutter, keine Frau, keine Kinder, keine Brüder, keine Schwester und kein Freund kann das – bevor nicht Gott zu dir als Vater kommt, oder dein Vater dir als ein Gott erscheint.

Solange dir nicht deine Frau zum All wird, oder das All zu deiner Frau, wirst du keine Erfüllung finden. Darum gibt es so viel Leid um der Liebe willen. Du liebst den Teil und erwartest das Ganze. Das ist das Leiden. Du liebst das Kleine und möchtest das Große. Es kann nicht in Erfüllung gehen. Daher die Frustration. Wann immer du dich in einen Mann verliebst, erwartest du Göttliches. Jeder Liebende erwartet das. Und wenn es nicht kommt, fühlst du dich verletzt, fühlst du dich betrogen. Dann kommt der Jammer der Liebe.

Die Erwartungen sind groß, und die Wirklichkeit ist ganz winzig. Deine Erwartung richtet sich auf die falschen Quellen. Du möchtest, daß ein kleiner Bach zum Ozean werde. Das kann er nicht, dazu ist er nicht in der Lage. Wenn deine Augen offen sind fürdie Realität und der Traum verschwindet und die Flitterwochen vorbei sind – ein armseliges Rinnsal! Und du hattest den Ozean vor Augen! Jetzt bist du gebrochen, frustriert, tief im Herzen verwundet.

Liebe schmerzt, weil du das Ganze vom Teil erwartest. Und diese Liebe ist die einzige, die du kennst. Diese Liebe ist nicht wirklich Liebe. Sie ist Anhänglichkeit. Es gibt eine größere Liebe, die nur kommt, wenn deine Augen fürs Unendliche offen sind, für das Unbegrenzte, für Gott.

Wenn Jesus von „Hassen" spricht, sagt er lediglich: was immer deine Liebe sein mag – es taugt nichts. Geh zum Gegenteil über, schlage ins andere Extrem. Laß all den Unsinn fallen, den du Liebe nennst. Es ist nicht Liebe. Es mag Angst sein – Angst vor Einsamkeit – aber es ist kein Teilen, kein gemeinsames Sein. Es ist ein Spiel des Ichs, und Liebe kann kein Spiel des Ego sein. Laß all das fallen. Und indem du es fallenläßt, entstehen ungeheure Möglichkeiten.

Erstens: wenn du alle sogenannte Liebe fallen läßt, die Liebe zum Vater, zur Mutter, zum Bruder, zur Schwester, zur Familie, zur Frau, wenn du das alles wirklich fallen läßt, geht plötzlich deine Identität verloren. Wer ist dann noch da? Wer kann noch übrigbleiben? Wenn dich jetzt im Augenblick jemand fragt, sagst du: „Ich bin der Sohn von dem und dem", oder der Bruder, oder der Mann, oder der Vater. „Dies ist mein Land. Das ist meine Religion. Zu dieser Gruppe gehöre ich." Du hast irgendetwas, was du über dich aussagen kannst.

Überleg mal: wenn du zu keinem Land gehörst, zu keiner Sekte, zu keiner Kirche, zu keiner Konfession, wenn du alle Bande mit deiner Familie durchschnitten hast – Vater, Mutter, Ehefrau – und du absolut allein bist, wer bist du dann? Wie kannst du dann sagen, wer du bist? Indem du deine Bindungen durchschneidest, tötest du dein Ego.

Das ist es, was Jesus hier meint. Er sagt: dein Ego existiert durch deine Bindungen, durch sie erhält es Nahrung. Durchschneide alle Bande, und plötzlich bricht dein Ego zusammen. Es kann nirgends stehen, es wird durch nichts gestützt. Plötzlich bricht es zusammen, und in diesem Zusammenbruch wirst du zum ersten Mal geboren. Zum ersten Mal bist du du, und nicht irgend eines anderen Sohn, Ehemann, Vater. Zum ersten Mal bist du einfach nur da, in deiner völligen Nacktheit, Reinheit, Unschuld. Du bist undefiniert, alle Definitionen sind verschwunden. Plötzlich pocht ein neues Herz in dir. Du wirst Teil des Ganzen. Jene kleine Familie, die dich einschloß und dir Grenzen zog, ist nicht mehr.

Du wurdest klein aufgrund der Bindung an die Familie. Du wirst unendlich, sobald diese Bindung überwunden ist. Das ist der Grund, warum Jesus ein so starkes Wort gebraucht. Er sagt „hassen", weil es unter dem nicht geht. Hört zu:

> *Da er noch zu dem Volk redete,*
> *siehe, da standen seine Mutter und seine Brüder draußen,*
> *die wollten mit ihm reden.*

Es gibt noch viel mehr zu verstehen. Jesus weiß sehr wohl, daß seine Mutter und seine Brüder ihn nicht verstehen. Sie glauben eigentlich, daß er ein bißchen verrückt geworden ist. Ihr leiblicher Bruder – und er hält sich für den Sohn Gottes? Stell dir nur einmal deinen Bruder vor, wenn der nun anfinge, sich für den Sohn Gottes zu halten und immer von Gott redete, der im Himmel ist . . . natürlich würdest du denken, daß er den Verstand verloren hat. Du würdest einen Psychiater zu Hilfe rufen, würdest ihn mit Elektroschock behandeln lassen, damit er wieder auf den Boden zurückkommt.

Die Verwandten von Jesus glaubten, daß er nicht ganz richtig im Kopf sei, ein wenig exzentrisch, verrückt, wirr. Wenn er in sein Dorf kam, müssen ihn die Leute verlacht und verspottet haben. Zumindest waren sie amüsiert: „Seht euch nur den Sohn vom Zimmermann Joseph an – jetzt plötzlich hält er sich für den Sohn

Gottes!“ Dabei wissen sie ganz genau, wessen Sohn er ist. Es ist erst ein paar Jahre her, da hat er bei seinem Vater in der Werkstatt gearbeitet, hat Holz aus dem Wald geholt und seinem Vater geholfen. Und jetzt ist er plötzlich verrückt geworden. Armer Jesus!

Und genauso dachte auch seine Familie. Sie hatten Mitleid mit ihm. Wenn also jemand sagte: „Siehe, deine Mutter und deine Brüder stehen draußen und wollen mit dir reden“, dann weiß er, w o r ü b e r sie mit ihm reden wollen. Er weiß, daß es ihnen einzig und allein darum geht, ihn irgendwie wieder nach Hause zurückzuholen, ihn wieder normal zu machen.

Das ist eins von den Problemen mit der Menschheit: Leute, die ihr normal nennt, sind keineswegs normal, aber sie sind in der Mehrzahl. Ein Buddha erscheint immer anormal. Ein Jesus erscheint anormal. Und in gewissem Sinne ist er es auch, denn er benimmt sich nicht wie ihr, er befolgt nicht die geltenden Regeln. Er paßt sich nicht der Gesellschaft an, er ist ein Eigenbrötler. Laßt ihr ihn aber einfach machen, regt sich der Zweifel: wenn er recht hat, lieg ich falsch. Daraus entsteht Zweifel und Angst. Er m u ß im Irrtum sein, er muß entlarvt werden. Er muß irgendwie, irgendwann auf den Holzweg geraten sein.

Selbstverständlich wird das Gewöhnliche für das Normale gehalten, und das Normale wird für die Norm gehalten. Und so erscheint das Außergewöhnliche, das Einmalige, als abnormal.

Sogar Psychoanalytiker halten Jesus für neurotisch. Es sind viele Bücher gegen Jesus geschrieben worden, die beweisen, wie neurotisch er war, wie verrückt er war. Schaut euch an, was er gesagt hat! Ihr würdet doch auch lachen, wenn plötzlich mitten unter euch einer erklären würde, er sei der Sohn Gottes. Was will er damit sagen?

Jesus weiß sehr wohl, worüber sie reden wollen. Und sie sind nicht zu i h m gekommen. Sie sind nur zum Sohn von Joseph gekommen, den es nicht mehr gibt. Er war das einmal, aber seit Johannes der Täufer ihn in ein anderes Leben eingeweiht hat – ihn auf eine neue Bewußtseinsstufe gehoben hat, ihn verwandelt hat, ihn initiiert hat, durch eine neue Tür zur Existenz geführt hat – seit jenem Tag ist er nicht mehr derselbe.

Als Buddha nach zwölf Jahren in sein Haus zurückkehrte, da konnte sein Vater nicht glauben, daß er erleuchtet worden war. Er sagte: „Gib doch den ganzen Unsinn auf! Du kannst andere zum Narren halten, aber nicht mich. Ich habe dir das Leben geschenkt, ich habe dich vom ersten Tag an gekannt. Gib dies Spiel auf und komm wieder heim. Ich bin dein Vater, und weil ich dich liebhabe, sind dir meine Türen noch offen. Obwohl du es nicht verdient hast! Du bist ein Ausreißer. Du bist mir in meinen alten Tagen davongelaufen – du, meine einzige Hoffnung. Komm wieder nach Hause!"

Natürlich kann der Vater nicht erkennen, was passiert ist. Er ist zu voll von seinen eigenen Vorstellungen, zu voll von seinen Erinnerungen, seiner Erinnerung an diesen Jungen, der ihm geboren worden war. Und der soll jetzt plötzlich zu einem Buddha geworden sein, erleuchtet, zur Wahrheit gelangt?

Wäre er der Sohn eines anderen gewesen, der Vater hätte vielleicht noch einmal hingeschaut, geprüft, beobachtet und wäre vielleicht etwas offener gewesen. Dies aber ist sein eigener Sohn. Seine Augen sind voller Tränen, Zorn, Anhänglichkeit, Erinnerung. Seine Augen sind umwölkt von Vergangenheit. Er kann die Wirklichkeit, die vor ihm steht, nicht erkennen.

Buddha lachte und sagte: „Sieh mich doch an! Ich bin nicht der gleiche, der dein Haus verließ. Ein anderer steht vor dir. Jener Mann ist tot. Ich bin vollkommen neu."

Der Vater sah erneut hin und sagte dann: „Du kannst mich nicht täuschen. Du bist der gleiche. Ich kenne dich gut. Ich kenne dich besser, als du dich selber kennen kannst."

Jesus weiß, worüber sie reden wollen. Und sie wollen nicht zu ihm reden, zu der Wirklichkeit, die er jetzt ist. Sie wollen zu jemand reden, den es nicht mehr gibt. Jesus verschwand an jenem Tag im Jordan, als Johannes der Täufer ihn in ein neues Leben einweihte. Der Mann, der vorher dagewesen war, ist verschwunden. Das Haus ist alt, aber der Bewohner hat gewechselt. Es wohnt nicht mehr der gleiche Mensch im gleichen Körper. Der Körper ist der gleiche, aber es ist ein neues Bewußtsein eingezogen. Es wohnt ein neues Bewußtsein dort, und sie sind gekommen, zu dem alten zu reden, das nicht mehr ist.

Da sprach einer zu ihm:
Siehe, deine Mutter und deine Brüder stehen draußen
und wollen mit dir reden.

Er antwortete aber und sprach zu dem,
der es ihm ansagte:
Wer ist meine Mutter, und wer sind meine Brüder?

Dieses neue Bewußtsein – nennt es „Christus" – dieses neue Bewußtsein sagt: „Wer ist meine Mutter, und wer sind meine Brüder?" Ehe ihr nicht zwei Persönlichkeiten erkennt – einen Jesus, den es nicht mehr gibt, und einen Christus, der gekommen ist wie eine Taube und sich in seiner Seele niedergelassen hat – eher könnt ihr diese Sätze nicht verstehen. Diese Sutras werden sehr einfach, sobald ihr erkennt, daß dieser Mann Jesus nicht mehr der Jesus ist, der einmal war.

Dasselbe passiert oft auch meinen Sannyasins. Wenn sie wieder in ihr Elternhaus zurückkehren wollen, bekommen sie etwas Angst. Sie kommen zu mir und sagen: „Es wird ein bißchen schwierig sein; mein Vater wird mich nicht verstehen, meine Mutter wird nicht sehen können, was passiert ist. Wenn ich nach Hause komme, werden sie nicht erkennen, was mit mir passiert ist." Ich sage ihnen: „Macht euch keine Sorgen. Geht einfach hin und bleibt neu. Versucht nicht, euch wie die alten zu benehmen." Das muß man sich merken, denn die Versuchung ist da.

Da ist die Mutter, da ist der Vater, da sind die Brüder und das ganze Milieu von früher, und die Versuchung wird sein: „Warum sie verstören? Auch wenn du dich verändert hast – benimm dich einfach so wie früher."

Aber wenn du dich benimmst wie früher, wird das für dich zu einer tiefen Störung. Es wäre Täuschung, es wäre nicht authentisch. Und auf diese Art wirst du deiner Familie nicht helfen. Auf diese Art betrügst du sie. Sei ehrlich. Auch wenn sie anfangs mißverstehen, akzeptiere dieses Mißverstehen. Es ist natürlich. Aber bleibe du der, der du geworden bist. Spiele nichts vor.

Bleib ehrlich. Früher oder später werden sie verstehen. Und haben sie erst verstanden, wird deine Wirklichkeit auch sie zu verändern beginnen. Wirklichkeit ist eine große Macht.

Das passiert oft. Ein Sannyasin hat mir gerade aus England geschrieben: „Ich hatte Angst, trotz allem, was du gesagt hast! Ich hatte Angst, und je näher ich England kam, desto mehr wuchs meine Angst. Mein Vater ist sehr stur" – wie Väter eben sind – „und ich dachte: er wird es nicht verstehen, er wird nicht mal zuhören. Er wird denken, ich sei verrückt geworden und versuchen, mich zum Psychiater zu schleppen. ‚Was ist denn in dich gefahren? Warum trägst du nur noch Orange?' Er ist ein alter Christ, sehr strenggläubig. Es wird ein Schock für ihn sein."

Aber er mußte zurück, also ging er. Jetzt schreibt er: „Sie waren schockiert. Sie konnten es nicht glauben. Aber, wie du gesagt hast, ich ließ mich nicht dazu verleiten, ihnen etwas vorzumachen. Ich blieb mir treu. Und nach drei, vier Tagen entspannten sie sich. . . zum allerersten Mal. Zum ersten Mal ist zwischen meinen Eltern und mir ein Funke übergesprungen, etwas, das ich Liebe nennen möchte, und das noch nie da war. Vorher war da nur Angst gewesen, aber keine Liebe. Und sie stellten mir Fragen – was mit mir geschehen wäre? Und sie haben sogar versucht zu meditieren!" – was er für ein Wunder hält. Er glaubt, ich müsse wohl etwas von hier aus tun . . .

Ich tue nichts von hier aus. Deine Wahrheit, deine Echtheit hat ihre eigene große Kraft. Wahrheit transformiert nicht nur dich. Wohin du auch gehst, mit wem du auch zu tun hast – wenn du wahr bist, wirst du zu einer großen Kraft.

Jesus weiß, daß sie nicht seinetwegen gekommen sind. Sie sind noch nicht bereit. Sie verstehen nicht, daß ein Bruch im Leben von Jesus geschehen ist. Der alte ist fort, und der neue ist da, und zwischen ihnen ist kein Zusammenhang.

Das ist das Problem: wenn das Neue kommt, ist das Neue absolut neu. Es ist nicht eine modifizierte Form des Alten. Wenn das Alte verschwindet, verschwindet es endgültig. Es kommt eine Lücke, ein Schweigen, eine Leere. Das Alte geht, und das Neue kommt . . . der Körper bleibt der gleiche. Niemand wird erkennen können, was geschehen ist, aber jeder wird spüren, daß etwas geschehen ist. Sogar du selbst merkst allmählich, daß du nicht mehr der alte bist.

Erkennen braucht Zeit. Manchmal Monate, manchmal Jahre. Erkennen braucht Zeit, aber nach und nach wird dir bewußt: Ich bin nicht mehr der gleiche Mensch, der ich einmal war. Wenn dir diese Erkenntnis von allen Seiten entgegentritt, blühst du auf. Du fühlst eine neue Schwerelosigkeit. Der alte Mensch lebte nach dem Gesetz; der neue Mensch lebt nach der Liebe. Der alte Mensch lebte in der Gesellschaft; der neue Mensch wird zu einem Gipfel absoluten Alleinseins. Der alte Mensch lebte in der Vergangenheit, in der Zukunft; der neue Mensch lebt nur in der Gegenwart. Der neue Mensch hat eine Präsenz, eine neue Seinsweise, Anziehungskraft, Charisma.

> *Er antwortete aber und sprach zu dem,*
> *der es ihm ansagte:*
> *Wer ist meine Mutter, und wer sind meine Brüder?*
>
> *Und reckte die Hand aus über seine Jünger und sprach:*
> *Siehe da, das ist meine Mutter und meine Brüder!*

Er hat eine neue Gemeinschaft geschaffen. Buddha nannte seine Gemeinschaft *sangha*. Buddha sagt seinen Jüngern, sie sollten „drei Zufluchten" nehmen. Jedesmal, wenn einer kommt, um sich hinzugeben, muß er sich diesen dreien hingeben und sagen: „Ich ergebe mich dem Buddha. Ich ergebe mich der *sangha*. Ich ergebe mich dem *dhamma*."

Buddha ist das Lebendige, die Präsenz im Hierjetzt. Aber er wird nicht immer da sein. Früher oder später wird er verschwinden; dieser Körper kann ihn nicht lange enthalten, denn der Körper ist sterblich, er selbst jedoch ist unsterblich. Das Vehikel ist schwach, das Vehikel kann es nicht lange aushalten. Früher oder später fällt der Körper, und die Flamme verlöscht. Und dann? Wem willst du dich dann hingeben? Darum sagt Buddha: „Ich stifte eine Gemeinschaft – die *sangha*."

Die *sangha* ist eine Gemeinschaft von Menschen mit der gleichen Lebenshaltung, die zusammen leben, arbeiten und sich vertrauensvoll begegnen. Es ist eine Gemeinschaft, eine Gemeinschaft von Suchern auf dem gleichen Weg, eine Gemeinschaft von Menschen, die den gleichen Buddha lieben und durch seine Liebe verbunden sind.

Die Gemeinschaft ist eine Gruppe. Wenn der Buddha da ist, kannst du ihn sehen, kann er dir helfen, kann er dich lenken, kann er dich aus deiner Misere und Dunkelheit herausholen. Aber wenn er fort ist, dann gibt es nur eine Möglichkeit: ihr müßt euch zusammentun, um euch gegenseitig zu helfen. Einige sind schon weiter, andere nicht. Ein paar hinken hinterher, ein paar schreiten kräftig voran, ein paar schlafen einfach tief.

Aber in einer Gemeinschaft kann auch denen geholfen werden, die hinterherhinken. Die Gemeinschaft kann sich um sie kümmern. Die Gemeinschaft kann an sie denken, kann sie lieben, kann ihnen helfen, kann sie anleiten. Solange ein Buddha noch am Leben ist, ist das nicht nötig; aber wenn der Buddha fort ist, ist eine solche Gemeinschaft die einzige Zuflucht.

Jesus stiftete eine Gemeinschaft. Diese Gemeinschaft ist nicht die Kirche – das dürft ihr nicht vergessen. Diese Gemeinschaft ist keine Sekte – vergeßt das nicht. Diese Gemeinschaft ist eine Familie von Mitsuchern, nicht von Mitgläubigen. Wenn alle nur glauben, wird die Gemeinschaft zur Sekte. Wenn alle auf der Suche sind, dann ist es eine Gemeinschaft. Eine Gemeinschaft ist ein lebendiges Phänomen von Menschen, die gemeinsam suchen und einander dabei helfen.

Es gibt in Indien das Gleichnis von dem Brand, der einst in einem Walde ausbrach. Zwei Menschen waren hilflos im Wald eingesperrt; sie fanden nicht heraus, denn der eine war blind und der andere war lahm in den Beinen. Der Krüppel konnte nicht rennen; er konnte zwar sehen, aber er konnte nicht laufen. Der Blinde konnte schnell laufen, aber er konnte nicht sehen. Also bildeten sie eine Gemeinschaft. Sie redeten miteinander und sagten: „Wir können uns gegenseitig helfen." Also nahm der Blinde den Lahmen auf die Schulter. Sie wurden e i n Mann. Der Blinde konnte laufen, der Krüppel konnte sehen. Sie halfen sich gegenseitig. So entkamen sie dem Feuer. Sie wurden gerettet. Getrennt wären sie umgekommen. Zusammen fanden sie den Ausweg.

Eine Gemeinschaft ist ein Zusammenschluß von Blinden und Lahmen. Solange der Buddha da ist, ist sie nicht nötig. Aber wenn der Buddha fort ist, der Meister fort ist, dann verschwindet die Quelle des Lebens. Der ganze Wald brennt, und überall ist es dunkel. Der eine ist lahm und der andere ist blind – jedem fehlt etwas. Aber jeder h a t auch etwas. So kann eine Gemeinschaft zustandekommen. Das ist die Familie von Jesus. Er sagt:

> *Und reckte die Hand aus über seine Jünger und sprach: Siehe da, das ist meine Mutter und meine Brüder!*

„Und dann", sagt Buddha, „kommt eine Zeit, da auch die Gemeinschaft sterben wird. Sie wird zur Sekte." Aus der Familie von Christus wird die Christenheit. Aus der Familie von Buddha, der *sangha* von Buddha, werden Buddhisten. Tote. Mitgläubige, nicht Mitsucher. Keiner geht irgendwohin. Sie glauben nur. Die Gemeinschaft ist nun gar keine Gemeinschaft mehr. Man redet, man diskutiert, aber niemand ist bereit, irgendetwas zu riskieren, zu suchen, zu erforschen.

Und dann? – *dhamma*. Dort mußt du dann deine Zuflucht nehmen, in völliger Hingabe findest du im reinen Prinzip des *dharma* deine Zuflucht. Im reinen Prinzip, dem fundamentalen Gesetz – was Laotse das *Tao* nennt, was Buddha das *dhamma* nennt, was Jesus das „Reich Gottes" nennt. Jetzt mußt du dich dem Unbekannten ausliefern. Das ist sehr schwer. Denn Buddha ist sichtbar, du kannst ihn berühren. Die Gemeinschaft ist ebenfalls sichtbar. Zwar nicht so erleuchtet wie Buddha, aber sie ist Träger von ein paar Lichtfragmenten, von ein paar Bruchteilen des Lichts. Du kannst sie zusammenfügen, ein gewisses Licht kann erzeugt werden. Aber wenn die Gemeinschaft zur Sekte geworden ist, zur toten Religion, zur Organisation, und keine Bruderschaft mehr ist. . .

Vergeßt nicht – eine Bruderschaft ist keine Organisation. Eine Bruderschaft mag organisiert sein, aber sie ist keine Organisation. Sie ist beweglich. Eine Bruderschaft organisiert sich aus Liebe heraus; ihre Organisation ist ein Nebenprodukt, eine Folgeerscheinung. Aber eine Organisation ist nichts als eine Organisation. Sie ist erzwungen, starr. Sie existiert nicht der Liebe wegen, sondern um des Gesetzes willen.

Dann muß man auf Gott blicken – den man nirgends sehen kann, dessen Adresse nicht bekannt ist, dessen Aufenthaltsort absolut unbekannt ist. Jesus sagt:

Siehe da, das ist meine Mutter und meine Brüder.

„Dies ist meine Familie, meine Gemeinschaft, in der ich mein Dasein ausbreite, mit der ich mein neues Leben teile, mit der ich meine neue Sicht und meine neuen Augen teile."

Denn wer den Willen tut meines Vaters im Himmel,
der ist mein Bruder und meine Schwester
und meine Mutter.

„Wer immer bereit ist, dem Weg Gottes zu folgen, der ist meine Mutter, der ist mein Bruder, der ist meine Schwester." Jesus sagt: „Nur die, die sich zu Gott hinwenden, sind mit mir verwandt. Jetzt ist keine andere Verwandtschaft mehr möglich."

Selbst wenn Jesus Mutter wieder eine Beziehung zu ihm haben will, nützt die alte Verwandtschaft nichts. Sie wird eine neue Verwandtschaft suchen müssen. Und diese neue Verwandtschaft ist sst nur möglich, wenn sie sich auf Gott einstimmt. Nur durch Gott – über Gott – kann man mit Jesus verwandt sein. Anders geht es nicht.

Wenn du zu mir kommst, und du bist wirklich ein Wahrheitssucher, dann bist du im gleichen Augenblick mit mir verwandt. Anders gibt es keine Beziehung: nur über Gott. Du kannst keine direkte Beziehung mit mir haben. Jede direkte Beziehung ist jetzt ausgeschlossen. Solange du nicht suchst, was ich gefunden habe, kommen wir nicht zusammen, völlig unmöglich.

Es kommt vor . . . viele Menschen fragen mich – erst vor ein paar Tagen hat mich Vivek gefragt: „Warum sehen wir hier nie deine alten Universitätsfreunde, deine Schulfreunde? Warum kommen sie nicht?"

Erstens hatte ich nicht viele Freunde, weil ich mich nur mit einem Suchenden befreunden konnte. Es gab keine andere Möglichkeit, mit mir verbunden zu sein. Also: nur wenig Freunde. Aber selbst die sind verschwunden; nur wenn sie sich auf meine neue Wirklichkeit beziehen, können wir zusammenkommen. Entweder muß ich mich herunterbegeben, um mit ihnen Verbindung zu haben, was nicht möglich ist, oder sie müssen sich heraufbequemen, was schwer ist. Nach und nach sind sie weggeblieben.

Sie haben immer noch das frühere Bild von mir, aber jenen Menschen gibt es nicht mehr. D e r Mann ist tot. Sie möchten gern so wie früher mit mir Kontakt haben, aber jener Mann ist tot. Wie kann man mit einem Toten eine Beziehung pflegen?

Und so ist es für sie peinlich. Wenn sie kommen, wird es peinlich. Sie wissen nicht, wovon sie reden sollen, was sie sagen sollen. Wenn sie etwas von früher erzählen und mich dann ansehen, sieht das ganze so absurd aus. Es ergibt keinen Sinn. Ich kann höchstens zuhören, aber ich kann kein einziges Wort dazu sagen. Dann fühlen sie sich unbehaglich.

Früher kamen sie noch. Nach und nach haben sie's aufgegeben. Aber meine Familie hat mich nicht aufgegeben. Sie haben sich sehr viel Mühe gegeben, mir gerechtzuwerden. Und sie haben sich sehr angestrengt, meine neue Realität zu fühlen. Das ist ein seltenes Phänomen. Jesus war nicht so glücklich dran wie ich.

Denn wer den Willen tut meines Vaters im Himmel,
der ist mein Bruder und meine Schwester
und meine Mutter.

Es ging aber viel Volks mit ihm;
und er wandte sich und sprach zu ihnen:

So jemand zu mir kommt,
und hasset nicht seinen Vater, Mutter,
Weib, Kinder, Brüder, Schwestern,
auch dazu sein eigen Leben,
der kann nicht mein Jünger sein.

Du kannst nicht Teil einer spirituellen Familie werden, es sei denn, du leugnest deine weltliche Familie. Du kannst die Welt des Spirituellen nicht betreten, es sei denn, du leugnest die gewöhnlichen Bande des Körpers. Du mußt die Welt der Materie hinter dir lassen, die Welt des Körpers, um in die spirituelle Welt einzugehen.

Und wer nicht sein Kreuz trägt und mir nachfolgt,
der kann nicht mein Jünger sein.

Und bevor du nicht stirbst, kannst du nicht folgen. Du mußt erst sterben, auf daß das Neue in dir geboren werden kann. Es kann nur geboren werden, wenn du fort bist.

Es geht nicht darum, dich zu verändern, es geht nicht darum, dich zu verbessern, es geht nicht darum, etwas Besseres aus dir zu machen. Du kannst noch so viel verbessert, veredelt, verändert werden – du wirst der gleiche bleiben.

Dein Ego kann man aufpolieren. Man kann ihm sogar beibringen, bescheiden zu sein. Du kannst dazu erzogen werden, einfach zu sein. Du kannst nackt leben, ohne Kleider. Du kannst dazu erzogen werden, auf Besitz zu verzichten. Du kannst auf die ganze Welt verzichten. Aber wenn du der gleiche bleibst, wird dir deine Besitzlosigkeit nicht viel helfen. Deine Nacktheit wird dir nicht viel helfen; sie wird nur zu einem neuen Kleid für dein Ego.

Jetzt wird sich das Ego brüsten: „Ich habe auf alles verzichtet. Ich besitze nichts! Ich habe meine Familie verlassen." Aber das Ich macht weiter. Und das Ich muß fallen. Solange das Ich nicht verschwindet, wirst du nicht leer genug sein, damit das Göttliche in dich hineinkann. Du hast nicht Platz genug dafür.

Das meint Jesus, wenn er sagt:

Und wer nicht sein Kreuz trägt und mir nachfolgt,
der kann nicht mein Jünger sein.

Ein Jünger sein heißt, im Meister sterben und wieder im Meister auferstehen, heißt, endgültig tot im Meister zusammenbrechen, so daß s e i n Lebenslicht dir eine neue Flamme und ein neues Leben geben kann.

Bevor du nicht stirbst, ist nichts möglich. Und das ist die große Angst. Du möchtest gern veredelt werden, du würdest gern besser sein. Aber dann komm nicht zu einem Mann wie Jesus. Er ist nicht daran interessiert, dich zu bessern, er ist nicht daran interessiert, das alte Haus zu renovieren. Er sagt: „Wir wollen es abreißen und ein neues machen", denn wenn du ein altes Haus renovierst, bleibt es das alte. Damit magst du andere täuschen, aber dich kannst du nicht täuschen. Du weißt: es ist das alte. Die Grundmauern sind noch die alten, die Struktur bleibt die gleiche. Du polierst sie auf, du malst sie an, du übertünchst sie – hier und da ein paar Stellen ausgebessert, und du denkst, alles wäre neu. Es ist nicht so. Im Leben dürft ihr nie renovieren wollen, denn etwas ist von Grund auf falsch. Die Basis stimmt nicht, die ganze Grundlage ist falsch. Und auf so einer Grundlage liegst du falsch.

Ich bin also keineswegs daran interessiert, daß ihr frömmer werdet. Ich bin keineswegs daran interessiert, daß ihr moralischer werdet. Ich bin nicht daran interessiert, daß ihr einen wunderschönen Charakter bekommt – absolut nicht. Nein. Ich bin daran interessiert, daß ihr sterbt – damit sich etwas Neues in euch ergießen kann.

Nur auf deinem Tod ist Auferstehung möglich. Und das, was dann aufersteht, wird das Göttliche sein. Das wird das Göttliche sein!

Bist du erst zu sterben bereit, wird „moralisch/unmoralisch" „Sünder/Heiliger", wird all das irrelevant. Bist du erst zu sterben bereit, dann bist du stark genug – du machst die Tür auf. Du sagst zu Gott: Komm herein!

Aber vergiß nicht: Gott kommt durch dieselbe Tür, durch die der Tod eintritt. Wenn du Angst vor dem Tod hast, wirst du deine Angst vor Gott behalten. Gott und Tod – das sind zwei Namen für ein und dasselbe Phänomen. Wenn du Angst hast, interpretierst du Gott als Tod. Wenn du akzeptierst, interpretierst du den Tod als Gott. Der Tod selbst wird zum Geliebten.

Du wartest. . . wartest so, wie du auf den geliebten Menschen warten würdest. Und der Tod kommt tanzend! Nichts ist damit zu vergleichen! Du kannst dir einfach nichts Schöneres vorstellen. Der Tod wird zum Geliebten. Dann ist die Hülle des Todes gefallen – Gott offenbart sich! Jeden Augenblick muß es so sein, denn jeden Augenblick klopft der Tod an deine Tür. Jeden Augenblick, mit jedem Ausatmen, klopft der Tod an deine Tür. Ausatmen ist Tod, Einatmen ist Leben. Das erste, was ein Kind tun muß, ist Einatmen; und das letzte, was der alte Mann im Sterben tut, ist Aushauchen. Im Ausatmen: Tod. Im Einatmen: Leben. Und das geschieht jeden Augenblick. Jedes Einatmen macht dich wieder lebendig, jedes Ausatmen bringt den Tod. Tod, Leben, Tod, Leben: so bewegst du dich. Es ist wie zwei Flügel, oder wie zwei Beine; es sind zwei Aspekte von dir.

Wenn du wirklich mit jedem Ausatmen stirbst – du entspannst und ergibst dich – dann wirst du mit jedem Einatmen wieder aufleben. Und du wirst eine solche Frische spüren, daß sogar der Tau am Morgen vor Neid erblaßt. Du wirst eine Frische spüren, wie nur die Sterne in der Nacht sie spüren. . .

D a s ist „ewiges Leben". Einer, der das Geheimnis gelernt hat, von Augenblick zu Augenblick zu sterben, der hat das Geheimnis erkannt, wie man ewig lebt. Jetzt ist Tod unmöglich. Tod ist nur solange möglich, wie du dich gegen ihn auflehnst. Es liegt an deinem Widerstand, daß es den Tod gibt. Widerstand ist Ego. Den Tod gibt es, weil es das Ego gibt. Wenn du dich ergibst, verschwindet der Tod. Ergebung ist der Schlüssel.

Jesus sagt:

> *Und wer nicht sein Kreuz trägt und mir nachfolgt,*
> *der kann nicht mein Jünger sein.*

Nicht nur den Vater mußt du leugnen, und die Mutter und die Schwester und die Brüder, sondern auch dein eigenes Leben. Dein Leben mußt du verleugnen, so daß Gott in dir leben kann und durch dich. Gott und du, ihr könnt nicht zusammenleben, vergiß das nie. Entweder du oder Gott. Du würdest ihm ja gern ein kleines Zimmerchen einräumen, irgendwo in deinem Haus, ein kleines Altärchen in einer abgelegenen Ecke deines Hauses. Dort, möchtest du, soll er leben. Aber das ist nicht seine Art. Er will das ganze Haus oder nichts. Dieser Trick nützt nichts.

Einmal habe ich bei einem Freund übernachtet; am Morgen sah ich ihn in der Garage verschwinden. Ich fragte: „Wo willst du hin?“ Er sagte: „Wir haben in der Garage einen Altar gebaut.“ Sie leben in einem Palast; und ihr Gott in einer Garage. . . Wen glaubt ihr hinters Licht führen zu können? Und er war äußerst zufrieden damit! Er hält sich für einen sehr frommen Menschen.

Dieser Gott wohnt in der Garage, er ist noch nicht einmal ein willkommener Gast. Sogar einen Gast behandelt man besser, sogar einen armen Verwandten behandelt man besser. Sogar ein armer Verwandter nähme es übel, wenn man ihn in der Garage unterbringen würde. Dieser Gott lebt in der Garage!

Der Mann war sehr zufrieden mit sich und sagte: „Wir haben dort einen sehr schönen Altar gemacht. Komm und schau dir's an!“ Ich sagte: „Gott kann da nicht sein. Ich komme nicht. Geh nur und mache, was du machen willst. Aber Beten ist das nicht.“

Gott kommt nur zu dir, wenn du völlig aufgibst, wenn du völlig leer bist und sagst: „Ich bin nicht mehr. Jetzt kannst du hereinkommen.“ Wenn du den Thron geräumt hast, erst dann wird Er inthronisiert.

Sechster Morgen

Ist anderen helfen dasselbe, wie sie verändern?

War Christus ein Politiker der Liebe?

Wo finde ich Boden unter den Füßen?

Reicht auch eine stille Liebe zu dir?

Ich habe dich nicht gesucht. Wie verdiene ich mein Glück?

Vor Sannyas hatte ich mich von der Familie losgesagt.
Jetzt sind sie alle Sannyasins!

Sind visionäre Bilder beim Meditieren kindisch?

Sechster Morgen

Jesus aber schwieg

Bhagwan, du sagtest: Lehren ist der beste Weg zu lernen. Aber du hast auch gesagt: Die Welt ist deshalb so unreligiös, weil so viel gepredigt wird. Kannst du bitte den feinen Unterschied zwischen „anderen helfen" und „andere ändern wollen" erklären?

Ein himmelweiter Unterschied, und ein ungeheuer wichtiger obendrein, ob man den andern ändern oder ob man ihm helfen will. Wenn du einem andern hilfst, hilfst du ihm, er selbst zu sein; wenn du den andern ändern willst, willst du ihn nach deinen Vorstellungen ummodeln. Wenn du den andern ändern willst, möchtest du eine Kopie aus ihm machen. An ihm selbst bist du gar nicht interessiert. Du hast eine bestimmte Ideologie, eine fixe Idee, ein Ideal. Du veränderst ihn nach dem Ideal. Das Ideal ist wichtiger; der wirkliche Mensch ist völlig unwichtig.

Einen anderen nach irgendeiner Idee verändern zu wollen, ist in Wirklichkeit sehr aggressiv. Es ist Gewalt, es ist ein Versuch, den anderen zu zerstören. Es ist keine Liebe, kein Mitgefühl. Wer mitfühlt, läßt den andern sein, wie er ist. Mitgefühl kennt keine Ideologie; Mitgefühl ist nur eine Art Klima. Es gibt dir keine Anweisungen, es schenkt dir nur Energie. Dann kommst du in Bewegung. Dann muß deine Saat aufgehen, ihrer Natur entsprechend. Niemand zwingt dir etwas auf.

Wenn ich sage: „Geht und helft anderen“, dann meine ich: „Helft ihnen, sie selbst zu sein.“ Wenn ich sage: „Die Welt ist so unreligiös, weil so viel gepredigt wird“, dann meine ich damit, daß zu viele Leute andere nach ihrer eigenen Ideologie ändern, bekehren, umformen wollen. Die Idee darf nicht wichtiger sein als der Mensch. Selbst die ganze Menschheit ist nicht wichtiger als der einzelne Mensch. Die Menschheit ist eine Idee; ein einzelner Mensch ist Wirklichkeit.

Vergeßt alle Humanität, aber vergeßt nie den Menschen – den wirklichen, den konkreten, den pulsierenden, den lebendigen. Es ist sehr leicht, der Menschheit den Menschen zu opfern. Es ist sehr leicht, Menschen für den Islam, das Christentum, den Hinduismus zu opfern. Es ist sehr leicht, sie der Idee Christi, Buddhas, Mahavirs zu opfern. Helft, aber opfert nicht. Wer bist du, irgendwen zu opfern? Jeder einzelne ist ein Wert in sich. Benutze ihn nicht als Mittel.

Das bedeutet es, wenn Jesus sagt: „Der Sabbat ist für den Menschen da, nicht der Mensch für den Sabbat.“ Alles ist für den Menschen da; der Mensch ist der höchste aller Werte. Sogar Gott, die Gottesidee, ist für den Menschen da, nicht der Mensch für die Gottesidee. Opfere alles dem Menschen, und opfere nie den Menschen, für was es auch sei. Dann hilfst du.

Wer anfängt, den Menschen zu opfern, der hilft nicht, der zerstört, er verkrüppelt den anderen; der ist gewalttätig, ein Verbrecher. Darum sind all eure sogenannten großen Männer und Heiligen, die andere ändern wollen, Verbrecher. Wir können nur lieben, nur helfen und nur bedingungslos bereit sein zu geben. Teile dein Dasein mit anderen, aber laß den anderen seiner eigenen Bestimmung folgen. Diese Bestimmung ist unbekannt, niemand weiß, *was* blühen wird. Gib kein Schema vor, sonst wird die Blüte zerdrückt. Und vergiß nicht: jedes einzelne Wesen ist einmalig. Ein solches Wesen gab es noch nie und wird es nie wieder geben. Gott wiederholt sich nie, er kennt keine Routine. Er erfindet immer aufs Neue.

Wenn du einen Menschen Jesus gleichmachen willst, bist du destruktiv. Jesus ist nicht zu wiederholen. Und braucht auch nicht wiederholt zu werden. *Ein* Jesus ist schön; viele wären langweilig. Versuche keinen Menschen zum Buddha zu machen, sondern laß ihn werden, was *er* ist. Das ist *seine* Art, ein Buddha zu sein. Und weder du noch er weiß, was er in sich birgt. Nur die Zukunft kann es zeigen. Nicht nur du wirst dich wundern, er selbst wird sich wundern, wenn seine Blüte sich öffnet. Jeder birgt eine Blüte von ungeheurer Kraft und Pracht in sich, mit grenzenlosen Möglichkeiten.

Hilf, gib Energie und Liebe. Nimm den andern, wie er ist, und gib ihm das Gefühl, willkommen zu sein. Gib ihm keine Schuldgefühle, gib ihm nicht die Vorstellung, verdammt zu sein. Wer immer den andern verändern will, gibt ihm ein Schuldgefühl. Und Schuld ist Gift.

Wenn jemand sagt: „Sei so wie Jesus!", hat er dich, so wie du bist, grundsätzlich abgelehnt. Wenn von dir erwartet wird, wie ein anderer zu sein, wirst *du* abgelehnt. Du bist nicht gern gesehen, du bist ein Störenfried. Erst wenn du anders bist, bist du es wert, geliebt zu werden. Was für eine Liebe ist denn das, die dich zerstört und die erst liebt, wenn du unecht, falsch geworden bist?

Echt kannst du nur sein, wenn du du selbst bist. Alles andere ist unecht, alles andere ist Maske, Rollenspiel, nur nicht dein Wesen. Du magst in der Rolle Buddhas glänzen, ohne daß dir davon das Herz berührt wird. Die Rolle hat nichts mit dir zu tun, da besteht kein Zusammenhang. Sie ist rein äußerlich. Ein Gesicht, das dir nie gehören wird.

Wer immer also etwas anderes aus dir machen will und sagt: „Ich bin bereit, dich zu lieben, wenn du wie Buddha, wie Christus wirst. . .", der liebt dich nicht. Er mag in Christus verliebt sein, aber dich haßt er. Und seine Liebe zu Christus kann auch nicht sehr tief sein, denn hätte er Christus je geliebt, er hätte die konkrete Einzigartigkeit eines jeden verstanden.

Liebe ist tiefes Verstehen. Wenn du einmal geliebt hast, ist eine neue Art Sehen in dir entstanden. Jetzt kannst du mit klarem Auge sehen. Wenn du Jesus einmal geliebt hast, dann kann vor dich treten, wer will – du wirst die Wirklichkeit dieses Menschen erkennen, dieses konkreten menschlichen Wesens, die Wirklichkeit seines Potentials, hier und jetzt. Und du wirst diesen Menschen lieben, du wirst diesem Menschen helfen, das zu werden, was er irgend werden kann. Anderes erwartest du nicht. Alle Erwartung ist abwertend, alle Erwartung ist Ablehnung, alle Erwartung ist Abweisung. Du gibst einfach nur deine Liebe, um keiner Belohnung, um keines Resultates willen. Du hilfst einfach, ohne Zukunft vor Augen.

Wenn Liebe fließt – ohne Zukunft – ist sie von ungeheurer Energie. Wenn Liebe ohne Grund fließt, dann hilft sie, und nichts hilft wie sie. Hast du einmal gespürt, wie ein einziger Mensch dich so akzeptiert wie du bist, dann fühlst du dich in deiner Mitte. Du bist nicht unwillkommen in dieser Schöpfung. Zumindest e i n Menschenwesen akzeptiert dich bedingungslos. Das gibt dir Boden unter den Füßen, gibt dir Gleichgewicht. Das gibt dir das Gefühl, zu Hause zu sein. Und je mehr du zu Hause bist, desto näher bist du Gott, denn in deinem tiefsten Herzen ist e r. Wenn du dir nahe bist, bist du ihm nahe. Wenn du in deiner Mitte bist, bist du in ihm.

Wenn du weit weg von dir selbst bist, bist du weit weg von Gott. Der Abstand zwischen dir und dir ist die Entfernung zwischen dir und Gott – sonst ist da kein Abstand. Wer immer dir also sagt: werde anders, der stößt dich weg von Gott. Dann wirst du unecht, wirst du Masken tragen. Du wirst Rollen haben, Charakter, und was nicht alles, aber du wirst keine Seele haben. Das Wesentliche fehlt. Du kommst nicht zu Bewußtsein, du bist nur vorgetäuscht, ein Trugbild, nicht echt.

Indem ich also sage: helft, lehrt. . ., will ich euch nicht auf die Idee bringen, andere zu belehren, sondern ich sage damit: schafft lediglich ein Klima, das Menschen umgibt. Wo ihr auch hingeht, nehmt das Klima der Liebe, des Mitgefühls mit – und helft so dem anderen, er selbst zu sein.

Das ist die allerschwerste Sache von der Welt: dem anderen zu helfen, er selbst zu sein. Denn das geht gegen dein Ego. Dein Ego möchte Nachahmer aus anderen machen. Du möchtest am liebsten, daß alle dich nachmachen, du wärst am liebsten der Ur-Typus, nach dem sich alle zu richten haben. Damit wäre dein Ego sehr, sehr zufrieden. Du kämst dir wie das Muster der Schöpfung vor, und jeder müßte dir einfach folgen. Du wirst das Zentrum, und alle anderen verfehlen es.

Nein, für das Ego ist das nichts. Es möchte die anderen ändern nach *deinem* Maßstab. Aber wer bist du, daß du irgendwen ändern mußt? Übernimm diese Verantwortung nicht! Das ist gefährlich, auf die Art werden Adolf Hitlers geboren. Sie nehmen die Verantwortung auf sich, die ganze Welt nach ihrem Maß zu ändern.

Zwischen einem Adolf Hitler und einem Mahatma Gandhi ist ein großer Unterschied; aber im tiefsten Kern besteht da kein Unterschied, denn beide haben die Absicht, die ganze Welt nach ihrer Vorstellung umzuformen. Der eine mag gewaltsame Methoden anwenden, der andere gewaltlose Methoden, aber beide setzen Methoden ein, um den anderen nach ihrem Maß zu ändern. Der eine mag das Bajonett benutzen, der andere droht dir: „Ich geh in einen langen Hungerstreik, wenn du mir nicht folgst." Der eine mag drohen, dich zu töten, und der andere mag drohen, sich selbst zu töten, „wenn du mir nicht folgst". Aber beide wenden Gewalt an, beide schaffen sie Situationen, in denen du gezwungen werden kannst, etwas zu sein, das du nicht sein magst, das du niemals sein wolltest. Beide sind sie Politiker. Weder Hitler noch Gandhi liebt dich. Gandhi redet von Liebe, aber liebt nicht. Er kann nicht lieben, weil genau seine Vorstellung, sein Ideal, wie man sein soll, dazwischenfunkt. Es gibt nur eine Möglichkeit, Menschen zu lieben: sie so zu lieben, wie sie sind. Und das ist das Schöne: daß sie sich verändern, wenn du sie so liebst, wie sie sind.

Nicht gemäß deinem Bild – sie verändern sich gemäß ihrer Realität. Wenn du sie liebst, werden sie verwandelt. Nicht bekehrt – verwandelt. Sie werden neu, sie gelangen zu neuen Daseinshöhen. Aber das geschieht in ihrem Innern, und zwar gemäß ihrer Natur. Helft den Menschen, natürlich zu sein; helft den Menschen, frei zu sein; helft den Menschen, sie selbst zu sein, und versucht nie, irgendjemanden zu zwingen, anzutreiben und zu manipulieren. Das sind die Methoden des Egos. Und so funktioniert alle Politik.

Bhagwan, manche halten Christus für den ersten Politiker der Liebe, da er versucht habe, lieber die Welt zu retten statt sich selber. Und wir seien demnach seine Kinder: Politiker der Liebe, die den Himmel auf Erden suchen.

Christus – und Politiker? Politik und Liebe können unmöglich zusammengehen. Liebe ist anti-politisch; Politik ist Anti-Liebe.

Ich weiß, Politiker reden von Liebe, aber ihr dürft euch nicht durch ihr Gerede täuschen lassen. Sie reden von Frieden und rüsten zum Krieg. Hört nie auf das, was der Politiker *sagt*. Schaut immer nur darauf, was er *tut*. Alles, was er sagt, mag nur Ablenkung sein; er lenkt euch ab, damit ihr nicht seht, was er tut. Er sagt laufend Dinge, die absolut dem widersprechen, was er tut. Sein Reden ist Tarnung. Es ist ein Deckmantel.

Darum reden die Politiker immerzu. . . damit ihr auf keinen Fall erkennen könnt, was sie tun. Sie lenken durch ihr Gerede ab. Sie kommunizieren nicht, sie sagen nicht viel. Im Gegenteil, sie wollen Versteck spielen, damit keiner was weiß. Sie reden von Frieden, und sie alle rüsten zum Krieg. Sie reden von Liebe, und sie alle schüren den Haß in der Welt.

Aber sie sind geschickt, sehr diplomatisch. Wenn sie sagen: „Liebe dein Land!", meinen sie: „Hasse deine Nachbarn." Aber sie verstecken ihren Haß in der Liebe zum Land. Wenn es heißt: „Liebe dein Land", zweifelt das niemand an. Keine Frage, jeder sollte sein Land lieben. Aber in der Aufforderung, dein Land zu lieben, liegt tief versteckt die Vorbereitung zum Krieg. Dann fängst du an, deine Nachbarn zu hassen: sie gehören nicht zu deiner Nation, sie gehören nicht zu deiner Rasse, sie gehören nicht zu deiner Religion. Liebe deine Religion! – und was ist dann mit denen, die nicht zu deiner Religion gehören? Natürlich mußt du sie hassen, das versteht sich von selbst. Wenn du deine Religion liebst, wirst du andere Religionen hassen. Wenn du dein Land liebst, wirst du andere Länder hassen; wenn du deine Hautfarbe liebst, wirst du Leute mit anderer Hautfarbe hassen. Wenn du wirklich die Menschen lieben willst, mußt du aufhören, dein Land zu lieben, mußt du aufhören, deine Religion zu lieben, mußt du aufhören, deine Hautfarbe zu lieben. Wenn du wirklich die Menschen lieben willst, mußt du mit allem politischen Unfug aufhören.

Aber sie sind sehr gerissen, sehr diplomatisch. Sie reden von Liebe und säen die Saat des Hasses; sie reden von Gewaltlosigkeit, und sie schüren in euch die Gewalt. Sie sagen, sie bereiten sich auf den Krieg vor, weil ohne Kriegsrüstung kein Frieden möglich sei. Und solchen Unsinn reden sie schon so lange, daß ihr nicht mal merkt, wie sie sich widersprechen. Und so tappt die ganze Menschheit weiter im Dunkeln.

Merk dir eines: Christus ist kein Politiker. Wäre er Politiker gewesen, man hätte ihn nicht gekreuzigt. Ein klein wenig Diplomatie, und er wäre gerettet gewesen. Nur ein bißchen Diplomatie, es gehörte nicht viel dazu. . . Aber er war kein Politiker. Das war genau das Problem. Er war vollkommen echt und wahrhaftig, nicht diplomatisch, und sagte genau das, was er fühlte.

Seht euch eure sogenannten Heiligen an – Politiker sind sie. Sie möchten nach ihren Grundsätzen leben, sie möchten so sein, wie ihre Ideologie es vorschreibt. Was immer sie predigen, versuchen sie zu leben.

Jesus ist völlig anders. Was immer er lebt, das predigt er. Das ist der Unterschied. Mahatma Gandhi sieht Jesus sehr ähnlich, ist es aber nicht. Er versucht zwar zu leben, was er predigt, aber wichtig ist ihm vor allem das Predigen. Er will, daß auch die andern leben, was er predigt, und will sich auch selbst dran halten und so leben, wie er es predigt.

Jesus ist total anders. Er sagt und predigt nur das, was er selbst lebt. Wenn du predigst, was du lebst, bist du ungeschützt. Du bist offen und verwundbar. Du bist dir selbst treu, aber dann fängst du an, aus dem Rahmen der Gesellschaft zu fallen. Gesellschaft ist Politik, ist Diplomatie. Viele Dinge dürfen nicht gesagt werden, und vieles, das nicht wahr ist, muß gesagt werden.

Als Pontius Pilatus Jesus die Frage stellte: „Was ist Wahrheit?", da schwieg Jesus. Er hätte doch etwas sagen können, er war ein beredter Mann. Er war ein großer Dichter, wenn er etwas sagte. Er hätte etwas sagen können. Und sein ganzes Leben stand auf dem Spiel! Dies war das Allerletzte, was Pilatus ihn fragte: „Was ist Wahrheit?" Jesus aber sah ihm in die Augen – und schwieg.

Sehr undiplomatisch, sehr unpolitisch! Er machte Pilatus verlegen. Sein Schweigen machte Pilatus ganz nervös, Pilatus fühlte sich unangenehm berührt. Jesus drang tief in ihn ein. Sein Schweigen war etwas, das er von seinem Herzen her sagte.

Aber Pilatus wollte Worte. Pilatus hatte nicht gefragt: „Zeige mir Wahrheit!", sondern er hatte gefragt: „Was ist Wahrheit." Er fragte also nach einer Definition. Jesus wollte aber keine Definition geben, denn er selbst war Wahrheit und er stand direkt vor ihm! Er sah ihm in die Augen; er muß ihn in tiefster Seele aufgewühlt haben. Pilatus verlor sein inneres Gleichgewicht. Er wandte sich von Jesus ab. Er sagte zum Priester: „Greif diesen Mann, mach mit ihm, was du willst. Kreuzige ihn."

Ich muß immer wieder darüber nachdenken. Pilatus muß in jenem Augenblick das Gefühl gehabt haben, in diesem Schweigen gekreuzigt zu werden. Stellt euch einmal vor: Jesus schaut dich an. Alles Falsche an dir, alle Masken fallen ab, denn wenn ein Jesus dich anschaut, halten sie nicht stand. Nackt und bloß stehst du vor ihm. Leer. Ohne alles.

Pilatus war ein Generalgouverneur des Römischen Reiches, aber innen ein armer Mann, ein Bettler. All dies Aufgesetzte kann einen Jesus nicht täuschen. Er dringt tief ein. All dein weltlicher Reichtum nützt dir nichts. Der Bettler wird langsam nervös. . . danach hatte er nicht gefragt.

Wäre Jesus eine Spur diplomatischer gewesen, so hätte er eine philosophische Antwort gegeben. Pilatus war ein Freund der Philosophie. Er hätte verstanden. Jesus hätte ihn überzeugen können, hätte argumentieren, ihn für sich gewinnen können. Pilatus hätte ihm das Leben retten können, aber statt irgendwas zu sagen, schuf er eine Atmosphäre, eine Situation, in der es Pilatus unbehaglich wurde.

Stell dir doch nur vor, Jesus sähe dich so an: Schweigen macht verlegen. Dieser Mann scheint gefährlich. Es ist, als stäche er dir einen Dolch ins Herz. Plötzlich muß Pilatus die Leere, die Armut gespürt haben, die er war. Er wandte sich ab. Er sagte zum Priester: „Greife diesen Mann, tu was du willst." Aber er wird die ganze Nacht nicht geschlafen haben, ja, ganze Monate nicht. Jesus muß ihn verfolgt haben. . . Eine sehr undiplomatische Antwort. Jesus hätte genau das sagen sollen, was Pilatus für richtig hielt. Das wäre Diplomatie gewesen. Politiker sagen immer nur Dinge, die ihr schon für richtig haltet. Dann seid ihr auf ihrer Seite. Sie rütteln nicht auf – sie trösten. Ihre Antworten sind wie Öl.

Jesu Antwort auf die Frage: „Was ist Wahrheit?" ist wie ein Stich ins Herz. Pilatus wird sein ganzes Leben lang dies Schweigen nicht mehr losgeworden sein. „Was mag der Mann nur gemeint haben? Warum ist er still geblieben? Warum hat er so tief in mich hineingeblickt? Warum nur?" In seinen Träumen muß es zum Alptraum geworden sein.

Jesus war kein Politiker, nicht einmal einer der Liebe. Liebe kann nicht Politik sein. Liebe ist einfach, nicht komplex. Politik ist sehr komplex und listig. Liebe ist Intelligenz; Politik ist Dummheit. Nur mittelmäßige Menschen interessieren sich für Politik. Liebe ist ungeheure Intelligenz. Sie ist Weisheit. Wenn du liebst, wirst du dadurch verwandelt.

Politik beschäftigt sich immer mit der Gesellschaft, der Nation, beschäftigt sich immer mit dem Kollektiv. Liebe beschäftigt sich immer mit dem einzelnen. Liebe fließt zwischen zwei Seelen, anders ist sie nicht möglich. So wie ein Fluß zwischen zwei Ufern fließt, so fließt Liebe zwischen zwei Seelen. Liebe ist individuell, vertraulich, nah.

Sie kann zwischen einem einzelnen und der ganzen Schöpfung fließen, weil auch die ganze Schöpfung eine Seele hat. Diese Seele ist Gott. Aber sie kann nicht zwischen einem einzelnen und der Gesellschaft fließen. Gesellschaft ist nur ein Wort. Sie kann nicht zwischen einem einzelnen und der Menschheit fließen – Menschheit ist nur ein Wort. Da ist keiner, der die Liebe entgegennimmt, da ist niemand, der sie erwidert.

Jesus liebte, aber ein Politiker war er nicht. Und Jesus hat nie versucht, die Gesellschaft zu ändern, vergiß das nicht. Das war ein Mißverständnis seitens der Priester: daß er die Gesellschaft verändern wolle. Ihm lag überhaupt nichts daran, die Gesellschaft zu ändern. Er wollte den einzelnen ändern – und auch das wohlgemerkt nicht nach seiner eigenen Ideologie, sondern gemäß dem Potential des einzelnen. Dafür gibt es tausend Beispiele.

Jesus verdammt nie, er erzeugt niemals Schuldgefühle. Jesus sagt nie: „Das ist Sünde!",„Tut das nicht", sondern er macht offenbar, was Sünde ist; ausdrücklich sagt er es nie. Er macht euch verständlich, was Sünde ist, aber er gibt euch keine tote Vorschrift.

Im Leben nützen tote Vorschriften nichts. Nur eine lebendige Bewußtheit nützt etwas. Denn was Sünde ist, was Tugend, das ändert sich mit jedem Augenblick. Etwas mag morgens richtig gewesen sein – abends ist es nicht mehr richtig. Es kommt auf dich an, auf die anderen, auf die Umstände. Es ist nichts Totes, das man mitschleppen kann. Es ändert sich ständig. Solange du noch keine Flexibilität besitzt, kein Gespür, dich nach dem Leben zu richten, kannst du nicht wissen, was „Sünde" ist. Jeden Augenblick bewegt sich das Leben weiter. Etwas war im einen Moment gut und richtig; zu einem anderen Zeitpunkt kann das gleiche Sünde werden. Also ist keine Vorschrift, kein Dogma möglich.

Jesus ruft in den Menschen ein Gespür wach, eine gewisse Bewußtheit, eine Achtsamkeit, eine meditative Haltung, so daß sie selbst ihren Weg finden können, so daß sie jede Situation verstehen und entsprechend auf sie eingehen können.

Wenn du tief in Jesus eindringst, wirst du nur eines verstehen: daß das Gute darin besteht, mit Bewußtheit zu handeln, und das Böse darin, unbewußt zu handeln. Böse zu sein ist nicht die Eigenschaft irgendeiner Handlung; gut zu sein ebensowenig. Gut und Böse sind Zustände von Bewußtheit, je nach ihrer Anwesenheit oder Abwesenheit. Also nicht *was* du tust ist böse oder gut, sondern *wie* du es tust: bewußt oder unbewußt. Auf die Handlung kommt es nicht an. Es kommt im Kern auf das Bewußtsein an, auf die Qualität, die du einbringst.

Jesus liebte. Das war eins von seinen Verbrechen – daß er liebte. Ein Rabbi hat zu predigen, nicht zu lieben. Ein reigiöser Mensch sollte den Menschen ein Beispiel sein, und sie anleiten und verleiten, seinem Beispiel zu folgen. Er war absolut kein Beispiel. Er stellte absolut kein Vorbild im üblichen Sinne dar. Er half den Menschen nur, etwas innerlicher zu sein, etwas wacher zu sein, etwas aufmerksamer zu sein. Und er lebte, und er liebte.

Und er lebte wie ein sehr gewöhnlicher Mensch. Nur mit einer sehr außergewöhnlichen Bewußtheit. Er lebte so wie ein Zen-Meister. Die Juden konnten ihn nicht verstehen, oder höchstens später. Die Chassiden hätten ihn verstanden, aber die kamen viel zu spät. Sie hätten ihn verstanden, sie hätten ihn absolut verstanden. Er war ein chassidischer Meister, oder auch ein Zen-Meister.

Aber selbst seine Anhänger verstanden ihn nicht. Sie hielten ihn für einen Politiker und glaubten, er sei gekommen, die Gesellschaft zu verändern. Und seine Feinde verstanden ihn auch falsch.

Das gleiche passiert immer wieder. Ich bin hier. Ich bin überhaupt nicht an der Gesellschaft interessiert, absolut nicht.

Aber die Politiker denken trotzdem, ich führte irgendwas im Schilde, ich wäre ein Verschwörer und würde heimlich etwas aushecken, um die Gesellschaft oder die Regierung zu verändern. Sie sind kaum zu überzeugen, daß ich an ihrer Regierung oder ihrer Gesellschaft überhaupt nicht interessiert bin. Sie können von mir aus mit diesen albernen Spielzeugen weiterspielen. Es interessiert mich nicht.

Aber sie können das nicht begreifen, weil es über ihren Horizont geht. Sie können nicht erkennen, worum es geht: daß da jemand gerade nicht am Regieren, an der Macht über Menschen interessiert ist. Sie meinen: er macht uns was vor, es steckt etwas dahinter. Sie glauben, daß mein Reden über Religion, über die Veränderung des einzelnen, über die Liebe zum einzelnen, nur Fassade ist. Dahinter muß Politik stecken. Sie können nur Politik begreifen, und so wollen sie überall Politik entdecken.

Das ist klar, das kann ich verstehen. Sie können nicht über ihren eigenen Verstand hinaus. Es ist wie bei einem Taschendieb, der zu einem Heiligen kommt. Den Heiligen kann er nicht sehen – er sieht nur seine Taschen. Er ist halt ein Taschendieb.

Du gehst die Straße entlang. Jeder sieht dich anders. Der Schuster sieht dir auf die Schuhe und versteht dich je nachdem, in welchem Zustand sich deine Schuhe befinden. Sind die Schuhe in schlechtem Zustand, weiß er, daß deine wirtschaftliche Lage nicht so rosig ist. Sind die Schuhe ungeputzt, weiß er, daß du vielleicht arbeitslos bist. Er braucht nicht dein Gesicht zu sehen. Er sieht nur deine Schuhe. Wenn jemand dreißig, vierzig Jahre lang an Schuhen gearbeitet hat, wird er nahezu zum Psychologen. Er kann alles von den Schuhen ablesen: deine finanzielle Situation, deinen gesellschaftlichen Status. Sogar, wie es im Augenblick in deinem Oberstübchen aussieht. Wenn du glücklich bist, gehst du anders. Wenn du unglücklich bist, schleppst du dich dahin. Die Schuhe zeigen an, ob du dich schon lange dahinschleppst, so als würdest du eine schwere Bürde, so als würdest du die ganze Last hinter dir herziehen.

Die Schuhe können zeigen, ob du verliebt bist. Habt ihr das schon gemerkt? Wer verliebt ist, putzt seine Schuhe. Alles wird wichtig. Wenn niemand dich liebt, wirst du gleichgültig. Wen kümmert es, ob deine Schuhe verstauben? Mögen sie staubig werden! Es interessiert sich ja niemand für dich, warum solltest du dich für die Schuhe interessieren?

Ein Polizist hat eine andere Art von Schuhen als ein Lehrer. Du kannst dir die Schuhe ansehen und sagen, wer wer ist. Der Polizist muß gewalttätig sein; seine Schuhe werden zeigen, daß er aggressiv ist. Ein Lehrer ist bloß ein Lehrer. Die Schuhe erzählen seine ganze Geschichte. . .

Ein Schuster sieht sich die Schuhe an; der Taschendieb sieht sich die Taschen an; ein Friseur sieht auf die Haare und weiß, ob du ein Angepaßter oder ein Hippie bist. Dein Haar zeigt es. Und das ist nicht neu. In Indien ist einer der Namen Krishnas „Keshava". Keshava heißt Langhaariger. Er war der erste Hippie der Welt.

Wenn ein Politiker einen Jesus ansieht, oder mich, versteht er es sofort politisch. Er bekommt Angst, er glaubt, einen Konkurrenten bekommen zu haben. Aber Jesus ist kein Politiker.

Ein Mann, der die Liebe kennt, kann kein Politiker sein. Warum nicht? Weil Politik Ehrgeiz ist; Liebe ist unehrgeizig. Politik ist eine Möglichkeit, andere zu beherrschen. Liebe will niemals herrschen. Der bloße Ehrgeiz, herrschen zu wollen und zu besitzen und mächtig zu sein, ist gewalttätig. Das ist ein Zeichen von Haß. Liebe gibt, und gibt ohne Bedingungen. Liebe besitzt nicht. Liebe ist kein Monopol, ist keine Machtgier.

Wie kann Liebe Politik sein? Bitte, wende dies Wort nicht auf Jesus an. Er hat kein Interesse daran, die Gesellschaft zu ändern; er ist daran interessiert, das Herz zu ändern, das Herz des Menschen. Mag sein, daß auch die Gesellschaft dadurch verändert wird, aber darauf kommt es nicht an. Es kann als Konsequenz geschehen; aber das ist nicht seine Sorge.

Wenn sich das Herz des Menschen ändert, muß die Gesellschaft sich zwangsläufig ändern. Denn mit einem anderen Menschen muß auch eine andere Gesellschaft entstehen. Aber das ist die Folge. Es ist nicht das Interesse von Jesus. Seine ganze Absicht zielt dahin, das Reich Gottes erfahrbar zu machen – im Innern. Darum betont er so sehr, daß das Reich Gottes innen zu finden ist. Es hat nichts mit dem Außen zu tun. Politik ist außen; Religion ist innen.

Liebe gibt. Politik nimmt. Liebe teilt – Politik hat nichts zu teilen. Sie will besitzen.

Bhagwan, ich weiß nicht, wer ich bin. Ich habe das Gefühl, daß ich irgendwie auf den Boden kommen muß. Wo finde ich ihn?

Es ist gut, daß du nicht weißt, wer du bist. Denn alles, was du weißt, wäre verkehrt.

Der tiefste Kern deines Wesens ist unbestimmbar. Er hat keinen Namen, er hat keine Form. Das Innerste deines Wesens ist immer unbekannt und unkennbar. Sokrates hat gesagt: „Erkenne dich selbst." Nicht, daß du dich tatsächlich erkennen könntest – er sagt damit: versuche, dich selbst zu erkennen, und eines Tages wirst du erkennen, daß es unmöglich ist. Und wenn du an den Punkt kommst, wo alles Wissen aufhört und du in tiefer Unwissenheit vor dir stehst, dann ist das die schönste Erfahrung, die es gibt, die höchste Ekstase.

Überlege doch: könntest du dich selbst erkennen, dann würdest du dadurch begrenzt. Du würdest zur Ware. Dadurch, daß du alles über dich weißt, wirst du nicht glücklich, sondern sehr banal. Sobald du dich erkannt hast, bist du mit dir fertig. Was willst du dann noch mit dir anfangen? Wenn Schluß ist mit der Suche, wirst du dich sehr mit dir langweilen.

Dein Wesen ist ein Geheimnis. Je mehr du davon erkennst, desto weniger kennst du es. Je tiefer du gehst, desto mehr siehst du das Unendliche. Die Tiefe ist derart, daß du nicht an ihren Boden rühren kannst. . . nie. Leute, die sich zu kennen glauben, sind sehr oberflächlich. Leute mit Tiefe werden sich immer einer unbekannten Dimension bewußt. Und das ist wunderbar, denn das Unbekannte ist immer lebendig, das Unbekannte ist immer unendlich. Das Unbekannte ist ewig.

Sokrates hat gesagt: „Erkenne dich selbst." Was er meint ist: versuche es damit. Nicht, daß es gelingen könnte. Und nach Sokrates hat ein Römer, Marc Aurel, gesagt: „Sei du selbst."

Er ist besser als Sokrates. Dich selbst zu erkennen ist unmöglich, aber du selbst zu *sein*, das ist möglich. Dich zu erkennen ist nicht nötig. Sei nur. Erkennen ist unwichtig. Dasein ist genug. Sei einfach du selbst.

Versuche also nicht, eine Definition für dein Dasein zu finden. Das ist unmöglich. Lebe es! – das kannst du. Erkenne es! – das kannst du nicht. Aber warum es unbedingt erkennen wollen? Genügt es nicht, zu sein?

Du hast den Trieb, das starke Verlangen, die Neugier, jedes Geheimnis zu lüften und zu erkennen. Aber dieser Trieb wird frustriert, wenn du nach innen gehst. Gehst du nach außen, kann das Verlangen Erfüllung finden. . . ein wenig. Die Wissenschaft kann diesen Trieb befriedigen, denn die Materie läßt sich ein wenig erkennen. Aber sogar da sage ich: nur ein wenig. Je tiefer du gehst, desto mehr tritt dir auch dort das Unbekannte entgegen, und du mußt dich ihm stellen. Je tiefer du dringst, desto unsicherer wird alles Wissen. Je tiefer du dringst, desto verschwommener wird alles.

Einer der größten Wissenschaftler des Westens, Eddington, schreibt in seiner Autobiographie: „Als ich anfing, sah die ganze Welt wie eine Maschine aus. Als ich zu arbeiten, zu forschen, zu suchen begann, erschien mir die Welt wie ein einziger riesiger Mechanismus, und meine Idee war: eines Tages ist ihr ganzer Mechanismus bekannt."

Er nahm an, daß die Existenz nur zwei Kategorien hat: das Bekannte und das Unbekannte. Das Bekannte: alles, was wir schon erkannt haben, und das Unbekannte: alles, was wir irgendwann – es ist nur eine Frage der Zeit – erkennen werden.

Am Ende seines Lebens sagte er: „Jetzt sieht es eher so aus, als ob das Leben sich in drei Kategorien einteilen läßt: das Bekannte, das Unbekannte, und das Unerkennbare. Das Unerkennbare. . ."

Bekanntes und Unbekanntes – das läßt sich verstehen. Es ist nur eine Frage der Zeit, wann das Unbekannte zu Bekanntem wird, denn auch das Bekannte ist früher einmal unbekannt gewesen. Aber das Unerkennbare? Das, was nicht erkannt werden kann, was unmöglich zu erkennen ist? Mit dieser Kategorie hält die Religion ihren Einzug.

Weiter sagte Eddington: „Wenn ich jetzt auf die Welt sehe, erscheint sie mir nicht mehr wie eine Maschine. Sie scheint mir eher wie ein Gedanke, sehr geheimnisvoll." Hätte er noch eine Weile länger gelebt, hätte er unweigerlich gesagt: „Jetzt sieht sie nicht einmal mehr wie ein Gedanke aus, denn ein Gedanke hat eine Struktur, eine Logik. Sie sieht eher aus wie ein Gedicht oder wie ein Lied." Und zwar wie das Lied der Vögel, die am Morgen singen. . . Sehr schön, aber man kann sich keinen Vers darauf machen. Schön und bedeutungslos. Ungeheuer schön; man kann es genießen. Aber Sinn? Da ist keiner.

So verstehe ich es: solange du dich nicht an etwas Sinnlosem freuen kannst, wirst du niemals religiös. Gott ist für mich die sinnlose Schönheit, die um dich her existiert; das sinnlose Lied, das ringsum zu hören ist; das sinnlose Murmeln eines Baches, das sinnlose Flüstern der Winde, die sinnlose Stille der Sterne. Ungeheuer schön – aber ohne Bedeutung. Warum sage ich: ohne Bedeutung? Weil sie unerkennbar ist.

Etwas bleibt so lange bedeutungslos, als es nicht erkannt wird. Erkennst du es, dann hat es eine Bedeutung. Und ich sage euch: die Sterne sind geheimnisvoll, aber im Vergleich zu deinem inneren Wesen sind sie nichts. Flüsse sind geheimnisvoll, aber im Vergleich zu deinem inneren Bewußtseinsstrom sind sie nichts. Der Himalaja ist geheimnisvoll, aber nichts im Vergleich zu deinen inneren Gipfeln der Ekstase.

S e i lieber, statt zu erkennen. Marc Aurel mit seinem Wort: „Sei du selbst!" scheint mir von größerer und tieferer Einsicht als Sokrates, der sagt: „Erkenne dich selbst!" Obwohl ich sehr wohl weiß, daß du nicht du selbst sein kannst, solange du noch nicht das Sokratische Wort befolgt hast. Erkenne dich selbst! – Versuche,, dich zu erkennen. . .

Du wirst dich nie erkennen können und wirst nach und nach die ganze Suche nach der Selbsterkenntnis aufgeben und anfangen zu sein. Wissen ist Philosophie. Sein ist Religion.

Paul Tillich, einer der größten Theologen Amerikas dieses Jahrhunderts, wurde einmal gefragt – am Ende seines Lebens fragte ihn ein Student in Santa Barbara: „Sagen Sie, beten Sie?" Er antwortete: „Nein, ich meditiere."

Aber wenn ihr mich fragt, sage ich: Nein, ich meditiere nicht einmal, ich b i n einfach nur.

Beten heißt Dualität: du – und Gott. Ohne Gott kannst du nicht beten; ein Gegenüber ist nötig. Das ist Abhängigkeit. Und Tillich hat recht, wenn er sagt: „Nein, ich meditiere." Die Antwort ist nicht christlich, die Antwort ist buddhistisch. Er sagt: „Ich meditiere."

Meditation ist Freiheit, Freiheit selbst von Gott, weil nicht einmal Er benötigt wird. Man kann nicht ohne Gott beten, denn zu wem soll man sonst beten? Zu wem soll man sein Antlitz erheben? Zu wem soll man seine Augen erheben? Zu wem soll man sprechen? Mit wem einen Dialog führen? Ein Gott ist nötig. Ob einer da ist oder nicht, ist unerheblich, aber zum Beten benötigt man einen Gott.

Das ist Abhängigkeit. Ohne Gott würde der Betende sofort mit dem Beten aufhören. Wenn es keinen Gott gibt – oder wenn die Nachricht kommt, daß er tot ist, daß er umgebracht worden ist oder dergleichen, oder einfach an Altersschwäche gestorben ist – würde der Beter sofort aufhören, würde er seinen Rosenkranz wegwerfen und sagen: „Schluß! Wozu das Ganze, zu wem soll ich denn jetzt noch beten?"

Beten ist Abhängigkeit. In diesem Punkt steigt der Buddhismus zu größeren Höhen auf als das Christentum. Selbst wenn Gott stirbt, stört das den Meditierer nicht. Er würde sagen: „Das ist mir recht. Es ist egal, ob er lebt oder nicht. Ich war nie auf ihn angewiesen. Ich bin mir selbst genug.“

Wer meditiert, meditiert allein. Aber wenn ihr mich fragt: „Meditierst du?“, dann sage ich: „Nein, ich meditiere nicht einmal, ich bin nur.“ Denn zum Meditieren gehört ein gewisses Tun. Der andere ist zwar nicht da, und du führst auch keinen Dialog, aber du tust etwas. Es gibt da ein Tun. Nun wird dir dies Tun zum „Anderen“: der Tuer und das Getane. Du – meditierst.

Meditation ist eine Handlung; du tust etwas. Manchmal meditierst du, und manchmal meditierst du nicht. Das taugt nicht viel, denn etwas, das manchmal ist und manchmal nicht, kann nicht dein Wesen sein. Dein Wesen ist immer da, es hängt von keinem Tun ab.

Ich bin nur. Und das ist das größte Gebet, das ist die größte Meditation. Genau das sagen die Zen-Meister. Wenn man sie fragt, was sie tun, sagen sie: „Wir hacken Holz, wir holen Wasser. Wenn wir Hunger haben, essen wir, und wenn wir müde sind, schlafen wir.“ Genau dasselbe meine ich, wenn ich sage: „Ich bin.“ Selbst die Abhängigkeit, irgendetwas tun zu müssen, ist nicht mehr da.

Zum Beten gehört der andere, zum Meditieren gehört ein Tun – zum Sein gehört nichts. Und wenn du dich auf das, wozu nichts gehört, eingestimmt hast, dann bist du zum ersten Mal in Einklang, dann bist du zum ersten Mal auf dem Boden.

Du fragst mich: *Bhagwan, ich weiß nicht, wer ich bin.* Du brauchst es auch nicht zu wissen. Du brauchst nicht zu wissen, wer du bist. Das einzige, was du brauchst ist, nichts anderes zu sein. Sei einfach nur das. Entferne dich nicht davon. Es ist nicht nötig zu wissen, was es ist. Denn du bist es schon. Ob du

es kennst oder nicht kennst, macht keinen Unterschied. Es zu kennen, würde nichts hinzufügen. Unkenntnis nimmt ihm nichts weg, Kenntnis fügt nichts hinzu. Wozu also? Du bist!

Nenne die Rose mit anderem Namen – sie bleibt eine Rose. ob du sie mit dem Wort Rose belegst oder nicht, sie bleibt Rose. Und ob du sie Rose nennst oder nicht Rose nennst, der Rose ist es egal. Sie ist.

Emerson sagt irgendwo in seinem Tagebuch: „Draußen vor meinem Fenster blüht der Rosenstrauch. Der Rosenstrauch macht sich keine Gedanken darüber, wer er ist. Die Rosen vergleichen sich nicht mit anderen Rosen von früher und denken nicht an zukünftige Rosen. Sie sind genau in diesem Augenblick bei Gott. An diesem Tag sind sie bei Gott!"

In deinem Sein bist du Gott. Ich sage nicht einmal „bei" Gott. In diesem Augenblick bist du in deinem Sein göttlich, bist du Gott. Es ist kein Wissen nötig.

Mach dir also keine Gedanken darüber. Niemand hat je gewußt, wer er ist. Er ist! Und alle, die gesagt haben, sie wüßten es, plappern nur Klischees nach. Sie müssen es aus irgendwelchen Büchern haben. Aber es sind nur Worte. Du kannst sagen: „Ich bin Brahma", oder: „Ich bin Atman", oder: „Ich bin das Höchste Selbst", aber diese Worte sind leere Floskeln. Sie sind abstoßend. Sie besagen nichts, sie bedeuten nichts.

Ich habe das Gefühl, daß ich. . . auf den Boden kommen muß. Ja, das ist gut. Das mußt du. Aber Boden hat nichts mit Wissen zu tun. Boden hat etwas mit Sein zu tun. Darum nenne ich Marc Aurel besser als Sokrates, weil er sagt: „Sei du selbst!"

Wo finde ich ihn? – das gehört zum Raum. Raum und Zeit sind im Sein nicht vorhanden. Raum und Zeit, beides verschwindet dort. Boden findest du erst, wenn du einen bestimmten Zustand im Innern erreichst, wenn du nicht mehr sagen kannst, wo du bist, wenn du nicht mehr sagen kannst, wann du bist. Alles steht still; die Zeit geht nicht mehr weiter. Die Uhr mag weitergehen – ticktack, tick-tack – sie wird weitergehen. Du kannst ihr zuhören, aber die Zeit bewegt sich nicht. . . nur eine leere Geste der Uhr.

Etwas ist tief in dir zum Stehen gekommen. Das ist der Punkt. Ich nenne ihn den „Punkt ohne Wann".

Und es gibt keinen Raum mehr. Du kannst nicht mehr sagen, wo du bist. Das Wo ist irrelevant. Du kannst nicht auf der Landkarte zeigen, wo du dich befindest. Du bist nicht auf dem Atlas, du gehörst nicht mehr zum Atlas. Du gehörst nicht mehr dem Meßbaren an, du gehörst nicht mehr zur vermessenen Welt. Du bist Transzendenz.

Du kannst den Raum betrachten, aber du bist nicht im Raum. Du kannst die Zeit betrachten, aber du bist nicht in der Zeit. Dann hast du Boden. Genau das meine ich mit „Sein". Genau das nennt Jesus das „Reich Gottes". Genau das nennt Buddha „Nirvana".

Ja, du brauchst Boden. Aber es wäre besser zu sagen: du bist bereits auf dem Boden. Du brauchst nur Bewußtheit. Wie könntest du da sein, wenn du keinen Boden hättest? Du bist bereits in Gott. Wie sonst könntest du sein? Es gibt keine andere Möglichkeit zu sein. Das ist die einzige Möglichkeit, die es gibt. Nur bist du nicht bewußt. Werde immer wacher, aufmerksamer. Um Wissen brauchst du dich nicht zu kümmern, und nicht um die Frage, wer du bist. Werde nur bewußt.

Wer immer du bist – X, Y, Z – dies Unbekannte handelt. Wer immer du bist – werde nur wach und bewußt. Das Unbekannte in dir, oder das Unerkennbare in dir, darfst du nicht in Dumpfheit und Schlaf sinken lassen. Wecke es auf. Erlaube ihm nicht länger, sich in Träumen zu wiegen. Rüttle es aus dem Schlaf, und plötzlich wirst du erkennen, daß du schon Boden unter den Füßen hast. Ja, es ist schon alles da, was du brauchst. Du brauchst dich nur umzudrehen.

Das ist es, was Jesus meint, wenn er sagt: „Kehr um! Das Reich Gottes ist nahe!“ Er sagt, daß es dir nahe ist. Das Reich Gottes ist immer zum Greifen nahe. Du brauchst nur deine Hand ein wenig auszustrecken, und du kannst es berühren. Dieses Ausstrecken der Hand ist es, was ich mit Bewußtheit meine.

Bhagwan, ich hatte nie das Glück, mich wirklich zu verlieben und diese Art der Hingabe kennenzulernen. Hindert mich das nun, mich wirklich in dich zu verlieben, mich auch in diese verrückte Liebe zu stürzen? Ist stille Liebe und Verehrung genug, auch wenn es nicht gleich diese merkwürdige Form von Wahnsinn ist?

Keine Angst. Denn offenbar vergleichst du dich mit anderen; daher das Problem. Dies ist eben d e i n e merkwürdige Form von Wahnsinn.

Jeder liebt auf seine Art. Vergleiche nie. Der eine mag tanzen, mag in Ekstase geraten und singen, und ein anderer mag still mit geschlossenen Augen dasitzen. Beide sind sie auf ihre Art verrückt. Denn der, der tanzt, wird denken: „Spinnst du? Du bist verliebt und sitzt immer noch mit geschlossenen Augen rum? Ist denn das die Möglichkeit? Tanze!!"

Jeder ist auf seine Art verrückt. Genauso wie kein anderer das gleiche Gesicht hat, niemand die gleichen Augen hat wie du, niemand die gleichen Fingerabdrücke hat wie du, so hat auch niemand den gleichen Wahnsinn wie du. Alles ist einmalig.

Jeder verliebt sich auf seine Weise, und das ist gut so. So muß es sein. Vergleiche nie. Mit dem Vergleichen fangen die Probleme an. Dann meinst du plötzlich, dir fehlte was. Deine Liebe ist still und ruhig und voller Verehrung. Nun fängst du zu zweifeln an: warum bist du nicht so leidenschaftlich verliebt wie andere? Warum bist du nicht wie ein Sturmwind, warum wehst du nur wie ein laues Lüftchen? Das ist eben deine Art. Und Gott braucht beides. . . Immer nur Sturm und Sturm und nochmal Sturm! Er braucht auch mal ein bißchen Ruhe. Ein laues Lüftchen ist immer willkommen.

Keine Sorge. Das ist eben deine Art, Gott zu erleben. Vergleiche nie, schau nur nach innen und genieße alles, was dort geschieht, damit es sich umso mehr entfalten kann. Genieße es, freu dich daran, und es wird sich immer mehr entfalten. Du magst sogar noch sanfter werden, sogar das laue Lüftchen mag sich legen und ganz aufhören. Auf d i e Art ist es auch schon passiert. Es gibt so viele Wege zu Gott, wie es Sucher gibt. Jeder hat seinen eigenen Weg, und es gibt keine Schnellwege, vergiß das nicht – keine Autobahnen. Jeder folgt seinem eigenen Pfad.

Und der Pfad liegt nicht ausgetreten vor dir. Du schaffst ihn dir erst im Gehen, und wenn du weitergegangen bist, verschwindet er. Niemand anders kann ihn gehen. Er bleibt nicht. Es ist wie mit den Vögeln, die durch den Himmel fliegen: wo sie geflogen sind, bleibt keine Spur zurück. Keiner kann folgen. Wozu auch?

Vergleiche nicht. Sei zufrieden mit dir. Genieße, freu dich – hilf dir, du selbst zu sein. Das ist d e i n Weg.

Bhagwan, ich habe nicht nach dir gesucht, und dennoch hast du mich gefunden. Ich hatte es nicht verdient. Ich kenne andere, die sich mehr angestrengt haben, die Wahrheit zu finden. Warum habe ich solches Glück?

Weil du so bescheiden bist. Manchmal strengst du dich an, aber es kommt möglicherweise vom Ego. Manchmal strengst du dich nicht an, sondern wartest einfach, aber das Warten kommt aus deiner Bescheidenheit. Anstrengung aus dem Ego scheitert. Aus Bescheidenheit heraus kommt der Erfolg selbst ohne Mühe.

Wenn du wirklich so fühlst: *Ich habe nicht nach dir gesucht und dennoch hast du mich gefunden*, wenn du wirklich fühlst: *Ich hatte es nicht verdient*, dann hast du es dir gerade dadurch verdient. Ganz genau dadurch.

Weil ich fühlte, daß du nicht nach mir suchst, fand ich dich. Deine tiefe Bescheidenheit, deine tiefe Demut schufen die Situation. Nur in Bescheidenheit wird der Meister gefunden, nur in die Bescheidenheit tritt das Göttliche ein.

Eure Mühe ist zwecklos – weil es e u r e ist. Das Ich ist zu groß. Es steht im Weg.

Bhagwan, bevor du mich fandest, hatte ich schon meiner Familie, meiner Rasse und meiner Religion den Rücken gekehrt. Jetzt hat sich das völlig geändert. Seit meine Eltern und meine Schwester auch Sannyasins sind, ist mir das alles so nah wie noch nie. Etwas Außergewöhnliches und Unbeschreibliches ist zwischen ihnen und mir passiert, das spüre ich. Und ich entdecke mein Judentum wieder und akzeptiere mich so. Was spielt sich da ab?

Genau das, was sich abspielen soll.

Jesus sagt: „Hasse deinen Vater, hasse deine Mutter, hasse deine Brüder und Schwestern." Er kann keinen Haß lehren; er nutzt den Haß als Mittel zur echten Liebe. Und genau das ist bei dir passiert. Du hattest deiner Familie, deiner Rasse und Religion schon den Rücken gekehrt, aber diese Abkehr muß aus dem Ego gekommen sein. Es war keine Rebellion; es muß eine Reaktion gewesen sein. Du mußt es getan haben, ohne zu wissen, was du tatest. Es hatte dich von deiner Familie getrennt, aber es hatte dich nicht mit der größeren Familie der Existenz verbunden. Es trennte dich von der Familie, aber es war eben nur eine Trennung, es war so etwas wie Scheidung. Es war noch keine Vermählung mit dem Größeren. Es brachte nichts.

Dann bist du zu mir gekommen. Du fingst an, dich zu verändern. Du fingst an zu meditieren, du wurdest ein bißchen wacher, und nach und nach wurde deine Veränderung zur magnetischen Kraft, sogar für deine Familie, von der du dich abgekehrt hattest. Da kamen auch Vater und Mutter und Schwester. . .

Es passiert einfach, daß du durch deine Veränderung zum Magneten wirst. Und natürlich werden alle, mit denen du sehr tief verbunden warst, zuerst davon berührt. Wenn sich nur einer in der Familie verändert, wird die ganze Familie sofort betroffen. Sie mögen anfangen, sich zu wehren; auch das ist ein Zeichen dafür. Sie mögen zu streiten anfangen. Auch das ist ein Anzeichen, daß sie betroffen sind. Jetzt können sie nicht mehr die gleichen bleiben. Es muß etwas geschehen. Sie sind hergekommen. Sie haben sich ebenfalls verändert. Und du bist wieder Teil der Familie geworden – in einer völlig neuen Dimension. Die Vermählung hat jetzt in einer ganz neuen Dimension stattgefunden. Jetzt ist deine Familie nur noch Teil der größeren Familie, die ich zeuge – der größeren *sangha*, der Gemeinschaft, die ich stifte. Jetzt seid ihr – durch mich – neu verbunden worden.

Darum unterschreiben manche Christen ihre Briefe mit „Dein in Jesus". Das ist sehr bedeutsam. Jetzt gibt es keine andere Brücke als diese. Wenn du Jesus liebst, ist Jesus zur Brücke geworden. Du magst jemandes Freund gewesen sein. Dann kam Jesus zu euch. Nun hat die Freundschaft einen völlig neuen Sinn gewonnen, eine ganz neue Poesie. Jetzt bist du nicht länger direkt mit diesem Menschen verbunden. Jesus ist immer irgendwo gleich um die Ecke, Jesus ist immer zwischen euch – als Fluidum. Jetzt ist der Freund kein gewöhnlicher Freund mehr. Er ist durch Jesus ebenfalls göttlich geworden, und du sagst: „Dein in Jesus".

Das wird euch allen nach und nach so gehen. Ihr werdet mit der gleichen Familie wiederverbunden werden, von der ihr euch abgekehrt hattet. . . durch mich.

Bhagwan, seit einigen Tagen passiert folgendes: Jedesmal, wenn ich fühle, ich müßte mich auf mein Zentrum einstimmen, sehe ich augenblicklich das Bild eines sehr stillen, tiefen Sees vor mir, von Bergen umringt. Alles ist Friede und tiefe Harmonie. Ich sehe mich entweder am Seeufer sitzen oder auf dem Berg oben, einfach nur dasitzend und beobachtend, in stillem Glück. Jedesmal sind weiße und schwarze Vögel da, die schweigend Kreise ziehn. Der Ort ist nicht von dieser Welt, und ist doch auch von dieser Welt. Das Bild zentriert mich augenblicklich, ich scheine es zu brauchen, aber es kommt mir trotzdem etwas kindisch vor. Und obwohl es mir so vorkommt, daß ich nichts mache, mach ich es doch. Bitte sag was dazu.

Es ist schön, gesund und heilsam. . . Es ist eine von den alten Meditationstechniken. Du machst sie vielleicht nicht bewußt, sondern magst sie schon in einem früheren Leben praktiziert haben; sie ist vielleicht wieder aufgetaucht. Aber es ist eine der schönsten Techniken, die es gibt. Diese Technik geht so weit, wie eine Technik nur gehen kann.

Nutze sie. Und komm dir nicht kindisch dabei vor, denn alles Glück ist kindisch, alle Freude ist kindisch, alles Entzücken ist kindisch. Genieße es. Werde Kind. Und wenn sie ihre Aufgabe erfüllt hat, wird diese Technik wieder verschwinden. Wenn die Arbeit getan ist, wird das Bild des Sees und der Berge und der Vögel nach und nach verschwinden. Das Bild wird verschwinden, und die Stille wird bleiben. Der See wird verschwinden, aber der wellenlose See deines Bewußtseins wird bleiben.

Genieße es, so sehr du kannst. Es hat etwas mit deiner Vergangenheit zu tun. Du wirst es schon früher getan haben. Jetzt ist es wieder aufgetaucht.

Das kommt vor: wenn Leute in ihren vergangenen Leben bestimmte Techniken praktiziert haben, ohne sie abgeschlossen zu haben, dann taucht plötzlich, wenn sie wieder zu meditieren anfangen, irgendeine Technik auf, taucht auf und ergreift völlig von ihnen Besitz. Dann machst du es nicht. Es geschieht.

Und das gehört zum Wichtigsten, was unbedingt verstanden werden muß: wenn eine Technik von allein kommt, ohne daß du etwas dazu tust, dann ist das *die* Methode für dich. Wenn du etwas machst, ist das etwas völlig anderes, als wenn es von allein geschieht. Was von sich aus passiert, ist näher am Herzen. Was du machst, ist mehr im Kopf.

Laß es zu, genieße es. Geh auf in der Schönheit von Landschaft und See. Vergiß dich. Geh total darin auf. Es wird dich zentrieren. Und ist die Arbeit getan, werden sich alle Bilder auflösen. Wenn nur noch du übrigbleibst – verschwunden sind See und Vögel, es bleibt nichts mehr zu sehen, es bleibt nur noch der Sehende – dann setzt wirkliche Meditation ein. Das ist es, was ich „Sein“ nenne: einfach da sein. Das ist das Höchste und Letzte.

Aber diese Technik kann dir helfen. Wenn sie von sich aus passiert, kann sie sehr viel helfen. Laß es geschehen. Es ist gesund und heilsam. Und denke nicht, es sei kindisch. Alles Schöne, alles Glück, alle Ekstase ist kindisch. Gott ist kindisch!

Siebter Morgen

10 *Und die Jünger traten zu ihm und sprachen:*
Warum redest du zu ihnen in Gleichnissen?

11 *Er antwortete und sprach:*
Euch ist's gegeben,
daß ihr die Gleichnisse des Himmelreichs verstehet,
diesen aber ist's nicht gegeben.

12 *Denn wer da hat, dem wird gegeben,*
daß er die Fülle habe;
wer aber nicht hat,
von dem wird auch genommen, was er hat.

18 So höret nun ihr dieses Gleichnis von dem Säemann:

19 Wenn jemand das Wort von dem Reich hört
und nicht versteht,
so kommt der Arge und reißt hinweg,
was da gesät ist in sein Herz;
das ist der, bei dem an den Weg gesät ist.

20 Bei dem aber auf das Felsige gesät ist,
das ist, der das Wort hört
und es alsbald aufnimmt mit Freuden;

21 aber er hat nicht Wurzel in sich,
sondern er ist wetterwendisch;
wenn sich Trübsal und Verfolgung erhebt
um des Wortes willen, so nimmt er Ärgernis.

22 Bei dem aber unter die Dornen gesät ist,
das ist, der das Wort hört,
und die Sorge der Welt und der Betrug des Reichtums
erstickt das Wort, und er bringt nicht Frucht.

23 Bei dem aber in das gute Land gesät ist,
das ist, der das Wort hört und versteht es
und dann auch Frucht bringt;
und der eine trägt hundertfältig,
der andere sechzigfältig, der andere dreißigfältig.

Siebter Morgen

So höret nun dieses Gleichnis. . .

Jesus ist wie ein Diamant. Jede seiner Facetten trägt zu seinem Glanz bei. Den Bekümmerten bringt er Trost; den Suchenden bringt er Erkenntnis; den Armen bringt er das Reich Gottes; den Reichen bringt er die Armut des Geistes; den Starken Demut; den Schwachen Kraft. Er ist vieles zugleich; und für jeden, der zu ihm kommt, ist er ein anderer. Er hat viele Gesichter, viele Seiten. Und so muß es auch sein.

Das gleiche gilt von Buddha, das gleiche gilt auch von allen übrigen Erwachten. Denn wenn sie zu dir sprechen, oder mit dir zu tun haben, dann sprechen sie zu d i r, dann haben sie mit d i r zu tun. Sie gehen auf dich ein. Sie geben nicht mehr, als du nehmen kannst; sie können dir nicht geben, wonach du nicht gefragt hast; sie können dir nicht geben, wofür du noch nicht reif bist. Sie können dir nur das geben, wofür du gekommen bist. Es liegt an dir, als was ein Jesus sich dir zeigt. Er ist d e i n e Entsprechung, er spiegelt d i c h.

Vergeßt das nicht. Das ist der Grund, warum soviel Durcheinander entstanden ist: so viele Menschen – so viele Augenzeugenberichte. Sie alle sind wahr, und doch ist keiner völlig wahr. Jeder redet nur von einer einzigen Facette, und zwar derjenigen, die Jesus ihm zu erkennen gegeben hat. Daher so viele Geschichten. . .

Buddha starb, und sofort brach große Verwirrung aus unter seinen Anhängern. Die *sangha* spaltete sich in viele Gruppen. Die Gemeinschaft konnte nicht einig bleiben, weil es so viele verschiedene Schilderungen gab – so als wäre Buddha nicht e i n Mensch gewesen sondern viele. Er war e i n s – absolut eins. Aber er hatte so viele Menschen widergespiegelt, daß jeder ihn anders kannte, je nach Fassungsvermögen, je nach Empfänglichkeit, je nach Bereitschaft. Jeder hatte etwas anderes zu berichten; nicht nur etwas anderes, sondern etwas völlig Gegensätzliches. Die Gemeinschaft mußte sich spalten.

Das gleiche passierte mit Mahavir: die Gemeinschaft mußte sich spalten. Das gleiche passierte mit Jesus: die Gemeinschaft konnte nicht einig bleiben. Und der Grund: Jesus ist für verschiedene Menschen verschieden. Das muß er sein, er ist ja nur ein reiner Spiegel. Du kommst, und er offenbart dir dein Gesicht. Er ist da, damit du dich selbst erkennen kannst. Er zwingt dir keine fremde Idee auf. Er hat überhaupt keine Idee, er hilft einfach. Wenn du auf der Suche nach Wissen zu ihm kommst, wird er dem entsprechen. Wenn du auf der Suche nach Liebe zu ihm kommst, wird dir sein Mitgefühl und seine Liebe gut tun. Wenn du als Sünder zu ihm kommst, wird er dir Erlösung sein. Aber es liegt an dir – er ist d e i n Widerhall. Wenn das verstanden wird, werden diese Sutras ganz einfach.

> *Und die Jünger traten zu ihm und sprachen:*
> *Warum redest du zu ihnen in Gleichnissen?*

Die Jünger hatten bemerkt, daß er, wenn er zu den Massen spricht, immer in Gleichnissen redet. Und jedesmal, wenn er im privaten Kreise mit ihnen spricht, redet er anders.

Es muß so sein. Ein Jünger ist etwas anderes. Ein Jünger ist einer, der sein Ganzes gegeben hat. Er ist nicht nur ein Anhänger. Anhänger ist einer, der beeindruckt ist, der aber noch zögert. Und die gewöhnlichen Massen sind weder Anhänger noch Jünger. Sie mögen neugierig sein, wer dieser Mann ist, sie mögen von diesem Mann fasziniert sein, sie mögen ihren Spaß an diesem Menschen haben, und ein paar von ihnen mögen später Anhänger, ein paar von den Anhängern mögen später Jünger werden, aber die Massen haben trotzdem keine Beziehung zu ihm. Sie sind als Schaulustige zu ihm gekommen, ganz zufällig. Man hat ihnen gesagt: „Da kommt Jesus – ein großer Mann, der Sohn Gottes!", und das hat sie interessiert. Ihr Interesse kann sich wieder verlieren, sie mögen ihrer Wege gehen und ihn völlig vergessen, oder allenfalls eine angenehme Erinnerung an ihn behalten, aber er verwandelt sie nicht.

Das sind also die drei Arten von Leuten, mit denen Jesus zu tun hat: die Massen, die Anhänger und die Jünger. Die Jünger, das sind ein paar wenige Auserwählte. Die Jünger sind die, denen die Einsicht gekommen ist, daß dieser Mensch ihre Erlösung bedeutet, und die alles, was sie hatten, aufs Spiel gesetzt haben. Jetzt sind sie bereit, für ihn zu sterben. Leben sie, so leben sie für ihn. Sterben sie, so sterben sie für ihn. Jetzt gibt es keinen Weg zurück. Sie haben den Punkt der Umkehr überschritten. Sie haben ihr Auge auf diesen Mann geheftet, sie lieben diesen Mann, dieser Mann ist jetzt ihr Leben. Die innersten Geheimnisse können nur diesen Jüngern enthüllt werden.

Die Mysterien können nur denjenigen offenbart werden, die so völlig bereit sind, daß sie sogar vor dem Tod nicht zurückschrekken, die nicht zögern, falls er nötig wird. Und er ist nötig.

Um das letzte Geheimnis erfahren zu können, mußt du sterben, und bevor du nicht stirbst, kann dieses letzte Geheimnis nicht in dir geboren werden. Um es zu empfangen, mußt du verlöschen. Nur diesen wenigen Jüngern kann also die Wahrheit offenbart werden, in ihrer ganzen Direktheit, in ihrer Unmittelbarkeit.

Für die Anhänger: ein wenig Wahrheit, aber nicht direkt. Ein Quentchen Wahrheit, aber nicht unmittelbar. Ein Quentchen Wahrheit, aber verkleidet. Ein Quentchen Wahrheit, aber versteckt. Sie werden ein bißchen Hausaufgaben machen müssen. Nur dann werden sie erkennen können, was ihnen da gesagt wurde.

Für die Massen: nur Gleichnisse. Gleichnisse sind weit entfernte Echos der Wahrheit. Für den, der nachforscht, gibt es im Gleichnis einen roten Faden. Ich benutze immer das Wort *sutra*; das ist ein Sanskrit-Wort. Es bedeutet „der Faden".

Es hat tiefere Bedeutung. Wenn ich sage: „diese Sutras", dann meine ich: „diese Leitfäden". Wenn ihr sie ergreift, könnt ihr bis zum Allerletzten gelangen. Sie sind wie Pfeile aus dem Jenseits, die dich ins Herz getroffen haben. Verfolgst du nun den Weg des Pfeils zurück, so kommst du beim Allerletzten an. Es sind Fäden, Sutras.

Ein Gleichnis ist so ein Faden. Es gibt euch den Leitfaden in die Hand, gibt einen Hinweis, einen Fingerzeig. Einen sehr versteckten Hinweis und einen sehr feinen Faden gibt es euch. . . Ihr müßt schon auf der Suche sein. Dann enthüllt euch das Gleichnis nach und nach seine Schätze. Sie sind nicht an der Oberfläche zu erkennen. Wenn ihr das Offensichtliche für das Eigentliche haltet, ist es nur eine schöne Geschichte. Wenn ihr euch durch den Augenschein täuschen laßt, verliert ihr die Spur des Versteckten. Der Augenschein ist nicht das Wirkliche in einem Gleichnis. In einem Gleichnis hat die Wirklichkeit viele Schleier. Du wirst sie lüften müssen; das kostet dich ein hartes Stück Arbeit.

Ich habe die Geschichte von einem Mann gehört – eine wahre Geschichte – der vor einem Supermarkt geparkt hatte und dann seinen Wagen als Schrotthaufen wiederfand. Jemand war auf die Vorderseite geprallt und hatte sie völlig zerstört. Von dem andern Wagen und seinem Fahrer keine Spur! Ihm sank das Herz. Da fand er unter dem Scheibenwischer einen kleinen Zettel. Er atmete auf – der andere hatte seine Adresse und seinen

Namen hinterlassen! Er faltete den Zettel auf, mit zitternden Händen. Darauf stand: „Während ich diesen Zettel schreibe, beobachten mich mindestens zweihundert Menschen. Sie glauben alle, daß ich Name und Adresse aufschreibe. Denkste.“ Das war alles. Der Augenschein ist nicht das Wirkliche. Und sie alle, diese zweihundert Menschen, hatten geglaubt, er schriebe Name und Adresse auf den Zettel unterm Scheibenwischer. Der Mann ist weg. . . die zweihundert Leute sind weg. Niemand hatte sich die Mühe gemacht, nachzuschauen, was auf dem Zettel stand.

Wenn ihr ein Gleichnis vom Augenschein her angeht, geht ihr am Wirklichen vorbei. Der Augenschein ist nicht das Wirkliche. Das Wirkliche ist versteckt, ganz tief versteckt, so als wäre ein Diamant mitten in einer Zwiebel versteckt. Du schälst und schälst, Zwiebelschale um Zwiebelschale, und schließlich kommt der Diamant zum Vorschein.

Ein Gleichnis ist ein Diamant, der in einer Zwiebel verborgen liegt. Das Offensichtliche ist nicht das Wirkliche. Das Wirkliche ist völlig anders. Im Gleichnis läßt sich eine Wahrheit von enormer Wichtigkeit ausdrücken, sogar so, daß selbst ein Kind begreifen und das Gefühl des Verstehens haben kann. Doch zu seiner Entschlüsselung gehört ein tiefes Verständnis. Wo selbst ein Kind das Gefühl des Verstehens hat, kann dennoch ein reifer Mensch fühlen, daß er es nicht ganz ausgelotet hat. Ein Gleichnis ist zugleich einfach und hochkompliziert. An der Oberfläche ist es eine Geschichte; im Kern ist es ein Geheimnis.

Jesus redete zu den Menschen in Gleichnissen, in kleinen Geschichten. Gewöhnliche Menschen konnten sie verstehen. Im Bemühen, sie zu entschlüsseln, können aber selbst hochintelligente Menschen am Kern vorbeigehen.

Keiner hat je so wie Jesus gesprochen. . . seine Gleichnisse sind die schönsten der gesamten Geistesgeschichte der Menschheit. Auch Buddha erzählt Geschichten, aber nicht zu vergleichen mit den Gleichnissen Jesu. Buddhas Geschichten sind hausbacken.

Zwar sagen sie etwas, aber alles, was sie sagen, ist offensichtlich. Es sind keine Gleichnisse, sondern Geschichten. Sie haben erklärenden Zweck. Erst sagt er etwas, und um es zu verdeutlichen, erzählt er dazu eine Geschichte. Die Geschichte ist zweitrangig. Die Geschichte könnte auch wegbleiben, denn erst erklärt er eine Wahrheit, und dann kommt die Geschichte, sie zu verdeutlichen. Sie ist kein Gleichnis. Nur wenn sich die Wahrheit in der Geschichte selbst verbirgt und nicht gesondert von ihr ausgesprochen wird, kann man von einem „Gleichnis" sprechen.

Buddhas Geschichten könnten wegfallen, weil er alles, was er in den Geschichten gesagt hat, auch direkt gesagt hat. Er spricht immer erst die Wahrheit aus, und dann erzählt er die Geschichte, um die Wahrheit zu verdeutlichen. Buddhas Geschichten wollen verdeutlichen.

Die Geschichten von Jesus wollen nichts verdeutlichen. Alles, was er sagen will, sagt er in ihnen selbst. Ihr müßt tief graben, ihr müßt in die Geschichte eindringen. Ein Gleichnis ist wie eine russische Puppe: eine Puppe in der Puppe in der Puppe. . . du kannst immer weitermachen und immer noch eine kleinere Puppe finden. Ein Gleichnis hat viele Schichten, so viele Schichten, wie es Typen von Menschen gibt.

Gurdjieff arbeitet mit einer Kategorisierung von sieben Menschentypen: Der erste Typ – Nummer eins – ist körperorientiert. Wenn dieser sich ein Gleichnis anhört, so rührt er nur an den Körper des Gleichnisses, an die Oberfläche. Der Augenschein ist ihm das Wirkliche. Er hört sich die Geschichte an, er genießt sie, er geht nach Hause und erzählt sie seinen Kindern. Die werden auch ihre Freude daran haben, und dann werden sie alle die Geschichte vergessen. Es ist eben eine Geschichte – dazu da, um sich daran zu freuen.

Nummer zwei: der Mensch, der in seinen Gefühlen lebt; er wird etwas Tieferes hinter dem Körper vermuten. Er wird etwas Poetisches darin spüren, ihm tut sich eine romantische Dimension auf.

Ihm wird das Gleichnis nicht nur ein Gleichnis, eine Geschichte sein, sondern ein Gedicht, ein Kurz-Epos. Er wird seine tiefe Freude daran haben, es wird ihn gefangennehmen, vielleicht zu Tränen rühren. Oder vielleicht tanzt er sogar. Aber das ist alles. Ein gutes Gedicht ist ein gutes Gedicht – es braucht dich nicht gleich zu verwandeln. Es hat seinen Reiz, und dann ist es vorbei. Wie ein Brise: sie kommt, sie streichelt dich, sie erfrischt dich. . . und fort ist sie.

Mensch Nummer drei, der rationale Mensch, wird nach der Bedeutung forschen. Das Gleichnis ist ihm Philosophie. Er wird drüber und drumherum vernünfteln. So wird eine trockene Sache daraus, aber er muß unbedingt seine Theorie darüber aufstellen.

Das sind die gewöhnlichen Kategorien: Mensch Nummer eins, Mensch Nummer zwei, Mensch Nummer drei. Alle sind sie hier: diese drei Typen sind überall zu finden. Die gewöhnliche Menschheit besteht aus ihnen – die Masse.

Mensch Nummer vier ist weder auf den Körper, noch auf die Gefühle, noch auf den Verstand beschränkt. Mensch Nummer vier ist darüber hinausgestiegen. Er ist zu einer höheren Bewußtheit gelangt, ist Beobachter geworden. Dieser wird die tiefe Bedeutung des Gleichnisses verstehen, und der Sinn wird sein Leben verändern. Er wird Jesus folgen. Er wird vielleicht später ein Jünger werden. Es kann ihn völlig verwandeln.

Und die Jünger traten zu ihm und sprachen:
Warum redest du zu ihnen in Gleichnissen?

„Warum sprichst du die Dinge nicht unmittelbar an? Warum bist du so indirekt, immerzu indirekt? Warum redest du immer nur drumherum? Warum triffst du den Nagel nie auf den Kopf und sagst es direkt?“

Ein berühmter christlicher Prediger, Harry Emerson Fosdick, hat einmal gesagt: „Jeder Mensch ist eine Insel. Wenn du auf der

Insel landen willst, mußt du um sie herumrudern, bis du einen geeigneten Platz zum Landen gefunden hast."

Ja, er hat recht. Jeder Mensch ist eine Insel, und wenn du Kontakt aufnehmen willst, wirklichen Kontakt, mußt du solange um ihn herumrudern, bis du den richtigen Ort und die richtige Zeit zum Landen gefunden hast. Wenn du von der falschen Stelle aus landest, wirst du abprallen, wenn du im falschen Augenblick landest, wirst du abgewiesen werden. Wenn du am richtigen Ort zum richtigen Zeitpunkt landest, bist du ein willkommener Gast. Sonst bist du ein Eindringling. Man muß abwarten.

Ein Gleichnis – das ist ein Umkreisen der Insel des Menschen, um den Landeplatz zu finden.

Aber die Jünger konnten das nicht verstehen. „Warum? Warum spricht er anders, wenn er zu i h n e n spricht? Und wenn er vor den Massen spricht, warum ändert er dann seine Art und fängt an, drumherum zu reden?" Die Jünger haben ihre Türen für Jesus geöffnet. Bei ihnen braucht er nicht um den heißen Brei herumzureden.

Bei den Jüngern sind die Landeplätze bereits entdeckt. Sie haben schon Kontakt mit Jesus. Jesus ist immer willkommen, jederzeit willkommen. Sie warten auf ihn, warten mit aller Kraft. Sie sind zu einer einzigen tiefen Erwartung seiner Ankunft geworden. Er ist der Bräutigam; sie sind seine Braut. Ihre Herzen sind offen. Nicht nötig, sie erst zu umkreisen. Aber was die Massen betrifft: da ist jeder Mensch eine Insel, und der Landeplatz muß erst gefunden werden. Und der richtige Moment.

Warum redest du zu ihnen in Gleichnissen?

Er antwortete und sprach:
Euch ist's gegeben,
daß ihr die Gleichnisse des Himmelreichs verstehet,
diesen aber ist's nicht gegeben.

Wem ist es gegeben, die Geheimnisse des Himmels zu verstehen? Wem ist es nicht gegeben? Denen, die suchen, denen, die an das Tor des Himmels klopfen – denen ist es gegeben. Denen, die herumstehen ohne zu klopfen, oder die dem Tor des Himmels den Rücken zukehren, oder denen, die völlig vergessen haben, daß der Himmel existiert – denen ist es nicht gegeben.

Solange ihr nicht auf Gott zugeht, kann Gott nicht auf euch zugehen. Wenn ihr gegen ihn angeht, wie kann er euch da erreichen? Wenn ihr euch ihm verschließt, wie kann er euch da öffnen? Wenn ihr ihn leugnet, wie kann er da kommen und Gast in eurem Herzen werden? Nein, dann ist es euch nicht gegeben; der Himmel wird euch nicht geschenkt.

Jesus sagte:

> *Euch ist's gegeben,*
> *daß ihr die Gleichnisse des Himmelreichs verstehet,*
> *diesen aber ist's nicht gegeben.*

Sie aber können umkehren und auf Gott zugehen. Von der Energie her ist das gleich, ob du auf ihn zu oder von ihm weggehst. Es kostet dieselbe Mühe. Ja, gegen ihn ist sogar anstrengender, weil du dann gegen den Strom schwimmst. Es macht keine Mühe, auf Gott zuzugehen, du schwimmst mit dem Strom. Du brauchst dich nicht anzustrengen. Die Leute halten es für ein Wunder, wenn ein Mensch zu Gott gelangt. Das stimmt nicht. Das Wunder habt ihr geschafft: Gott zu verlieren. Das ist ein Wunder. Das will etwas heißen, das ist eine gewaltige Leistung. Es ist so schwer, gegen ihn anzugehen, es gehört soviel Kraft dazu, es gehört soviel Kampf dazu! Und ein Kampf für nichts und wieder nichts, weil am Ende eure Hände leer sind.

Zu Gott zu gelangen heißt, sich zu entspannen, heißt anfangen, ihm entgegenzuströmen. Du brauchst überhaupt nichts zu tun. Wenn du einfach in einem tiefen Loslassen bist, übernimmt der Strom dich von selbst. Gott ergreift von dir Besitz – wenn du ihn nur läßt.

„Kehrt um, das Reich Gottes ist nahe!“ – es ist nahe seit eh und je; aber ihr habt euch taub gestellt für die Botschaft. Ihr hört sie, aber ihr vernehmt sie nicht. Manchmal vernehmt ihr sie, aber dann versteht ihr sie nicht. Dann gibt es Augenblicke, da versteht ihr sie, aber ihr bringt sie nie in euer Leben ein. Sie wird nie existentiell. Es bleibt bei einer zarten, flüchtigen Ahnung, die sich schnell wieder auflöst.

Er antwortete und sprach:
Euch ist's gegeben,
daß ihr die Gleichnisse des Himmelreichs verstehet,
diesen aber ist's nicht gegeben.

„Und darum muß ich in Gleichnissen zu ihnen reden. Nur Gleichnisse können sie verstehen, nur durch Gleichnisse bleibt ihnen eine Chance. Sie werden sich an das Gleichnis erinnern, und in irgendeinem Moment der Stille, der Ruhe, der Sammlung wird dies Gleichnis seine Wirkung tun. Die Saat wird bei ihnen bleiben, und wenn der Regen kommt, wird sie vielleicht aufgehen. Sie wartet nur auf den richtigen Augenblick. . . und eines Tages wird der richtige Augenblick kommen.

Vielleicht fühlen sie sich eines Tages einmal sehr glücklich, oder sehr still und ruhig, oder sie sind irgendwann mal völlig entspannt. . . plötzlich fällt ihnen das Gleichnis ein, und ein neuer Sinn tut sich auf. Den gab es noch nicht, als sie das Gleichnis hörten. Denn Sinn hängt davon ab, was du bist; es liegt an dir, welchen Sinn du jedem beliebigen Ding verleihst.

Ich habe gerade eine Geschichte gelesen. Zwei Psychiater wohnten im gleichen Hochhaus. Jeden Abend kamen sie aus dem Büro nach Haus, und oft fuhren sie zusammen im Fahrstuhl. Der Liftboy war fasziniert, denn jedesmal passierte es: Der erste Psychiater stieg aus, drehte sich um und spuckte den andern an. Der holte dann regelmäßig mit einem Lächeln sein Taschentuch hervor und wischte sich Gesicht, Schlips oder Mantel ab, je nachdem. Manchmal konnte der Liftboy sogar ein inniges Kichern vernehmen. Seine Neugier stieg. Eines Tages konnte er sich nicht mehr halten. Kaum hatte er den einen Psychiater aussteigen lassen, fragte er den andern: „Nun sagen Sie um Himmels willen, Doktor, warum Ihr Kollege Ihnen das jedesmal antut?“ Da lachte der Psychiater und sagte: „Das weiß ich auch nicht. Aber das ist sein Problem. Woher soll ich das wissen? Aber was kümmert's mich? Armer Mann – es ist *sein* Problem.“

Jemand spuckt dir ins Gesicht. . . tatsächlich, es ist sein Problem. Es hat nichts mit dir zu tun. Aber du machst es zu deinem Problem: regst dich auf, machst dir Sorgen, sinnst auf Rache.

Seht ihr die Pointe dieser Geschichte? Der Sinn hängt von dir ab, von *deiner* Interpretation. Selbst wenn dich jemand anspuckt, kannst du noch lächeln, ja, du kannst sogar Mitleid mit dem armen Mann haben. Er muß ein großes Problem haben, denn warum sonst. . .?

Ein Gleichnis ist nichts als ein Same, der dir mitgegeben wird. Wie du es entschlüsselst, wann du es entschlüsselst, das hängt von dir und deinen Stimmungen ab. Es kann vorkommen, daß du heute etwas hörst und nicht verstehst. Jahre vergehen. . . und plötzlich hast du es verstanden. Jahre liegen dazwischen. Du bist reifer geworden, hast Erfahrung gesammelt. Du bist nicht mehr derselbe. Jeden Augenblick veränderst du dich, und ein verändertes Du wird eine andere Bedeutung in demselben Gleichnis erkennen.

Jesus spricht zu den Massen in Gleichnissen, weil sie noch nicht reif sind. Niemand weiß, wann sie reif sein werden, aber irgendetwas muß er ihnen jetzt gleich geben. Jetzt im Augenblick amüsieren sie sich vielleicht nur darüber, haben Spaß an einer schönen Geschichte, aber während sie ihren Spaß haben, dringt das Gleichnis ein.

Unbewußt haben sie ihr Herz geöffnet. Das Gleichnis wird von nun an darin wohnen. Es wird auf seine Zeit, seine Erntezeit warten.

Es wird darauf warten, daß der Mensch endlich soweit ist. Dann, eines Tages, Jahre später, und manchmal ganze Leben später, wird das Gleichnis erblühen, und die Wahrheit, die im Samen lag, enthüllen.

Allen, die reif sind, kann die Wahrheit jetzt gleich gesagt werden. Sie werden hören und verstehen. Aber die noch nicht reif sind – auch ihnen muß etwas gegeben werden!

Und dann sagt Jesus etwas sehr Paradoxes, was zum Widersprüchlichsten gehört, was er überhaupt gesagt hat. Aber etwas sehr Bedeutsames. Ihr dürft nie vergessen, daß immer, wenn ihr irgendwo bei Jesus, Laotse, Krishna ein Paradox findet, etwas ungeheuer Wichtiges, ungeheuer Bedeutsames gesagt wird. Je tiefer die Wahrheit, desto schwerer läßt sie sich in gewöhnliche Sprache fassen. Man muß ein Paradox dafür gebrauchen; denn in einem Paradox läßt sich der Dualismus aufheben. Ein Paradox hebt die Gegensätze auf. Und die tieferen Wahrheiten enthalten immer den Gegensatz.

Jesus sagte:

Denn wer da hat. . .

Hört sehr gut zu:

Denn wer da hat, dem wird gegeben,
daß er die Fülle habe;
wer aber nicht hat,
von dem wird auch genommen, was er hat.

Sieht wirklich grausam aus, gnadenlos, hart! Wir hätten genau das Gegenteil erwartet: gib denen, die nicht haben; und wenn du wegnehmen willst, dann nimm es denen weg, die zuviel haben. Jesus sagt genau das Gegenteil. Er sagt: denen, die haben, soll noch mehr gegeben werden, und denen, die nicht haben, soll sogar das noch genommen werden, was sie haben.

Das ist eins von den fundamentalen Gesetzen. Es i s t so.

Im gewöhnlichen Leben, im weltlichen Leben, gilt genau die umgekehrte Regel. Im gewöhnlichen Leben denken wir so: den Armen muß mehr gegeben werden. Wenn man es den Reichen wegnimmt, ist daran nichts verkehrt. Aber es den Armen wegzunehmen und den Reichen zu geben – kann man sich etwas Verkehrteres vorstellen? Ihr gebt den Gesunden und beraubt die Kranken?!

Aus diesem Gesetz wird der Kommunismus geboren; Kommunismus heißt: denen geben, die nicht haben, und denen nehmen, die haben. Was diese Welt betrifft, so ist das okay; aber in der andern Welt, dem Reich Gottes, sieht es ganz anders aus. Nur denen, die haben, wird dazugegeben. Und denen, die nicht haben, wird sogar das noch genommen, was sie haben. Warum?

Wenn du meditierst, kommt mehr und mehr Meditation zu dir. Wenn du nicht meditierst, werden dir sogar die wenigen Augenblicke, die von sich aus geschehen – Augenblicke der Ruhe, der Stille – bald genommen sein. Wenn du dich in dir kristallisierst, hilft dir die gesamte Existenz, deinen Kristallisationsprozeß zu vertiefen. Kristallisierst du dich aber nicht und der Mob in dir wird von Tag zu Tag größer, dann trägt alles nur dazu bei, den Mob zu vergrößern.

Gleich, was in deiner Innenwelt geschieht – die Existenz hilft nach; es kann sein, was es will. Wenn du innen wächst, hilft dir Gott, noch mehr zu wachsen. Wenn du zerfällst und immer zersplitterter, immer fragmentarischer wirst, hilft alles nach, daß du immer fragmentarischer wirst.

In der Innenwelt mußt du dir alles erwerben. Du kannst nichts erhalten, ohne es dir erst zu erwerben. Du kannst nichts erhalten, ohne hart dafür zu arbeiten. Bevor du es dir nicht verdient hast, kannst du nichts bekommen.

Denn wer da hat, dem wird gegeben,
daß er die Fülle habe; wer aber nicht hat,
von dem wird auch genommen, was er hat.

Jesus sagt zu seinen Jüngern: „Ihr habt bereits. Ich gebe euch noch mehr, ich füge noch mehr dazu.“ Mehr kann dir nur gegeben werden, wenn du schon etwas hast; denn wenn du nicht schon etwas hast, kannst du das Mehr nicht aufnehmen, das dir gegeben wird.

Wenn du noch gar nichts an innerem Bewußtsein hast, und ich gebe dir etwas, dann geht es verloren. Es wäre Verschwendung. Um dir das anzueignen, was dir von Jesus oder Buddha oder irgendeinem anderen Meister gegeben wird, brauchst du eine Basis. Wenn du noch keine Basis hast, wird dir niemand etwas geben, denn es wäre reine Verschwendung. Vielleicht wäre es sogar gefährlich. Alles, was du erhältst, ohne es dir zu verdienen, ist eine Gefahr für dich, denn es wird niemals dein sein. Es wird dir zur Last. Es kann höchstens bedrücken, aber nicht helfen zu wachsen. Je mehr du dir aneignest, desto mehr fließt dir zu. Wenn du nichts hast, kann nichts hinzukommen.

So höret ihr nun dies Gleichnis vom Säemann. . .

und Jesus erzählte ihnen ein Gleichnis:

Wenn jemand das Wort von dem Reich hört
und nicht versteht,
so kommt der Arge und reißt hinweg,
was da gesät ist in sein Herz;
das ist der, bei dem an den Weg gesät ist.

Jesus sagt etwas sehr Wichtiges, aber er sagt es in der Sprache, die zu jener Zeit üblich war. Diese Art Sprache ist heute altmodisch. Trotzdem beharren die Christen immer noch auf ihr; das führt zu einer peinlichen Situation. Der Sinn wird nie veralten, aber die Sprache veraltet ständig. So zu reden ist heute nicht mehr Brauch. Jesus sagt:

Wenn jemand das Wort von dem Reich hört
und nicht versteht, so kommt der Arge. . .

– der Teufel.

Das ist die Sprache jener Tage. Es gibt keinen Teufel, es gibt keine solche Person. Es steckt weder eine Person im Teufel noch in Gott. Beide sind unpersönlich. Doch so läßt sich etwas sagen – und sehr schön, sehr poetisch, als Gleichnis.

Jesus sagt: „Wenn du vom Reich Gottes hörst – das Wort hörst, die Nachricht, die gute Nachricht hörst – aber es nicht verstehst, dann kommt augenblicklich der Teufel und nimmt's wieder weg." Damit will er etwas ganz Bestimmtes sagen. Versucht zu verstehen.

Die Wissenschaft, die moderne Naturwissenschaft, hat schon viele Geheimnisse des Lebens entdeckt, ohne sie zu verstehen. Entdeckt ja, aber nicht verstanden. Das Geheimnis atomarer Energie wurde entdeckt – und sofort fuhr der Teufel hinein! Der Menschheit war nicht geholfen. Ein so bedeutendes Geheimnis! – und es hat nichts helfen können. Im Gegenteil, es erwies sich als schädlich: Hiroshima und Nagasaki. . . Und es ist keineswegs ausgeschlossen, daß durch Atomenergie die ganze Menschheit zerstört wird. Ein Geheimnis wird entdeckt, aber nicht verstanden.

Immer wenn ihr etwas Neues entdeckt, gewinnt ihr Macht; denn Wissen verleiht Macht. Wissen *ist* Macht. Aber was tut ihr mit der Macht, wenn ihr euer Wissen nicht versteht? *Wenn* ihr es versteht, dann könnt ihr die entsprechende Macht verkraften, und die Macht gibt euch Licht, die Macht wird zu Stille, die Macht wird zu tiefer Ruhe, die Macht wird zu Demut, Bescheidenheit – und wird euer Ego töten.

Versteht ihr es aber nicht, dann wird diese Macht zu Ego. Dann wirkt diese Macht zerstörend auf andere. Dann werdet ihr andere zu beherrschen suchen, dann wird die Macht politisch. Genau das ist „der Teufel".

Laßt es mich in zeitgemäßer Sprache sagen. Wann immer ihr ein frisch entdecktes Geheimnis nicht versteht, wird es politisch: „der Teufel fährt hinein". Versteht ihr es, wird es religiös. Dann

„fährt Gott hinein“. Alles Erkannte, aber nicht Verstandene, gerät in die Hände der Politiker. Sie sind die ärgsten Kräfte auf der Welt. Sie sind immer auf der Suche nach mehr Macht. Wissenschaftler dienen Politikern, ohne zu wissen, was sie tun.

Bevor ihr nicht tief religiös und meditativ werdet, dient jede Macht, die ihr bekommt, falschen Zwecken. Genau das meint Jesus hier:

Wenn jemand das Wort vom Reich hört. . .

– das Wort vom Reich ist das größte Geheimnis überhaupt, es dringt bis in den letzten Kern der Existenz –

. . . und nicht versteht,
so kommt der Arge und reißt hinweg,
was da gesät ist in sein Herz.

Und er wird um soviel ärmer sein, er wird ärmer sein als zuvor. Vorher war wenigstens „der Arge“ nicht in ihn gefahren.

Es kommen manchmal Leute aus verkehrten Gründen zu mir. Ich kann es verstehen; denn die Leute sind nun mal verkehrt; wie können sie also aus den richtigen Gründen kommen? Ich muß sie nach und nach überreden, aus den richtigen Gründen hier zu sein, denn sonst könnten sie leicht aus falschen Gründen hierbleiben. Sie kommen her, um mehr Macht zu gewinnen. Macht ist dumm, aber für das Ego sehr attraktiv. Sie fragen mich: „Wenn wir meditieren, werden wir dann mächtiger? Wenn wir meditieren, werden wir dann *siddhis* erlangen, magische Kräfte? Können wir dann Wunder tun?“

Das nenne ich: aus den falschen Gründen zu mir kommen. Das ist alles Unfug, denn selbst wenn du Wunder vollbringen kannst, was passiert? Du wirst von der Masse begafft, vielleicht sogar angebetet, aber du wirst im Ego bleiben. Die Massen mögen an dir kleben – aber Gott wird weit weg sein.

Die am tiefsten die Welt des Bewußtseins erforscht haben – Patanjali und andere – haben ihre Schüler immer gewarnt vor Kräften, die auf ihrem Weg ungewollt auftauchen.

Dann hütet euch! Macht gar nicht erst Gebrauch davon, denn wenn ihr Gebrauch von ihnen macht, bringt euch das vom Weg ab. Dann geht ihr nicht mehr Gott entgegen, dann hat sich euer Weg geändert, dann seid ihr auf eine andere Bahn geraten. Ihr werdet euch dort verirren.

. . .das ist der, bei dem an den Weg gesät ist.

Wenn der Samen gesät wird und an den Wegrand fällt, kann er nicht aufgehen. Es werden ständig Menschen auf ihn treten und ihn zerstören.

Bei dem aber auf das Felsige gesät ist,
das ist, der das Wort hört
und es alsbald aufnimmt mit Freuden;

aber er hat nicht Wurzel in sich,
sondern er ist wetterwendisch;
wenn sich Trübsal und Verfolgung erhebt
um des Wortes willen, so nimmt er Ärgernis.

Dann ist da ein zweiter Typus, der nimmt das Wort mit Freuden auf – aber auf steinigen Boden. Dieser steinige Boden ist der Kopf. Man kann die Wahrheit vernehmen und sie im Kopf aufnehmen. „Kopf“ ist sehr steinig, felsig. „Kopf“ hat keinen Erdboden, der den Samen zum Sprießen bringen kann. Du kannst dich freuen, daß du verstanden hast, aber dieses Verständnis hält nicht sehr lange an. Früher oder später wird es verschwinden.

Nähert euch einem Mann wie Jesus oder Buddha nicht als Intellektuelle. Sie lehren keine Philosophie und sie lehren keine Ideologie. Sie lehren das Leben. Und das Leben kann nur im Herzen empfangen werden, nicht im Kopf.

Der erste – der, von dem Jesus sagt:

. . .das ist der, bei dem an den Weg gesät ist. . .

– hat noch nicht einmal im Kopf empfangen. Er hört nur: zum einen Ohr geht es hinein und zum anderen Ohr wieder hinaus. Er nimmt es nirgends auf. Er ist am schlimmsten dran.

Der zweite ist ein bißchen besser dran. Er nimmt es wenigstens auf, wenn auch auf steinigem Boden – im Kopf. Das Wort geht in den Kopf und wird rationalisiert, wird zur Rechthaberei, zu Ideologie, zu Glaube, zu Philosophie. Auch so kann er sich noch daran freuen, mag er froh sein, verstanden zu haben. Es gibt hier bei mir viele, die glauben, verstanden zu haben, und doch ist bei ihnen die Saat auf steinigen Boden gefallen. . .

. . .aber er hat nicht Wurzel in sich

– im Kopf ist kein Boden, und so kann die Saat keine Wurzeln schlagen –

. . .sondern er ist wetterwendisch

– die Saat bleibt nur eine kleine Weile, denn

wenn sich Trübsal und Verfolgung erhebt
um des Wortes willen, so nimmt er Ärgernis.

Wenn das Wort verstanden wird, dann ändert sich früher oder später dein Leben. Du wirst rebellisch, du wirst aus der gesellschaftlichen Bahn geworfen. Du wirst weniger im Einklang mit der Gesellschaft sein, sondern mehr außerhalb stehen. Du wirst zum Fremden im eigenen Land. Dann kommen Schwierigkeiten, dann kommt Verfolgung und Trübsal. . . Und dann. . . wirst du das Wort verraten. Denn der Verstand reicht nicht. Im Verstand bleibt das Wort, solange es angenehm und bequem ist.

Aber sobald Schwierigkeiten auftauchen, wird der Verstand es aufgeben und verraten. In Not und Bedrängnis kannst du das Wort nur im Herzen tragen. Selbst im Angesicht des Todes wird das Herz es weitertragen. Nur so kann das Wort Wurzeln schlagen.

Bei dem aber unter die Dornen gesät ist,
das ist, der das Wort hört,
und die Sorge der Welt und der Betrug des Reichtums
erstickt das Wort, und er bringt nicht Frucht.

Ein anderer Typ Mensch – er hört das Wort, und sein Verstand nimmt es auf oder er läßt es sogar ein wenig ins Herz dringen. Dort aber gerät es *unter die Dornen*. Sein Herz ist nicht rein, sein Herz ist nicht einzig und allein dem Reich Gottes gewidmet. Er hat ungezählte Wünsche, und sein Herz ist voll Unkraut. In diesen Dornenbüschen geht der Same verloren.

Bis Gott nicht dein einziges Ziel ist, d a s Ziel schlechthin, bis Gott nicht zu deiner einzigen Verlockung wird und alle anderen Wünsche fortfallen und Er als einziger Wunsch bleibt, bis er nicht deine einzige Liebe ist ohne Nebenbuhler, bis dahin wirst du den Samen verlieren. Du wirst dich nicht entfalten und zu einem weiten Baum an Göttlichkeit heranwachsen können. Es geht nicht.

Du hast viele Wünsche; vielleicht gilt einer davon auch Gott. Du hast viele Lieben; vielleicht ist eine davon auch Gott. Aber Gott kann nicht einer unter vielen sein. Entweder er kann der einzige sein, oder es gibt ihn gar nicht. Du kannst dein Herz nicht aufteilen.

Es kommen manchmal Leute zu mir, die sagen, sie hätten einen anderen Meister. Ich sage ihnen: „Gut. Geh zu deinem Meister, komm nicht zu mir. Oder wenn du zu mir kommst, dann komm zu mir. Dann vergiß deinen alten Meister. Wenn du mit deinem alten Meister zufrieden bist, wenn alles wächst und gedeiht, dann geh zurück, du hast meinen Segen. Wächst aber nichts – und das ist sehr wahrscheinlich, denn warum sonst wärst du zu mir gekommen? – dann hab den Mut und gib die alte Beziehung endgültig auf.“

Wer mit einem Meister sein will, muß ganz und gar mit ihm sein. Solange mir dein Herz nicht vollkommen und restlos offensteht, wird der Same in einen Dornenbusch fallen, wo noch viele andere Pflanzen wachsen und der Same kaum eine Chance hat. Der ganze Boden deines Herzens muß gereinigt und gelichtet sein, bevor der Same gesät werden kann.

Bei dem aber unter die Dornen gesät ist,
das ist, der das Wort hört,
und die Sorge der Welt und der Betrug des Reichtums
erstickt das Wort, und er bringt nicht Frucht.

Bei dem aber in das gute Land gesät ist,
das ist, der das Wort hört und versteht es
und dann auch Frucht bringt;
und der eine trägt hundertfältig,
der andere sechzigfältig, der andere dreißigfältig.

Schließlich gibt es da den Rechten, der das Wort im Herzen empfängt, wo keine Dornen und Büsche wachsen, wo nur eine Pflanze – das Göttliche – empfangen wird, wo nur Liebe ist und nur ein Ehrgeiz und ein Verlangen. Dann wurde das Herz zum Tempel.

Das sind die vier Möglichkeiten. Jesus sagt: „Solche Menschen kommen zu mir. Ich muß in Gleichnissen reden, damit jeder nach Maß seiner Einsicht empfängt." Dem einen mag einfach nur das Gleichnis gefallen – gut! Aber es geht nicht tief. Andere werden es mit dem Verstand aufnehmen, mit dem Kopf – gut, soweit er reicht, aber lange wird es nicht halten. Kaum tauchen Schwierigkeiten auf, werden sie es verraten.

An seinem letzten Abend, als Jesus von seinen Jüngern Abschied nahm, folgte ihm einer von ihnen. Jesus wurde ergriffen und gefangengenommen. Sie führten ihn ab. Einer der Jünger folgte ihm und sagte: „Herr, ich werde mit dir gehen, wohin du auch gehst." Jesus sagte: „Du weißt nicht, was du sagst. Vor Sonnenaufgang, ehe der Hahn kräht, wirst du mich dreimal verleugnen." Aber der Jünger sagte: „Nie und nimmer! Ich werde dich nicht verleugnen. Wie könnte ich dich verleugnen? Ich werde dich niemals verleugnen. Und wenn sie mich töten – ich bin bereit!"

Dann folgte er Jesus durch die Menge. Jemand sah ihn, sah, daß er ein Fremder war, und fragte: „Wer bist du?" Er sagte: „Ich komme aus einer anderen Stadt." Der andere fragte: „Bist du ein Anhänger von Jesus?" Der Jünger antwortete: „Nein, einen Jesus kenne ich nicht." Da blickte sich Jesus um und sagte: „Die Sonne ist noch nicht aufgegangen!" Niemand verstand, aber der Jünger verstand.

Als sie dann dem Gefängnis näherkamen, sah wieder jemand diesen Mann an und sagte: „Warum folgst du uns? Wer bist du?" Sie hielten ihn für einen Spion oder dergleichen. Er sagte: „Ich bin ein Fremder und folge nur aus Neugier, weil ich wissen will, was hier passiert." – „Du gehörst also nicht zu Jesus?" Er antwortete: „Was für ein Jesus? Nie von ihm gehört." Jesus sah sich um und sagte: „Der Morgen ist noch ferne!" Und am Tor des Gefängnisses fragte wieder jemand, und wieder leugnete der Jünger alles ab. Dreimal, ehe die Sonne aufging. Der Jünger mußte das Wort auf steinigem Boden empfangen haben, im Kopf. Der Kopf kann sich nicht opfern. Nur das Herz kann sich opfern.

Solange du nicht bereit bist, alles zu opfern, kann Gott nicht deine Wahrheit werden. Er verlangt alles – keinen Deut weniger. Er fordert dich restlos. Das ist die Herausforderung. Nur das Herz ist verrückt genug, so etwas zu tun. Der Kopf ist zu klug. Er kann ein bißchen geben, aber er hält immer viel zurück. Er kann sich ein wenig herauswagen, aber der größere Teil bleibt versteckt: prüfend, abwartend, kalkulierend, ob es sich lohnt. Er ist immer bereit zum Rückzug, falls es zu weit geht.

Viele Menschen scharten sich um Jesus zu der Zeit, da er Sohn Gottes genannt wurde – ganze Massen. Aber als er gekreuzigt wurde, da verschwanden die Massen. Niemand war mehr da. Nur ein paar Jünger standen dabei, und selbst diese Jünger versteckten sich in der Menge der Feinde. Als Jesus gekreuzigt wurde, waren nur drei Frauen in seiner Nähe. Das ist symbolisch: In so einem Augenblick kann nur das Herz näherkommen.

Hätte man Jesus auf den Thron gehoben – alle Jünger wären zur Stelle gewesen. Ja, es hätte einen großen Wettlauf gegeben. Noch unmittelbar vor seinem Tod hatten sie ihn gefragt: „Herr, wenn du in den Himmel kommst und sitzt zur Rechten Gottes, wo, bitte, sag uns, werden wir dann sitzen? Wer wird neben dir sitzen, und wer kommt dann?" Ehrgeizige Köpfe, ehrgeizige Geister, ehrgeizige Egos. Wäre Jesus auf den Thron gekommen, hätten sie sich gestritten, wer ihm nahe sein darf.

Aber er wurde gekreuzigt. Versteckt in der Menge warteten sie ab. Sollte sich doch noch ein Wunder ereignen, würden sie nach vorn eilen und erklären: „Wir sind ihm am nächsten, wir sind seine engsten Vertrauten!" Aber nichts geschah. Er starb einfach. Wie ein gewöhnlicher Mensch! Und er konnte andere heilen, er hatte die Toten aus den Gräbern erweckt – und konnte sich selbst nicht retten? Er hatte unheilbare Krankheiten geheilt, er hatte alle möglichen Wunder vollbracht. Die Jünger warteten. . . sollte doch noch ein Wunder geschehen und Jesus zu Ruhm und Gott erhoben werden, sollte Gott selbst herabsteigen und seinen Sohn, seinen einzigen, eingeborenen Sohn retten, sollte die Kreuzigung zur Krönung und Jesus zum König der Welt erklärt werden – sie wären um die Wette gerannt. Aber nichts geschah – kein Wunder. Jesus starb wie ein gewöhnlicher Sterblicher.

Das war das Wunder: daß er es hinnahm. Was immer der Wille Gottes war, es war auch sein Wille. Er nahm es restlos an. „Wenn er mich am Kreuz sterben lassen will, so ist es gut. Dann muß es so sein. Dann hat es zu geschehen." Er gab sein Ego und seinen Willen völlig auf. In jenem Augenblick geschah das allergrößte Wunder. Aber es war etwas so Tiefes, so Innerliches, daß die Jünger es nicht sehen konnten. Nur drei Frauen kamen zu Jesus, um seinen Leichnam vom Kreuz zu nehmen.

Das ist symbolisch. Das Herz näherte sich ihm, sogar noch, als er tot war, gekreuzigt und nicht mehr fähig, etwas zu geben. Das Herz geht immer mit – im Ruhm, im Erfolg, im Scheitern. . . das Herz geht immer mit. Der Kopf ist auf deiner Seite, solang du Erfolg hast. Scheiterst du, läßt dich der Kopf im Stich. Er läuft weg. Er ist schlau, er weiß, wann man auf wessen Seite sein muß und wann nicht. Er zieht sich zurück, er leugnet einfach. „Wer ist dieser Jesus? Ich kenne nicht einmal seinen Namen!“

Drei arme Frauen, eine davon eine Prostituierte, Maria Magdalena, kamen und kümmerten sich um den Leichnam. Sie nahmen den Körper Jesu vom Kreuz. Ob Kreuz oder Krone – dem Herzen ist es gleich. Das Herz rechnet nicht, das Herz ist nicht jüdisch. Das Herz kann alles und jedes aufs Spiel setzen. Darum wird das Herz zu Gottes Tür.

Das ist die vierte Möglichkeit: so gelangt der Same in den richtigen Boden.

> *. . . und der eine trägt hundertfältig,*
> *der andere sechzigfältig, der andere dreißigfältig.*

Große Ernte kann ein einziges Saatkorn tragen. Vergeßt nicht: wenn Jesus euch etwas gibt, dann ist es nur ein Saatkorn. Wenn du ihm die Chance gibst, in deinem Herzen aufzublühen, dann wird es hundertfältig, ja tausendfältig Frucht tragen.

Und du kannst nicht begreifen, was Jesus dir da gibt, bis es in dir zu keimen beginnt. Ein Saatkorn gleicht einem kleinen Stein. Es gleicht nicht einmal einem Diamanten – ein gewöhnliches Steinchen. Mancher Stein sieht sogar bunter aus, wertvoller. Aber ein Stein bleibt ein Stein: er hat kein Potential, er ist tot. Selbst ein Diamant hat kein Potential. Ein Saatkorn dagegen – das ist der Unterschied: der Stein ist tot, der Diamant ist tot, aber das Saatkorn lebt. Es kann wachsen, es können mehr werden, immer mehr. Hundertfach, tausendfach, und es kommen Millionen Samen, die wiederum hundertfach, tausendfach wachsen können.

Man sagt, ein einziges Saatkorn könne die ganze Welt grün machen. Es braucht nur ein wenig Zeit. Und wenn ihr ihm noch etwas mehr Zeit laßt, so kann dies winzige Korn das ganze Universum mit Grün erfüllen, mit Blumen. Das ist das Potential eines Saatkorns.

Wenn Jesus zu euch spricht, gibt er euch nicht Blumen. Er gibt euch Samen. Er hätte euch vielleicht lieber Blumen mitgebracht, denn ihr Wert fällt mehr ins Auge, aber er gibt euch Samen. Denn er weiß: eine Blume liegt schon im Sterben. Eine Blume ist in den letzten Zügen; ein Same hat noch nicht einmal begonnen. Same ist unendliches Potential; Blume ist Erschöpfung.

Das unterscheidet auch den Erwachten von den sogenannten Pandits und Rabbis. Die schenken euch Blumen: erschöpft. Ihr mögt ein wenig Freude an ihnen finden, ein wenig euer Zimmer damit schmücken, aber eine Blume ist erschöpft. Ein Buddha, ein Jesus, ein Krishna – die schenken Samen. So kann ein Rabbiner zum Beispiel in seiner Zeit sehr berühmt sein, aber hinterher ist er vergessen. Ein Pandit mag zu Lebzeiten sehr berühmt sein, aber wenn er fort ist, ist er fort. Jesus lebt und lebt und lebt. Buddha lebt noch immer. Sie geben Samen. Millionen von Blumen entspringen daraus – und Millionen von Samen. Sie setzen sich fort; es ist ein lebendiges Kontinuum.

Ein Gleichnis ist ein Samenkorn. Es kommt auf dich an, als was es sich entfaltet. Du kannst es verlieren wie etwas Totes, wenn du es hörst und nicht verstehst. Oder du kannst es verlieren, wenn du es hörst und es nur vom Intellekt her verstehst. Dann fällt es auf steinigen Boden. Du kannst es aber auch verlieren, wenn du es verstehst und ihm sogar einen Platz in deinem Herzen gibst, aber unter lauter Gestrüpp. Nein, Jesus will dein ganzes Herz. Nichts weniger als das. Es ist ein totaler Einsatz.

Wenn du zu mir kommst, um dich initiieren zu lassen, mußt du dich restlos einbringen. Es ist ein Risiko. Du machst einen Sprung ins Unbekannte.

Es können sich also nur mutige, sehr mutige Menschen auf diesen Weg begeben. Nur die, die bereit sind, alles zu wagen. Es ist riskant und gefährlich. Du kennst dich ja überhaupt nicht aus. Du gehst den Weg zum ersten Mal, also weißt du nicht. . .

Ich hab eine Geschichte gelesen: Mitten in der Wüste sieht ein Mann – halb tot vor Durst – eine Pumpe am Straßenrand. Voll Hoffnung geht er hin und findet einen Zettel an der Pumpe. Darauf steht: „Bitte, diese Straße ist fast ausgestorben, es dauert manchmal Jahre, bis jemand vorbeikommt. Die Pumpe funktioniert, aber weil sie oft jahrelang nicht benutzt wird, mußt du erst Wasser reingießen, damit sie ansaugt. Unter dem weißen Stein hab ich eine große Flasche voll Wasser versteckt. Bitte nicht trinken. Wenn du auch nur einen Schluck trinkst, reicht das Wasser nicht, die Pumpe in Gang zu bringen. Hab Vertrauen. Wenn du alles Wasser in die Pumpe gießt, wird sie funktionieren und dir genügend Wasser spenden. Und vergiß nicht, die Flasche wieder zu füllen und unter dem Stein zu verstecken, bevor du gehst." Der Zettel war unterschrieben und datiert – vor zwanzig Jahren. Zwanzig Jahre lang. . .

Der Mann rennt zum weißen Stein, findet die Flasche – viele hatten es gelesen und alle hatten vertraut. Es hätte gut sein können, daß einer denkt: „Wer weiß, vielleicht spinnt dieser Mann oder er ist verrückt oder ein Witzbold, der sich einen Scherz mit mir erlaubt. Wenn ich das Wasser reingieße, was dann? Das Wasser ist weg und die Pumpe geht nicht." Du hast Durst, mitten in der Wüste, meilenweit kein Haus. Vertrauen ist gefährlich, riskant. Und dazu einem Unbekannten. Du weißt nicht, wer der Mann ist, er hat zwar mit seinem Namen unterschrieben, aber du kennst ihn ja nicht.

Doch jeder befolgte die Anweisung. Das ist Vertrauen. Auch dieser Mann befolgte sie. Das heißt es, ins Unbekannte zu gehen: Er starb vor Durst, und die Versuchung, erst das Wasser zu trinken, war groß. Wer weiß? Und dieses Wasser kann ihn retten! Erst Wasser in die Pumpe gießen. . .?

Vielleicht geht es verloren, und die Pumpe arbeitet trotzdem nicht? Mitten in der Wüste, wer weiß? Vielleicht hatte die Pumpe ja noch funktioniert, als der letzte Mann vorbeikam, aber ob sie auch jetzt noch funktioniert? Das heißt, ein Risiko einzugehen: das Leben steht auf dem Spiel. Aber er goß das Wasser hinein. Mit zitternden Händen, voller Angst, den Tod vor Augen.

Wenn du zu mir kommst und ich dir etwas sage, das dem Unbekannten zugehört, mußt du mir vertrauen. Es gibt keinen andern Weg. Und es ist gefährlich. Wer weiß? – dieser Mann ist vielleicht nur ein Witzbold, er hält dich vielleicht zum Narren. Oder er ist vielleicht verrückt, wahnsinnig. Es ist riskant.

Mit Jesus zu gehen ist riskant. Ihm zu folgen ist ein Risiko; denn wo er dich hinführt, bist du noch nie gegangen. Der Pfad ist unbekannt, das Ziel ist unbekannt. Nur das Herz kann das riskieren, weil das Herz unschuldig ist, so unschuldig wie ein Kind.

Bei dem aber in das gute Land gesät ist. . .

Das Herz ist das gute Land. Und die gute Nachricht kann nur vom guten Land aufgenommen werden.

Jesus sagt: „Darum rede ich in Gleichnissen." Ein Gleichnis versteht jeder anders, jeder auf seine Art. Wenn schon etwas in ihm ist, dann trifft das Gleichnis auf diese Quelle und wird sehr ergiebig.

Wer nichts in sich hat, dem geht das Gleichnis verloren. Wenn du die Basis nicht hast, kann dir das Gleichnis nicht die Quelle der Kraft offenbaren, denn dann kommt „der Arge", und der Teufel ergreift Besitz von dir. Dann wird das Ego gestärkt, und statt daß dir geholfen wurde, hast du Schaden genommen.

Das ist das Schöne an einem Gleichnis: es gibt dir nur so viel, wie du nehmen kannst. Es gibt dir niemals mehr. Aber wenn du reif bist, oder eines Tages soweit bist, fängt es an, dir mehr und immer mehr zu geben.

Ich habe gehört: als Präsident Abraham Lincoln sich Männer für sein Kabinett zusammensuchte, schlug ihm einer der Ratgeber einen gewissen Mann vor. Abraham lehnte ab. Der Ratgeber fragte warum. Lincoln sagte: „Ich mag sein Gesicht nicht." Darf das ein Grund sein? Der Ratgeber fragte: „Aber er kann doch nichts für sein Gesicht! Jedenfalls darf das doch kein Grund sein. Was kann denn er dafür? Er kann nichts dran ändern." Lincoln sagte: „Das nicht, aber wenn man über vierzig ist, trägt jeder die Verantwortung für sein Gesicht."

Ich stimme ihm zu. Absolut wahr. Wenn du über vierzig bist, trägst du die Verantwortung für dein Gesicht. Es zeigt, wie du gelebt, geliebt, dir Sorgen gemacht hast. Es zeigt, wie du dich benommen hast, wie du mit anderen umgegangen bist. Es zeigt, wieviel Unglück oder wieviel Ekstase du dir zugestanden hast. Es ist deine Autobiographie. Aber erst, wenn du über vierzig bist. Du bist für dein Gesicht verantwortlich.

Aber ich möchte euch noch etwas mehr sagen: Du bist auch für deine Seele verantwortlich, nicht nur für dein Gesicht. Denn du b i s t, was du zu sein dich entschieden hast. Wenn du unglücklich bist, ist es deine Wahl. Wenn du in tiefer Dunkelheit bist, ist es auch deine Wahl. Solange du dich nicht entscheidest umzukehren, wird Gott dir nicht offenstehen. Nicht, daß er nicht offen wäre – er steht dir immer offen – aber er kann nichts daran ändern.

Sieh ihm ins Gesicht, dreh dich um, schau auf die Quelle, und plötzlich überflutet er dich. Ja, vergiß nicht das fundamentale Gesetz – dieses:

> *Denn wer da hat, dem wird gegeben,*
> *daß er die Fülle habe;*
> *wer aber nicht hat,*
> *von dem wird auch genommen, was er hat.*

Achter Morgen

Werde ich wissen, wann ich soweit bin?

Wie kann ich dir dienen?

Ich bin glücklich wie noch nie.
Und was ist mit der „Nacht der Seele“?

Warum wird mir Religion hier in Poona so bedrohlich?

Wie stelle ich ein Gleichgewicht her
zwischen Gipfel und Tal?

Mit jedem Tag wirst du gebrechlicher. Was ist los?

Achter Morgen

Mein Schiff liegt bereit

Bhagwan, werde ich wissen, wann ich soweit bin, dir Auge in Auge gegenüberzutreten?

Erst wirst du mir Auge in Auge gegenübertreten, wissen wirst du es später. Nicht umgekehrt, daß du es erst weißt und dann tust. Das Wissen kommt nicht zuerst; erst kommt die Wirklichkeit. Wissen ist ein Schatten – es folgt nach. Wenn du annimmst, daß das Wissen zuerst kommt, dann steckst du in der Klemme.

Ich will dir eine Geschichte erzählen:

Es klopfte eines Abends ein Mönch an die Tore eines Zen-Klosters. Er wollte über Nacht bleiben. Er war müde, hungrig. Der Gastgeber öffnete das Tor, aber statt ihn zu begrüßen oder ihm einen Guten Abend zu wünschen, kam er ihm mit einem Zen-Koan, einem buddhistischen Rätsel, und zwar mit einem sehr berühmten. Er sagte: „Was ist dein ursprüngliches Gesicht? – das Gesicht, das du vor der Geburt von Vater und Mutter hattest?“ – Der Mönch nahm die Sandale vom Fuß und schlug dem Gastgeber kräftig ins Gesicht. Der Gastgeber machte einen Schritt zurück, verbeugte sich und sagte: „Willkommen – sei willkommen! Deine Weisheit ist unermeßlich.“

Dann aßen sie zu Abend. Es war eine kalte Nacht, und später saßen sie am Kamin und plauderten, und der Gast fragte: „Und du, weißt denn du die Antwort auch? Das Koan, das du mir stelltest – kennst du selbst die Antwort darauf?“ Der Gastgeber sagte: „Ich habe leider nicht das Glück. Nein, ich kenne die Antwort nicht. Aber ich erkannte sie, als du mir deine Antwort gabst. Schließlich habe ich so viel über Zen gelesen, und so viel über Zen gehört, daß ich die Antwort sofort zu erkennen vermochte. Du hast ja keinen Augenblick gezögert, du hast sie dir ja nicht ausgedacht. Sie kam aus deiner Totalität. Sie kam nicht aus dem Kopf – soviel konnte ich erkennen.“

Der Gast blieb still. Er schlürfte weiter seinen Tee. Aber nun schöpfte der Gastgeber Verdacht. Er sah sich das Gesicht des Gastes genauer an und fand, daß ihm daran etwas nicht gefiel. Also fragte er noch einmal nach: „Bitte sag mir – weißt du wirklich die Antwort? Hast du die Antwort?“ Da lachte der Gast laut los und kugelte sich vor Vergnügen auf der Herdmatte. Er sagte: „Nein, mein Bester. Auch ich habe viel über Zen gelesen und sehr viel über Zen gehört.“

Wenn das Wissen überhand nimmt, wird es zur Schranke. Du kannst viel Gelehrtes wissen. Das ist die Gefahr der Gelehrsamkeit: du kannst wissen, ohne das geringste zu wissen. Tief im Innern bleibst du unwissend, aber auf der Oberfläche weißt du alles, was es überhaupt zu wissen gibt.

Du magst andere täuschen; aber die größere Gefahr ist, daß du dir eines Tages selbst etwas vormachst, daß du dich selbst betrügst. Damit hört jede Möglichkeit zu wachsen auf.

Sei nie auf Wissen aus. Alles Suchen muß auf das Wirkliche gerichtet sein – auf das, was *ist*. Du darfst nicht darüber nachdenken. Das ist der Unterschied zwischen Theologie und Religion. Theologie spricht ständig über Gott; Religion *spricht* Gott – nicht *über*. Das „Über“ ist das Reich der Theologie. Die Priester, die Prediger sprechen ewig darüberher und darumherum. Religion spricht nicht über die Wirklichkeit – Religion s p r i c h t die Wirklichkeit.

Du fragst mich: *Werde ich wissen, wann ich soweit bin, dir Auge in Auge gegenüberzutreten?*

Erst wirst du dich mir stellen und dann erst wissen. Wissen folgt immer nach. Es ist ein Erkennen, nachdem das Wirkliche eingetreten ist. Du kennst Gott nicht eher, als bis du ihn erkannt hast. Du wirst ihn erst e r kennen, und dann – als Schatten – folgt das Kennen nach. Du wirst hinterher wissen, was passiert ist. Das Ereignis kommt erst, das Wissen folgt später.

Manchmal gehört viel Zeit dazu, ehe man es weiß; denn der Verstand ist dumm. Manchmal kann es sehr lange dauern, bis man es weiß.

Es ist euch vielleicht schon öfters im Leben passiert – ihr habt vielleicht schon einige Augenblicke von ungeheurer Wirklichkeit und Echtheit erfahren – aber ihr habt sie nicht erkennen können. Sie sind in der Wüste versiegt. Noch ehe ihr sie erkennen konntet, waren sie schon vorbei, und es kamen andere Dinge. . . der Verstand fing wieder zu arbeiten an. Ihr habt sie verpaßt.

Dies ist meine Feststellung: daß man auf der ganzen Welt nicht e i n e n Menschen finden kann, der nicht schon ein paar Augenblicke Wirklichkeit erfahren hat. T r o t z dir fällt manchmal ein Lichtstrahl in dein Inneres. Denn nicht nur suchst d u die Wirklichkeit – die Wirklichkeit sucht auch dich. Nicht nur, daß d u Gott nötig hast – auch Gott hat den Menschen ungeheuer nötig. Du kannst nicht ohne ihn sein; er kann nicht ohne dich sein. Du kannst ihn vergessen; aber er kann dich niemals vergessen. Du magst ihm den Rücken kehren, aber er versucht weiter, dich zu erreichen. Deine Hände mögen sehr klein sein; seine Hände sind nicht klein. Er kann dich packen, wo immer du bist, selbst in der siebten Hölle noch. Und er streckt ständig die Hände nach dir aus – vergiß es nicht.

Genau darum kann immer wieder – nicht wegen, sondern trotz dir – ein Lichtstrahl aufblitzen. Aber du erkennst es nicht. Viele Menschen haben religiöse Erfahrungen, aber sie erkennen sie nicht als religiös. Manchmal sind es ästhetische Erfahrungen. Kein wahrhaft ästhetisches Erlebnis kann etwas anderes sein religiös. Wenn du das schöne Gesicht eines Mannes oder einer Frau oder eines Kindes erblickst, und dich dessen Schönheit wirklich trifft, dann ist dies Erlebnis nicht nur ästhetisch; es ist religiös. In jenem Augenblick der Schönheit hat Gott dich angeblickt – durch dieses Gesicht hindurch. Gott hat sich dir durch dieses Gesicht geoffenbart. Durch diese Augen hat die Tiefe der Existenz versucht, mit der Tiefe deines Seins zu kommunizieren. Die Tiefe hat zur Tiefe gesprochen, es fand eine Zwiesprache statt. Es war nicht nur ästhetisch.

Plötzlich, eines Morgens, ist dir licht und leicht zumute. Du bist frisch und unbeschwert. Die Vergangenheit sitzt dir nicht mehr im Genick, und die Zukunft hat noch nicht begonnen. Du schaust in den Himmel. . . unendliche Leere. Es ist nicht nur eine ästhetische Erfahrung; es ist religiös. Schönheit ist Wahrheit. . . und die Wahrheit – ist schön!

Manchmal hörst du Musik, und plötzlich stehen die Gedanken still. Die Musik schluckt dich, du ertrinkst in ihr. Du bist nicht mehr. Nur durchlässige Gegenwart bleibt: die Musik geht dir durch und durch. In so einem Augenblick ereignet sich nicht nur Musik. Es ist Religion. Aber du erkennst es nicht.

Glaubt ihr, Religion gäbe es nur in der Kirche, wo tote Priester um den heißen Brei herumschleichen? Nun – die Kirche ist der allerletzte Ort, wo sich Religion ereignet. Sie ist ein Kirchhof. Gott lebt dort nicht. Eine Kirche ist voll toter Götter. Einst waren sie am Leben, irgendwann, früher. Jetzt sind sie nur noch Legenden. Als Jesus auf Erden ging, da passierten religiöse Dinge um ihn her. Aber heute ist Jesus ein toter Mythos. Er wird in Kirchen angebetet; es wird über ihn und um ihn herumgepredigt, aber d a ist er nicht.

Die Kirche, der Tempel – das ist der letzte Ort, wo sich Religion einfindet, wo Gott in dich eindringen kann. Er kommt zu dir auf lebendigeren Wegen. Er kommt durch deine Frau zu dir, durch dein Kind, durch deinen Mann, durch den Freund. Manchmal sogar durch den Feind. Durch Blumen und Meer und Sand, und die Berge und die Sterne und die Vögel. . . er kommt auf tausend Wegen daher, immer lebendig.

Er ist Leben. Das Wort „Gott“ könnt ihr vergessen; es ist so abgenutzt. Das ist ein sehr schmutziges Wort geworden. Vergeßt es. Sagt einfach „Leben“, das reicht. Sagt „Existenz“, oder „Sein“, das reicht. Wenn euch „Wahrheit“ zu hart klingt, sagt „Liebe“, das reicht. Wenn „Wahrheit“ zu sehr von den Philosophen gepachtet worden ist, dann vergeßt es. „Liebe“ ist völlig in Ordnung.

Wann immer du ein ästhetisches Erlebnis hattest, wo immer dein Herz zu einem kleinen Gedicht wurde, und es pochte etwas in dir, etwas Unbekanntes – da ist Religion. Erkennen braucht Zeit. Manch einer erkennt es ganze Leben lang nicht. Und wenn man's erkennt, dann lacht man nur noch, dann wird man verrückt vor Lachen, denn in diesem Erkennen werden noch viele andere Dinge miterkannt, die unerkannt geblieben waren.

Ich habe von einem Zen-Mönch gehört. . . die Geschichte ist einfach nicht zu glauben! Er mühte sich redlich. Sein Meister hatte ihm ein Koan aufgegeben, ein Zen-Rätsel, das er nun austüfteln mußte. Das Koan lautete: „Hörst du den Ton? Es klatscht nur e i n e Hand!“ . . . nicht zwei Hände zusammen, sondern nur eine Hand, die ins Leere klatscht! „Was für einen Ton macht das? Finde es heraus!“ Er mühte und mühte sich ab, aber er konnte den Ton nicht hören. Jahre vergingen. Er kam immer wieder von neuem zum Meister gelaufen und brachte vor, was er gehört hätte, und der Meister ließ ihn immer sofort abblitzen. Noch bevor er den Mund auftun konnte, sagte der Meister: „Nein, bleib mir mit deinen Dummheiten weg, geh zurück, bemühe dich!“

Es heißt, zwölf Jahre seien so verstrichen, ohne daß der Meister ihn auch nur eines Blickes gewürdigt hätte. Er war schroff, und der Schüler verlor schließlich den Mut. Die Nerven gingen ihm durch. Er floh aus dem Kloster. Wohin sollte er? Er hatte kein Zuhause. Und die Leute daheim würden ihn nicht aufnehmen; denn wenn du erstmal Mönch bist und zwölf Jahre in einem Kloster warst, heißt Rückkehr Niederlage. Das ist unwürdig. Die ganze Stadt würde ihn auslachen, ihn den Versager, und seiner Familie wäre das peinlich. Besser, er ging gar nicht hin.

Aber wohin sonst? Er stand irgendwo in einer Stadt, einer unbekannten Stadt, wußte nicht wohin, wußte nicht, was tun. Eine Frau schaute aus dem Fenster. Der Mönch stand da – er war ein schöner Mann. Die Frau rief ihn. Er wußte nicht, wer sie war. . . und selbst wenn er es gewußt hätte, nun war es egal. Die Frau, eine Prostituierte, rief ihn zu sich, und er zog zu ihr. Die Prostituierte verliebte sich in ihn. Sie tanzte und spielte Musik. Sie konnte herrlich singen, herrlich musizieren, herrlich tanzen – und er vergaß alles, was er in den zwölf Jahren bei seinem Meister gelernt hatte, vergaß das Zen-Koan, vergaß alles, vergaß restlos. . . Alles war wie weggewischt, als wäre er nie in einem Kloster gewesen.

Eines Nachts schlief er mit der Frau. . . Ich habe noch nie eine schönere Geschichte als diese hier gehört!. . . und als er zum Orgasmus kam, hörte er plötzlich: das Klatschen e i n e r Hand!

In tiefer Liebe kommt ein Augenblick, wo zwei eins werden. Zwei Energien kommen zusammen: Yin und Yang, Mann und Frau. Der Mann verschwindet, und die Frau verschwindet. Es gibt kein Yin und kein Yang mehr: ein Kreis. Eine Nicht-Dualität.

Plötzlich war das Koan gelöst. Er h ö r t e das Klatschen der einen Hand. Es heißt, er sei aus dem Bett gesprungen, sei aus dem Fenster gesprungen. . . Die Frau war fassungslos: „Was machst du da? Bist du verrückt geworden?“ – Er sagte: „Laß mich erst zu meinem Meister! Es ist passiert!!“

Er ging zum Meister und – Wunder über Wunder – der Meister erwartete den Jünger draußen vor dem Tempel. Er sagte: „Es ist soweit? Das ist aber nicht die Zeit, mich zu besuchen! Zwei Uhr! Mitten in der Nacht!“

Der Meister erwartete ihn. . .

Noch ehe es dem Jünger passiert, weiß der Meister es schon. Wenn du auf den Meister eingestimmt bist, wenn du dich wirklich dem Meister ausgeliefert hast, dann passiert es im selben Augenblick wie dir auch dem Meister. Der Meister erlebt durch seine Jünger viele Male viele Satoris. Jedesmal, wenn wieder einer seiner Jünger heimkommt, kommt auch der Meister wieder heim. Und wieder der gleiche Tanz. . .

Leben ist Gott, Liebe ist Gott. Vergiß nur dies eine nicht; und vergiß alles Wissen.

Werde ich wissen, wann ich soweit bin, dir gegenüberzutreten? Du wirst dich mir stellen, du wirst aus dem Bett springen, du wirst aus dem Fenster springen und angerannt kommen. Du wirst nicht wissen, was los ist. Dieses Ereignis ist größer als du. Wie kannst du es kennen? Es ist unendlich viel größer als du. Wie kannst du es fassen? Du bist nur ein Tropfen darin – es ist ozeanisch. Aber später, wenn sich alles wieder gesetzt hat, und du dich auf diese Ekstase eingestellt hast, auf dieses Satori, dieses Samadhi, dann kommt auch der Verstand zurück. Du beginnst zu erkennen, du fängst an zu denken.

Erkennen ist Verstandessache. Das Erkannte selbst hat nichts mit Verstand zu tun. Im tiefen Augenblick des Wirklichwerdens steht der Verstand still. Das Ereignis ist von der Art – und derart unbekannt – daß der Verstand nicht funktionieren kann, es nicht bewältigen kann. Wenn es vorbei ist, kommt der Verstand zurück. Dann reibt er sich die Augen und fängt an zu begutachten und zu denken und zu überlegen, und plötzlich dämmert es ihm: es ist also passiert?!

Es ist also passiert? – der Verstand kann es nicht glauben, denn er ist ein Zweifler. Aber er m u ß dran glauben. Glaub es oder glaub es nicht – es ist passiert.

Das Erkennen folgt der Verwirklichung. Du wirst Bescheid wissen, wenn es passiert ist, aber du wirst es nicht vorher wissen. Und das ist auch nicht nötig. Wenn du es vorher weißt, wird dein Wissen zur Schranke. Mach dir also bitte keine Gedanken darum.

Bhagwan, wie kann ich dir dienen?

Sei einfach du selbst. Es gibt keine andere Möglichkeit, mir zu dienen. Sei einfach du selbst. Nur so kannst du mir dienen. So h a s t du mir bereits gedient, falls du du selbst bist. Mein ganzes Bestreben ist, dir zu helfen, du selbst zu sein. Erst wenn du zentriert bist, verwurzelt, geerdet, wenn du an einen Punkt gelangt bist, wo du dir keine Gedanken mehr darüber machst, wie du jemand anderer werden kannst, wo der Ehrgeiz, jemand anderer zu werden, verschwunden ist; wenn kein Wunsch mehr in dir ist, in die Zukunft zu schweifen, wenn die Gegenwart sich selbst genügt, wenn du tief mit dir zufrieden bist, so wie du bist; wenn du Gott danken kannst, wenn du dankbar sein kannst, ohne irgendeine Klage, wenn dein ganzes Herz einfach voll Dankbarkeit ist – d a n n hast du mir gedient. Es gibt keinen anderen Weg.

Natürlich wäre alles leichter, wenn ich dir andere Wege zeigen würde, wie du mir dienen kannst – Dinge, die du tun kannst. Du kannst herkommen und mir die Füße massieren. . . das hilft nicht, das hat wenig Zweck. Es bringt dich nicht weiter. Du wirst dich vielleicht glücklich fühlen, aber dies Glück ist nicht die wahre Seligkeit.

Meine ganze Arbeit ist: falle auf dich selbst zurück. Wandere nicht in die Zukunft ab und laß dich nicht von der Zukunft motivieren. Wenn d i e s e r Augenblick zu deiner totalen Wirklichkeit wird, dann bist du mir nahe gekommen, so nahe, wie nur ein Wesen dem anderen kommen kann. Indem du du selbst bist, bist du mir nahe. Indem du ein anderer zu sein versuchst, entfernst du dich weit von mir.

Seid keine Nachahmer. Der Verstand imitiert, weil es leichter ist, das Spiel der Nachahmung zu spielen, statt echt und wahr zu sein. Viele Ideen wurden euch eingeimpft: Werde wie Buddha! Werde wie Jesus! Werde wie Krishna! – als ob ihr alles werden solltet, nur nicht ihr selbst. Als hätte Gott ausgerechnet etwas gegen dich. . . Er ist für Krishna, für Christus, für Mahavir, für Buddha – aber gegen dich hat er was! Warum hat er dich dann überhaupt erschaffen? Ist er denn dumm? Warum erschafft er euch alle? Wenn er sich nur für Buddha interessiert, kann er doch lauter Buddhas erschaffen! Warum denn euch?

Es wäre einfacher, er würde Buddhas am laufenden Band erschaffen. Wie Ford-Autos. Die kommen unentwegt vom Fließband. Ein Auto nach dem andern, ein Buddha nach dem andern. Das wäre schön! Aber Gott ist nicht daran interessiert. Er erschafft einen Buddha kein zweites Mal, habt ihr das schon bemerkt? Er erschafft einen Jesus kein zweites Mal – er denkt gar nicht dran. Warum? Weil es nicht nötig ist, sich zu wiederholen. Alle Wiederholung ist tot. Er erschafft immer das Neue, das Neuartige. Er erschafft dich! Er interessiert sich mehr für dich als für die Erschaffung weiterer Buddhas oder weiterer Christusse. Und vergiß nicht: dich erschafft er auch nicht zweimal; also sei, solange du hier bist, wahr und echt.

Sei du selbst.

Ich habe eine Geschichte gehört: Ein Amerikaner hatte eine wunderschöne Teetasse gefertigt und wollte sie in Massen reproduzieren. Aber die Massenproduktion wäre in den Staaten sehr teuer geworden, und so verschickte er die Tasse nach Japan – zur Massenproduktion. Auf der Überfahrt brach der Henkel ab. Die Japaner sind, wie ihr wißt, die perfekten Nachahmer. Sie stellten die Tasse in Massen her, ganz genauso wie sie war: mit abgebrochenem Henkel. Sie reproduzierten sie genauso, wie sie war. Genauso läuft es. Gott erschafft ständig das Neue, Gott erschafft ständig das Niedagewesene, Gott erschafft dich, und die Nachahmer in Kirchen und Tempeln leiern ständig: Sei wie Jesus, sei wie Buddha, sei der und der. Und unterwegs bricht bei jedem der Henkel ab. Unterwegs – zweitausend Jahre. . . Selbst wenn Jesus zurückkäme, würde er den Jesus nicht erkennen können, der in den Kirchen angebetet wird. Unmöglich. Jesus war ein ganz und gar anderer Mensch – ein lebendiger!

Die Kirchen beten immer nur Leute an, die es nie gegeben hat, die sie selbst erfunden haben.

Warum rede ich ständig von Jesus, Buddha oder Krishna, von Zarathustra oder Laotse? Aus folgendem Grund: ich möchte euch Jesus so wiedergeben, wie er vor der Überfahrt war – unzerbrochen, vollständig, vor dem Auftreten der Priester.

Im Hause eines Freundes von mir befindet sich ein sehr wertvolles Gemälde, ein Bild aus dem siebzehnten Jahrhundert, von einem großen Meister. Sehr wertvoll. Er liebt das Bild so sehr, daß er immer Angst hat, es auch nur zu reinigen. Es könnte beschädigt werden. Es ist alt und sehr empfindlich. Aber viel Staub hatte sich darauf angesammelt, und so mußte ein Experte gerufen werden. Als der Experte es zu säubern anfing, tauchte ein neues Problem auf: die Farbe blätterte ab. Der Experte war sehr besorgt; er fragte: „Soll ich aufhören?“ Ich hielt mich gerade im Hause auf. Ich sagte: „Machen Sie weiter, hören Sie ja nicht auf.“ Mein Freund war nicht da, sonst hätte er den Mann zurückgehalten. Aber er sagte: „Es könnte zerstört werden.“ Ich sagte: „Machen Sie sich keine Sorgen. Machen Sie nur weiter, ich kann nämlich etwas anderes darunter erkennen.“

Und so war es. Als die Farbe abgezogen worden war, stellte sich heraus, daß sich das echte Bild darunter befand. Ein anderer Maler hatte den Meister zu verbessern versucht. Es waren zwei Bilder da, und das echte tauchte erst auf, als das Darübergemalte, als die Farbe abgeblättert war. Da freuten sich alle. Aber erst war es ein Risiko.

Wenn ich von Jesus spreche, versuche ich, die Farbe abzuziehen, die das Christentum – um es zu verbessern – über das ursprüngliche Gesicht des Meisters gemalt hat. Aber das ist ganz verständlich – unterwegs. Da verändert sich alles.

Sei du dir selber treu. Versuche nie, ein anderer zu sein. Das ist die einzige Sünde, die ich Sünde nenne. Akzeptiere dich.

Was immer du bist – so bist du schön. Gott akzeptiert dich – akzeptiere du dich auch. Er erschuf dich nach seinem Ebenbild. Er vertraut dir; er hat sich in deinem Dasein zum Ausdruck gebracht. Verrate ihn nicht.

Seid keine Nachahmer. Das ist der einzige Weg, wie ihr mir dienen könnt: indem ihr ihr selbst seid. Sei du selbst! Plötzlich seid ihr mir dann nahe, so nahe wie nur möglich. Wenn ihr Nachahmer seid, wenn ihr wie jemand anders zu sein versucht, verfälscht ihr euer Sein. Ihr werdet zu Verrätern. Alle Ideale sind tückisch, und alle Ideale sind Verrat.

Ich lehre euch kein Ideal, und ich will nicht, daß ihr etwas werdet, was nicht in euch liegt. Du weißt nicht, wer du bist. Das ist die Schwierigkeit. Du mußt dich mit dem Unbekannten befreunden.

Ich habe gehört: Als der Apostel Paulus nach Athen kam, sprach er zum Volk: „Ihr seid sehr gut, ihr seid sehr groß im Denken, ihr habt der Welt die größten Philosophen geschenkt. Aber eines habe ich bemerkt: in eurer Stadt sah ich einen Tempel, der dem ‚Unbekannten Gott' geweiht ist. Darin steht keine Statue, sondern es steht da nur in Marmor gehauen der Satz: ‚Dieser Tempel ist dem unbekannten Gott geweiht.' " Paulus sagte: „Das reicht nicht – ein u n bekannter Gott? Das genügt nicht. Euer Fundament ist unvollständig. Ich bringe euch den bekannten Gott, denn nur auf den bekannten Gott kann man bauen. Eurer Kultur, eurer Zivilisation fehlt das Fundament."

Aber ich sage euch: nur der unbekannte Gott ist Gott. Wenn ihr euch einem bekannten Gott verschreibt, habt ihr schon mit der Verfälschung begonnen, denn alles Bekannte wird zu Wissen, alles Bekannte wird eurem Verstand einverleibt. Buddha ist bekannt – leicht nachzuahmen. Jesus ist bekannt – leicht nachzuahmen. D u bist unbekannt. Und ich lehre, dem unbekannten Gott treu zu bleiben. Das Bekannte ist leicht, damit wird man fertig, damit kann man etwas anfangen. Ins Unbekannte zu gehen, dazu gehört viel Mut, viel Abenteuergeist.

Und Religion ist das größte Abenteuer überhaupt. Religion ist keine Tröstung, ist nichts Bequemes, ist nichts Bürgerliches. Religion heißt: ins Unbekannte gehen, ins Ungebahnte – und sein Leben dafür zu riskieren.

Was Paulus zu den Griechen gesagt hat, ist gefährlich. Dieser Mann Paulus redet vernünftig, aber er ist sehr gefährlich. Euch wird es ebenfalls einleuchten, daß ein bekannter Gott besser ist als ein unbekannter Gott. Denn auf Bekanntes können wir uns leicht abziehen; mit einer Karte kommen wir leicht voran. Aber ich sage euch wieder und wieder, man kann sich nicht besser verirren als mit der Karte in der Hand.

In der Welt der Wahrheit stimmen alle Landkarten nicht, denn die Wahrheit ist undefiniert und bleibt undefinierbar. Definiert wird sie unwahr. Genau das meint Laotse, wenn er sagt: „Die Wahrheit läßt sich nicht aussprechen; einmal ausgesprochen, ist es nicht mehr die Wahrheit.“

Gott ist unbekannt. Oder, noch besser: das Unbekannte ist Gott. Und dies Unbekannte wohnt in dir, wartet in dir. Wenn du mir dienen willst und mir nahe sein willst, dann sei deinem unbekannten Gott nahe, der in dir ist. Diene diesem unbekannten Gott, der in dir ist, hilf diesem unbekannten Gott zu *sein*, sich zu entfalten, zu werden, zu strömen, zu blühen.

Bhagwan, mir ist etwas ganz Merkwürdiges passiert: ich bin glücklich! Meine Probleme werden durchsichtig, und ich fühle mich immer lebendiger. Du sprichst von der Notwendigkeit zu sterben. Wie kann mich denn mein Glücksgefühl durch die „dunkle Nacht der Seele" führen?

Das ist von Sambuddha. Also Sambuddha, nun mach um Himmels willen keine neuen Probleme!

So funktioniert der Verstand. Sogar wenn du glücklich bist, fühlst du dich nicht wohl! Du – und glücklich?! Unmöglich. Da muß was schiefgelaufen sein! Das paßt nicht zu der Vorstellung, die du von dir hast. Du – und glücklich? Du mußt verrückt geworden sein, du mußt dir das einbilden, oder dieser Rajneesh hat dich hypnotisiert. Du – und glücklich? Unmöglich.

Also Sambuddha, schaff um Himmels willen keine neuen Probleme. Vergiß alles, was ich übers Sterben gesagt habe, denn im allerglücklichsten Augenblick stirbt man. Der Tod, von dem ich rede, ist nicht der Tod des Elends. Der Tod, von dem ich rede, ist nicht der Tod des Leidens, ist nicht der Tod der Qual. Der Tod, von dem ich rede, ist der Tod der Ekstase, der Tod der reinen Seligkeit, der Tod, welcher kommt, wenn du so glücklich bist, daß du explodierst und einfach verschwindest.

Aber mach dir darüber keine Gedanken. Er kommt von allein. Er ist schon unterwegs. Wenn du dir deshalb Gedanken machst und dich fragst: „Warum bin ich nur so glücklich?". . .

Mir ist etwas ganz Merkwürdiges passiert: ich bin glücklich! Wenn du dir darüber Gedanken machst, wird das Glück bald verschwunden sein und du wirst in deine gewohnte Geistesverfassung zurückfallen. Genieße es. Geh tief hinein. Wag's! Das Denken steckt so tief in Geiz und Unglück, daß es sich selbst dann noch ans alte Vergangene klammert, wenn das Glück kommt. Es hat Angst, einen Schritt nach vorn zu tun: wie denn glücklich sein? Wie denn lachen? Selbst im Lachen lachst du halben Herzens. Selbst wenn der Verstand sich vorwagt, geht er so, daß er sich jeden Moment zurückziehen kann, falls etwas schiefgeht. Und das Glück will, daß du dich total auf es einläßt. Es will dich ganz und gar. Genieße es, geh hinein, laß dich von ihm besitzen, und in dieser Besessenheit wird Tod sein. Völlig vom Glück besessen, stirbt das Ego.

Ich lehre kein Leiden, ich lehre kein Opfern, ich lehre keine Entsagung. Ich lehre den Tod, der aus Seligkeit kommt, den Tod, der auf dem höchsten Gipfel des Glücks kommt, den Tod, der kommt, wenn du tanzt, singst, liebst. Den Tod, der kommt, wenn das Ganze Besitz von dir ergreift und der Ozean in den Tropfen hineinfällt. Natürlich stirbt der Tropfen dabei! Ein so gewaltiges Geschehen: das Meer fällt in den Tropfen. . . Wie kann das der Tropfen überleben? Aber wozu auch überleben? Wollte der Tropfen weiterleben, so wäre das wahrhaftig der Tod. Verschwindet er dagegen im Meer. . . das ist es genau, was Jesus „Leben über Leben, ewiges Leben" nennt.

Laß es zu. Nicht leicht. . . Die Menschen suchen immer nach Glück, und wenn es kommt, machen sie die Tür zu. Die Menschen suchen immer nach Liebe, aber wenn sie an die Tür klopft, verstecken sie sich irgendwo im Schrank. Die Menschen suchen immerfort Freundschaft, und wenn ihnen jemand zu nahe kommt, packt sie die Panik, bekommen sie es mit der Angst. Was ist das für eine Angst vor dem Glück? Die Angst vor dem Tod.

Was ist die Angst in der Liebe? Die Angst vor dem Tod. Was ist die Angst vor der Freiheit? Die Angst vor dem Tod. Das Ego hat Angst. Das Ego kann es im Unglück aushalten, das Ego kann es sogar in der siebten Hölle aushalten, aber schon der leiseste Hauch von Glück, und das Haus des Ego beginnt einzustürzen, zusammenzubrechen. Nichts tötet so wie Glück, nichts tötet wie Ekstase. Aber es ist das Risiko wert, denn nur aus einem solchen Tod entsteht wirkliches Leben. Du verschwindest. Danach lebt Gott in dir.

Bhagwan, warum ist „Religion“ ein schmutziges Wort für mich? Und warum bedroht es mich hier in Poona viel mehr als bisher?

Religion i s t ein schmutziges Wort geworden. Man hat es zuviel gebraucht, und man hat es zu sehr mißbraucht. Es ist durch Tausende und Abertausende von Händen gegangen. Es ist genau wie eine alte Münze oder ein alter Geldschein, der durch viele Hände gegangen und dabei schmutzig geworden ist. Alles zu oft Benutzte wird schmutzig – nicht nur Religion.

Alle schönen Worte sind schmutzig geworden. „Gott“, „Liebe“, „Ekstase“ – alle sind sie schmutzig geworden. Der Grund ist ganz natürlich, er liegt auf der Hand. Da manche Wörter so schön sind, neigen die Menschen dazu, sie zu häufig zu benutzen. Ihr braucht euch nur die Werbung anzusehen, und ihr werdet all die schönen Worte wiederfinden – benutzt für Zigaretten, Seifen, Autos, Möbel. All die schönen Worte. . . Eine Zigarettenwerbung kann sogar behaupten, eine Zigarette sei „ekstatisch“. Ein schönes Wort wird in den Schmutz gezogen.

Jeder Film, jeder beliebige Streifen wird „großartig“ genannt, „phantastisch“. Wenn alles phantastisch ist, und jeder Film phantastisch ist, dann ist gar nichts mehr phantastisch. Das Wort bedeutet nicht mehr viel. Wenn ihr etwas „phantastisch“ nennt, heißt das nichts. Es heißt lediglich, daß ihr zuviel ferngesehen habt. Alle schönen Worte verschmutzen, weil der Verstand dazu neigt, sie immer mehr zu benutzen, für alles und jedes. Religion ist etwas Schmutziges geworden.

Religion ist die älteste Sache der Welt. Es geht ein Streit, welcher Beruf wohl der älteste sei – die Prostituierten und die Priester machen sich den Titel streitig. Ich habe auch darüber nachgedacht, und ich kann mir nicht denken, daß die Prostiuierten vor den Priestern kommen. Unmöglich! Ohne Priester, wie ist Prostitution da denkbar? Unmöglich. Der Priester muß als erster dagewesen sein. Erst muß er den Sex verdammt haben, dann kommt die Prostitution. Er muß ihn sehr gründlich verdammt haben, daß die ganze Sache so attraktiv werden konnte.

„Religion“ ist ein schmutziges Wort geworden. Aber vergiß nicht: wenn ein Wort schmutzig ist, heißt das nicht, daß die Sache, die es bezeichnet, auch schmutzig ist. Religion – das Wort – mag beschmutzt sein; aber Religion – die Sache – ist so frisch wie eh und wird auch immer frisch bleiben.

Du kannst ein anderes Wort dafür nehmen. Jedes beliebige Wort tut's, kein Problem. Vergiß nicht: nur weil ein Wort beschmutzt worden ist, darfst du nicht die Sache selbst verwerfen. Das hieße, das Kind mit dem Bade ausschütten. Das Badewasser ist schmutzig geworden, das ist richtig. Schütte es weg. Aber behalte ja das Kind! Wenn du das Kind behältst, ist alles in Ordnung.

Die Kirchen haben das Wort beschmutzt. Sie haben daraus einen Beruf gemacht; sie haben es verdorben. Sie haben es so heruntergebracht, weil sie es den Massen verkaufen wollten. Sie machten es sehr billig, so als wäre es nicht nötig, eurerseits etwas dafür zu tun. Sie kommen und schenken euch die Bibel umsonst. Sie überschütten euch mit „Religion“, sie zwingen sie euch ständig auf. Sie fragen euch nicht einmal um Erlaubnis. Eindringlinge sind sie, anmaßend. S i e sind es, die Religion verdorben haben.

Aber sie haben nicht die Religion an sich korrumpiert. Sie haben nur das Wort korrumpiert. Vergiß das Wort, aber vergiß nicht die Wirklichkeit, auf die es weist.

Und das ist wohl auch der Grund, warum *„es mich hier in Poona mehr bedroht. . .“* Denn das Wort ist mir gleichgültig. Nicht gleichgültig ist mir dagegen Religion selbst. Die ist bedrohlicher. Wenn du in eine Kirche gehst, kommst du unbeschädigt wieder heraus. So, wie du hineingegangen bist, so kommst du auch wieder heraus: der gleiche. Aber wenn du zu mir kommst, gehst du nicht als der gleiche wieder zurück.

Wenn du mir wirklich nahekommst, wirst du in diesem Näherkommen verwandelt und verändert. Du magst weglaufen, du magst Angst bekommen und dich fürchten, aber du wirst nie wieder der gleiche sein. Ich werde dich verfolgen, wo du auch sein magst. Ich komme in deine Träume. Ich folge dir wie ein Schatten. Deine Angst ist wirklich, die Bedrohung ist real. Der Priester in der Kirche ist ein Papiertiger. Er mag donnern, aber sein Donnerwetter ist Mache. Er mag dich anbrüllen im Namen Gottes, aber die Drohgebärde ist unwahr.

Ich habe gehört. . . es geschah in einem Zen-Tempel. Eines Morgens – ein großes Erdbeben, wie das in Japan öfter vorkommt. Der halbe Tempel stürzte ein. Der Hauptpriester, der als wahrer Mann des Zen posiert hatte, versammelte anschließend alle Schüler und sagte: „Seht ihr? Jetzt seid ihr selbst Augenzeugen geworden, was die Eigenschaften eines echten Zen-Mannes sind. Trotz des Erdbebens gab es in mir keine Spur von Angst. Habt ihr nicht gesehen? Ich war, als wäre nichts passiert. Und nicht nur das – ihr müßt auch beobachtet haben, wie ich gleich nach dem Beben in die Küche gegangen bin. . . ich war nämlich durstig und trank ein großes Glas Wasser. Habt ihr gesehen, daß meine Hand nicht zitterte, als ich das Glas hielt?“ Einer der Schüler lächelte. Der Priester war gereizt. Er sagte: „Was ist denn daran so komisch? Warum lachst du?“ Der Schüler sagte: „Ehrwürden – es war kein Wasser. Es war ein großes Glas Soja-Soße, das Ihr da ausgetrunken habt.“

Wenn man große Töne spuckt, sickert irgendwo prompt die Wirklichkeit durch.

Geht zu einem Priester. Was er redet, ist okay; wohlgemerkt: niemals mehr als okay, einfach nur okay. Aber wenn ihr in die Wirklichkeit dieses Menschen blickt, entdeckt ihr Angst. Er ist genau wie ihr. Er mag etwas vortäuschen, und vielleicht tut ihr sogar so, als wäre alles, was er vortäuscht, echt. Und so läuft es dann ab. Vortäuschungen brauchen Gegenseitigkeit. Er gibt vor, ein großer Meister zu sein; du gibst vor, ein großer Schüler zu sein.

Er akzeptiert deine Mache, du akzeptierst seine Mache. So stellen sich beide gegenseitig zufrieden. Und alles bleibt beim alten. . .

Wenn du hier bist, bist du wirklich an einem Gefahrenpunkt. Ich bin ein gefährlicher Mann. Du mußt dir dessen bewußt sein. Komme mir mit vollem Bewußtsein näher, daß da Gefahr ist. Ich bin kein Priester. Ich lehre hier nicht irgendeine Religion. Ich bin bereit, euch Religion zu geben. Es ist nicht Lehre, es ist Übertragung.

In den Kirchen habt ihr gelernt, daß all die Worte wie „Religion", „Gott" Schmutzworte geworden sind. Dann kommt ihr zu mir und erkennt langsam, daß die Worte zwar schmutzig sein mögen, daß dahinter aber etwas versteckt liegt, was immer frisch, immer grün, immer lebendig ist, und was euch total verändern kann. Dann kommt die Angst.

Erst gestern schrieb mir Atmada einen Brief, einen schönen Brief, und sagte: „Wieso machst du dir noch Gedanken darüber, daß dieser Jesus gekreuzigt wurde? Es ist gut, daß dieser Idiot gekreuzigt wurde! Warum machst du dir solche Gedanken?" Genau: mehr haben diese Priester nicht zustande bringen können. Weil sie versucht haben, euch Jesus aufzuzwingen, weil sie sich aggressiv in euer Dasein gemischt haben, haben sie sogar den Namen dieses wunderbaren Menschen beschmutzt. Sie wollten beweisen, daß er der größte Weise aller Zeiten war, und haben doch nur seine Schwächen vergrößert und sonst nichts.

Nur darum kann Atmada mir schreiben, daß er ein Idiot war. Ich weiß, er war einer – aber jeder Weise ist einer. Das ist ein Punkt, der verstanden werden muß. Ein wirklich weiser Mensch ist eine Synthese aus allem, was ihr Weisheit und was ihr Idiotie nennt. Er ist so einfach wie ein Idiot, und so komplex, wie nur ein Weiser sein kann. Die Sache hat zwei Seiten: wenn ihr ihn von der einen Seite her seht, erscheint er als Idiot. Ihr könnt in Jesus all das wiederfinden, was man in Idioten findet.

Lest einmal Fedor Dostojewskis Buch „Der Idiot"! Es handelt von einem Idioten, aber in diesem Idioten werdet ihr all die schönen Eigenschaften wiederfinden, die Jesus hat: die gleiche Unschuld, die gleiche Qualität von Nicht-Verstand, die gleiche Qualität von Vertrauen. Nie kommt ihm ein Zweifel. Das sind alles idiotische Eigenschaften. Ihr nennt jemanden einen Idioten, wenn er allen und jedem traut. Ihr nennt jemanden einen Idioten, wenn ihr ihn ständig betrügen könnt und er euch trotzdem weiter traut. Ihr hört nicht auf, ihn zu betrügen, und er hört nicht auf, euch zu vertrauen. Ihr könnt keine Zweifel in ihm wecken, weil er keinen Verstand hat.

Ein Mann wie Jesus ist ebenfalls wie ein Idiot. Nicht, weil er im gleichen Zustand von Idiotie ist; nein, er ist aus einer völlig anderen Dimension heraus zum gleichen Zustand gelangt. Der Kreis hat sich geschlossen: er ist wieder Kind geworden.

Ein Idiot ist unterhalb der Verstandesgrenze; ein Jesus ist oberhalb der Verstandesgrenze. . . Beide sind sie im Nicht-Verstand. Der Idiot hat keinen Verstand; Jesus und Buddha haben gleichfalls keinen Verstand, aber mit einem Unterschied: sie h a t t e n Verstand, haben aber eingesehen, wie dumm es ist, einen zu haben. Sie haben ihn aufgegeben. Sie sind freiwillig zu Idioten geworden. Sie sind nicht dumm. Sie sind Idioten, weil sie weise sind. Ja, ich weiß: Jesus, Laotse, Buddha, sie erscheinen wie Idioten. In Indien haben wir ein Wort für „Idiot", das von Buddha abgeleitet ist. Es heißt *buddhu*. Das Wort stammt direkt von „Buddha". „Buddha" – *buddhu. Buddhu* heißt „Idiot", und „Buddha" heißt „der Erwachte". Was können diese beiden Wörter gemein haben? Als Buddha starb, war seine Wirkung gewaltig.

Tausende und Abertausende wurden seine Anhänger. Tausende und Abertausende saßen mit geschlossenen Augen unter dem Bodhi-Baum und meditierten. Die Leute riefen sie an: „Buddhu, geh doch nach Hause! Was machst du? Sei doch kein Buddhu, tu lieber was, geh nach Haus, deine Frau leidet, deine Kinder hungern. Sei doch kein Idiot. Sei kein Buddhu!"

Ich weiß, Jesus ist so unschuldig, daß er dumm erscheint. Aber diese Dummheit ist unendlich wertvoll. Ich bin ebenfalls idiotisch, Atmada. Und meine ganze Lehre ist: seid so einfach und so voll Vertrauen, daß ihr gewissermaßen auch zu Idioten werdet. Aber solche Idiotie ist höchste Bewußtheit, solche Idiotie ist die höchste Weisheit überhaupt. Gegensätze fallen in eins. Dualität verschwindet.

Ein Jesus wird euch immer paradox erscheinen; er besteht aus Gegensätzen. Ihr werdet Eigenschaften in ihm finden, die weiblich sind, und ihr werdet Eigenschaften in ihm finden, die absolut männlich sind. Sie vermischen sich und sind eins geworden. In ihm werden Weibliches und Männliches eins. Der weise Mann und der Narr werden eins. Die Gegensätze sind verschwunden. Der Widerspruch ist keine Antithese mehr, sondern Synthese.

Schwer zu verstehen für den Verstand. . . Der Verstand ist ein Zweifler. Der Verstand ist skeptisch. Und der Verstand hält sich für sehr intelligent. Der Verstand ist dumm, der Verstand ist mittelmäßig. Er hat nichts mit Intelligenz zu tun. Intelligenz, das ist etwas völlig anderes: die Blüte eures Seins. Sie hat nichts mit Verstand zu tun. Der Verstand ist nur ein Mechanismus. Er ist ein Computer, ein Bio-Computer. Sehr kompliziert, aber immer noch Maschine. Er hat nichts mit Intelligenz zu tun.

Intelligenz entsteht erst dann in euch, wenn ihr euch so weit vom Verstand distanziert habt, daß ihr ihn als ein von euch Getrenntes erkennt, und euch als ein von ihm Getrenntes. Das ist der Zustand, in dem die Intelligenz aufblüht.

Diese Intelligenz wird zugleich weise wie dumm sein. Das ist das Geheimnisvolle an einem Jesus. Das ist das Paradoxe, das Poetische.

Bhagwan, die Gipfel werden ziemlich atemberaubend, aber die Täler sind tiefer und dunkler denn je. Ein Gleichgewicht zu finden scheint unmöglich. Was tun?

Da gibt es nichts zu tun. Nicht du sollst das Gleichgewicht finden – das Gleichgewicht soll dich finden. Du geh einfach weiter. Kommt das Tal, dann geh ins Tal hinein. Hüllt das Dunkel dich ein, dann genieß es, sei selig in seinem schwarzsamtenen Gefühl. Geh hinein in seine großartige Unendlichkeit. Dunkelheit hat etwas so Besänftigendes, wie es kein Licht haben kann. Das Tal ist Ruhe, ist wie Nacht, wie Tod.

Nicht nötig, ein Gleichgewicht zu finden. Das Gleichgewicht wird *dich* finden. Geh du einfach ins Tal hinein. Wenn das Tal kommt, akzeptiere es. Akzeptiere es nicht nur, heiße es willkommen. Genieße es, koste es aus! Das Dunkle ist schön. Und wenn du das Tal hinter dir hast und auf den Gipfel steigst, ist auch das vollkommen schön. So etwas Schönes: das Licht, der Morgen, die Sonne. Aber halte keins von beiden fest. Festhalten bringt Probleme. Festhalten bringt Schmerzen. Wenn du dich am Gipfel festhältst und sagst: „Nie wieder will ich ins Tal", dann bist du in der Klemme. Dann hast du das Tal auf den höchsten Gipfel geholt – und hast bereits begonnen zu leiden. Du hast Angst, die Furcht hält dich gepackt, der Kampf ist da. Schon bist du nicht mehr glücklich. Du hast den Gipfel zerstört.

Wenn du im Tal bist, leidest du darunter, daß jetzt das Tal gekommen ist. Im Tal leidest du, und auf dem Gipfel kannst du dich nicht freuen. Das ist die normale Situation. Wenn ihr glücklich seid, bekommt ihr Angst: Wird das Glück andauern oder bald verschwinden? Jetzt nagt die Angst am Glück wie ein Wurm und vergiftet es. Du bist glücklich und doch nicht glücklich. Etwas ist schon gestorben; du hast deine Aufmerksamkeit auf die Zukunft gerichtet. Bist du unglücklich, freilich, dann bist du unglücklich. Wenn du im Glück nicht glücklich sein kannst, wie kannst du dann im Unglück glücklich sein?

Das ganze Leben wird ein Teufelskreis von Unglück.

Hör mir jetzt also gut zu: Wenn du auf dem Gipfel bist, dann tanze! Ich weiß so gut wie du, daß der Gipfel nicht ewig bleibt. Ist auch nicht notwendig. Ewig auf dem Gipfel – die Spannung wäre zu groß, du könntest sie nicht aushalten. So viel Aufregung, kein Platz zum Ausruhen! Das wäre gefährlich für dich, es würde dich umbringen. Es braucht also nicht ewig zu dauern. Aber solang es da ist, tanze, genieße, singe – wohlwissend, daß es wieder verloren geht. Ja, eben weil du das weißt, mußt du es umso mehr genießen, ehe es wieder hin ist. Und vergiß nicht – das ist ja das Wunder – daß es länger dauert, wenn du es genießt. Wenn du im Glück glücklich bist und tanzt, vergißt das Glück, dich wieder zu verlassen. Es verweilt bei dir. Wenn du dich nicht daran klammerst, klammert es sich an dich. Das ist das ganze Geheimnis.

Und wenn es dann fort ist, ist es trotzdem nicht fort. Es hat dir so tiefe Seligkeit geschenkt, daß du jetzt ins Tal gehen und in seiner Dunkelheit ausruhen kannst. So wird das Tal zu Entspannung und der Gipfel zu Freude. So wird der Gipfel zum Tag und das Tal zur Nacht. So wird der Gipfel zu Aktivität und das Tal zu Passivität. Man muß auch die Nacht genießen. Das ist die einzige Möglichkeit, den Tag zu genießen. Wer den Tag genießt, erlebt eine große Nacht mit großer Ruhe. Sie erfrischt, sie verjüngt.

Vergiß nicht, je höher der Berg, desto tiefer das Tal. Was sonst macht den Berg höher? Geh in den Himalaja und sieh, wie die Gipfel immer höher werden, je tiefer die Täler sind. Wenn du Angst vor dem Tal hast, dann frag nicht nach den Gipfeln. Dann bleib zu ebener Erde; ohne Gipfel, ohne Tal. Das ist das fürchterlichste Leben, ohne Gipfel, ohne Tal. Ein bloßes Dahinvegetieren, aber kein Leben. Man schleppt sich so hin. Monoton. Es gibt keinen Dialog, nur einen Monolog. Ein Dialog bedarf der Dualität, ein Dialog braucht Gegensätze, ein Dialog braucht Polarität. Ein Dialog braucht Widerspruch. Und innerhalb des Gegensatzes gehst du von einem Ende zum anderen. Kümmere dich nicht um das Gleichgewicht; das Gleichgewicht findet dich.

Ich werde dafür sorgen, daß dich das Gleichgewicht findet. Du mußt nur eines tun auf dem Gipfel – tanze! Und im Tal ruh dich aus. Akzeptiere das Tal, akzeptiere den Gipfel. Beides ist Teil eines Ganzen, und du darfst nicht den einen Teil ablehnen. Es sind die zwei Seiten der gleichen Medaille. Vergiß nicht: wer mehr genießt, leidet zwangsläufig mehr, denn er wird immer empfindsamer. Aber Leiden ist nichts Verkehrtes.

Richtig verstanden ist Leiden Reinigung. Richtig verstanden hat Trauer eine Tiefe, die kein Glück je haben kann. Ein Mensch, der einfach nur glücklich ist, bleibt immer oberflächlich. Ein Mensch, der keinen Kummer kennt, der keine Trauer kennt, weiß nichts von den Tiefen. Er hat den Grund seines Wesens nie berührt, er ist nie unter die Oberfläche gedrungen. Zwischen diesen beiden Ufern muß man sich fortbewegen; zwischen diesen beiden Ufern fließt der Strom.

Und ich sage dir, das Gleichgewicht wird dich finden, wenn du beides akzeptierst und beides lebst. Was auch geschieht, heiße es willkommen. Plötzlich, eines Tages, wirst du sehen, daß das Gleichgewicht da ist. Und das Gleichgewicht, das zu dir kommt, ist etwas völlig anderes als das Gleichgewicht, das du dir selbst aufzwingst. Wenn du das Gleichgewicht erzwingst, ist es eine Art Kontrolle. Kontrolle ist immer künstlich, Kontrolle ist immer häßlich. Kontrolle steckt voll Gewalt. Sie ist erzwungen, künstlich aufgesetzt. Wenn das Gleichgewicht dich findet, passiert es von allein. Plötzlich überkommt es dich. Die Himmel öffnen sich, und der Geist Gottes, gleich einer Taube, läßt sich in dir nieder.

Alles Große kommt von allein. Was immer du tust, ist klein, kleinlich. Es ist nie groß. Was immer von dir getan wird, ist kleiner als du selbst. Alles Große mußt du zulassen. Das Gleichgewicht findet dich. Gott findet dich. Sei du nur bereit.

Und Bereitsein heißt, zu akzeptieren, was immer kommt, es in Dankbarkeit zu akzeptieren. Auch den Kummer, auch die Trauer, auch das Tal, das dunkle.

Bhagwan, neulich hast du mir sehr liebevoll klargemacht, daß ich mich mehr um mich kümmern solle und nicht so sehr um andere. Danke, Bhagwan! Ich habe verstanden. Und doch muß ich dich noch einmal etwas fragen, was nichts mit mir zu tun hat – sondern mit dir. Was geht eigentlich mit dir vor sich? Mit jedem Monat wird dein Körper in jeder Hinsicht empfindlicher, und das ist sogar für meinen unbewußten Zustand ein überwältigendes Phänomen. Kannst du etwas über deine Veränderungen sagen?

Das ist von Chaitanya Sagar. Gut, daß er verspricht, daß dies die letzte Frage ist, die nicht ihn selbst betrifft.

Ich kann deine Sorge verstehen, deine Betroffenheit. Es handelt sich um eine ganz einfache Tatsache. Nach dem fünfunddreißigsten Lebensjahr geht das Leben allmählich abwärts. Fünfunddreißig ist der Höhepunkt. Bei siebzig Jahren Lebensdauer liegt der Höhepunkt bei fünfunddreißig. Nach fünfunddreißig nimmst du ab. Es geht bergab. Wenn jemand nach fünfunddreißig erleuchtet wird, wie zum Beispiel Buddha mit vierzig, wie Mahavir mit vierzig, dann kann er noch etwas länger leben, weil es schon mit ihm bergab ging. Die Erleuchtung wird den Körper nun nicht noch mehr in Unordnung bringen, als er ohnehin schon war. Wenn man vor fünfunddreißig erleuchtet wird, droht Gefahr. Shankara wurde vor fünfunddreißig erleuchtet. Er starb mit dreiunddreißig. Gehst du bergauf und dein Lebensstrom ist stark und du wirst erleuchtet, dann wird die Verbindung zwischen dir und deinem Körper unterbrochen. Es war fast immer die Regel, daß Menschen, die vor fünfunddreißig erleuchtet wurden, nicht bis zum fünfunddreißigsten Lebensjahr weitergelebt haben. Schwierig. . . Der Körper und du – ihr werdet so weit auseinandergerissen, daß der Weg bergauf sehr beschwerlich wird. Es verhält sich etwa so: du bist bergauf gefahren und plötzlich merkst du, daß kein Benzin mehr im Tank deines Autos ist. Der Weg bergauf wird praktisch unmöglich. Jetzt steigst du aus, und du mußt den Wagen bergauf schieben. Sehr schwer. Aber wenn dein Wagen bergab fährt und du merkst, daß du kein Benzin mehr hast, dann gibt es kein Problem. Der Wagen rollt auch ohne Benzin weiter. Shankara starb mit dreiunddreißig. Buddha lebte bis achtzig. Mahavir lebte ebenfalls bis achtzig. Das muß verstanden werden.

Ich hätte eigentlich vor meinem fünfunddreißigsten Lebensjahr sterben müssen. Irgendwie habe ich mich festgehalten. Dies „irgendwie" muß verstanden werden. Ich habe mich nach und nach aus dem Leben zurückgezogen. Ich habe alle Aktivität aufgegeben. Was mein Körper an Energie besitzt, das nutze ich für euch – das ist alles. Im übrigen habe ich jede Aktivität eingestellt, habe ich aufgehört, herumzulaufen, aufgehört zu reisen; ich habe mit fast allem aufgehört. Ich komme nur heraus, um euch zu sehen, morgens und abends. Ansonsten bin ich völlig untätig geworden, absolut passiv. Das wenige an Energie, das noch da ist, damit gehe ich so wirtschaftlich um wie nur möglich.

Jeden Tag wird mein Körper also gebrechlicher, immer empfindlicher. Mein Schiff steht bereit – ich kann jeden Augenblick abfahren. Ich verweile noch ein wenig am Ufer – euretwegen. Darum habe ich es eilig. Ihr mögt Zeit haben, sinnlose Fragen zu stellen. . . Ich habe nicht die Zeit, sie zu beantworten. Ihr habt Zeit zu verschwenden. Meine Zeit ist aufgebraucht. Wenn ihr diese Chance also wirklich nutzen wollt, versäumt keinen einzigen Augenblick. Zögert nicht und geht nicht nur mit halbem Herzen an die Arbeit. Wenn ich fort bin, werdet ihr es bereuen und es wird euch leid tun, aber dann ist nichts mehr daran zu ändern. Nutzt, solang ich noch da bin, jede Möglichkeit, die ich euch gebe, und vertut nicht einen Augenblick.

Ich h a b e, was ihr sucht. Ich kann euch einschenken, aber eure Tasse ist nicht bereit. Die Sache ist ungefähr so: ihr kommt zu mir, und ich habe eine Kanne voll Tee. Und ihr seid durstig. Ich möchte ihn euch geben, aber ich kann ihn euch nicht in die Hände schütten, es würde euch verbrühen. Ich muß warten, denn ihr müßt wenigstens eure Tasse hervorholen. Und diese Tasse könnt ihr nur aus dem innersten Kern eures Wesens hervorholen. Nur euer innerstes Wesen kann die Tasse sein. Nur dann kann ich alles einschenken, was ich habe. Ich warte darauf, daß ihr eure Tasse hervorholt. Ich weiß, ihr habt Durst, und ich habe das, was ihn stillen kann; aber es ist noch keine Tasse da.

Stellt also nicht solche Fragen. Seht mich lieber an und versucht zu verstehen.

Erst neulich abend sagte eine Sannyasin: „Wie kannst du uns helfen, wenn du nicht einmal selbst in deinem Körper gesund bist?" Stimmt. Wenn ich nicht gesund im Körper bin, wie kann ich euch da helfen? Klingt völlig logisch. Aber wißt ihr denn, ob Buddha einen gesunden Körper hatte? Kein erleuchtetes Wesen war je körperlich gesund – ausgeschlossen! Denn die Einheit mit dem Körper wird unterbrochen, die Brücke wird abgebrochen. Der Körper bewegt sich von selbst weiter, und das Wesen wohnt weiterhin in ihm; aber die Energie, die dem Körper durch die Identifikation geschenkt wurde, wird nicht mehr geliefert.

Ihr lebt wie eins mit dem Körper. Ich lebe wie zwei. Mein Körper ist mir wie meine Kleider – absolut getrennt von mir. Es ist ein Wunder, daß er funktioniert. Buddha mußte ständig einen Arzt bei sich haben, weil jeden Augenblick Gefahr bestand. Der Arzt war nicht seinetwegen da! Seine Arbeit war getan. Er war angekommen. Aber der Arzt war um derentwillen da, die noch Durst hatten. Er hatte, womit er ihren Durst stillen konnte. Der Arzt war ihretwegen da. Wenn der Arzt zu mir kommt, dann nicht meinetwegen. Sondern euretwegen. Wenn ich sehe, daß es zwecklos ist und ich euch nicht helfen kann, kann ich jetzt in diesem Augenblick verschwinden. Aber viele von euch arbeiten sehr hart. Ich habe die größte Zahl von Sannyasins, die im zwanzigsten Jahrhundert möglich ist: fast fünfzehntausend *(jetzt zweihunderttausend, Anm. d. Übers.)* in aller Welt. Sie alle arbeiten sehr hart. Wenn sie es schaffen, können wir eine kaum dagewesene Energie – spirituelle Energie – in die Welt schicken.

Ich muß abwarten. Und ich muß mich hier aufhalten, ganz gleich, was der Körper sagt. Der Körper sagt: „Es ist Zeit, das Schiff ist bereit. Du kannst gehen." Das Haus ist reif für den Abbruch; aber ich halte es noch aufrecht. Verschwendet meine Zeit nicht mit beliebigem Zeug. Nutzt sie, wenn ihr könnt. Das ist das Problem: jetzt versteht ihr vielleicht nicht, aber später, wenn ihr versteht, werde ich nicht mehr da sein. Dann kann euch eure Einsicht nicht mehr viel helfen. Sie wird euch nur tiefen Schmerz und Leid und Kummer verursachen. Versteht lieber, während ich noch da bin; so kann es Ekstase werden. Wenn ich fort bin, wird es Agonie.

Neunter Morgen

34 *Solches alles redete Jesus in Gleichnissen zu dem Volk,*
und ohne Gleichnis redete er nichts zu ihnen:

36 *Da ließ Jesus das Volk von sich und kam heim.*
Und seine Jünger traten zu ihm und sprachen:
Deute uns das Gleichnis vom Unkraut auf dem Acker.

37 *Er antwortete und sprach zu ihnen:*
Des Menschen Sohn ist's,
der den guten Samen sät.

38 *Der Acker ist die Welt.*
Der gute Same sind die Kinder des Reichs.
Das Unkraut sind die Kinder der Bosheit.

39 *Der Feind, der es sät, ist der Teufel.*
Die Ernte ist das Ende der Welt.
Die Schnitter sind die Engel.

40 *Gleichwie man nun das Unkraut sammelt*
und mit Feuer verbrennt,
so wird's auch am Ende dieser Welt gehen.

41 *Des Menschen Sohn wird seine Engel senden*
und sie werden sammeln aus seinem Reich alle,
die Ärgernis geben und die da Unrecht tun,

42 *Und werden sie in den Feuerofen werfen;*
da wird Heulen und Zähneklappern sein.

43 *Dann werden die Gerechten leuchten*
wie die Sonne in ihres Vaters Reich.
Wer Ohren hat, der höre!

44 *Das Himmelreich ist gleich*
einem verborgenen Schatz im Acker,
welchen ein Mensch fand und verbarg ihn;
und in seiner Freude darüber geht er hin
und verkauft alles, was er hat,
und kauft den Acker.

9. Morgen

Das Himmelreich ist wie ein verborgener Schatz

Vor einigen Tagen las ich ein paar Zeilen von Stephan Crane. Ich möchte sie euch vorlesen:

„Ein Mann sagte zum All: ‚Majestät, ich existiere!' ‚Aber dadurch', erwiderte das All, ‚fühl ich mich noch lange nicht verpflichtet.' " Der Mensch hat zwei Möglichkeiten, wie er existiert. Die eine ist, daß das Ganze ihn feiert; die eine ist, daß das Ganze ihn willkommen heißt; die eine ist, daß sich das Ganze durch ihn gesegnet fühlt. Und die andere – daß das Ganze sich verflucht fühlt.

Der Mensch kann ein Leben der Güte, der Wahrheit und der Schönheit führen. Und der Mensch kann ein Leben der Unwahrheit, der Bosheit und der Häßlichkeit führen. Der Mensch ist frei, zu leben und zu wählen, was er will. Der Mensch ist eine ungeheure Freiheit. Das ist seine innerste Natur. Nichts wird erzwungen. Das hat seinen Reiz als Abenteuer, das hat aber auch seine Gefahr. Du hast zu entscheiden. Deine Entscheidung wird dein Leben bestimmen, deine Wahl wird dein Schicksal. Bei jedem Schritt, in jedem Augenblick hast du zu wählen, wer du bist.

Es kommen Leute und fragen mich, wer sie sind. Das ist nicht etwas, wonach man fragen kann; denn das Wesen ist nichts Statisches, das nur darauf wartet, von dir entdeckt zu werden. Das Wesen muß von Augenblick zu Augenblick erschaffen werden. Das ist der einzige Weg, es zu entdecken.

Du erzeugst dich selbst von einem Augenblick zum andern. Du wirst nicht als festgelegte Wesenheit geboren, sondern nur als uneingeschränktes Potential. Du wirst als Same geboren, nicht als Baum. Du wirst offen geboren, nicht geschlossen. Diese Offenheit ist enorm. Du wirst jeden Augenblick wählen müssen, wer du bist. Deine Wahl ist dein Schicksal. Und solange du das Leben nicht so lebst, daß sich das Ganze gesegnet fühlt, bist du nicht religiös. Ein religiöses Leben ist ein Leben der Spontaneität. Ein religiöses Leben ist ein Leben des Fließens, der Dynamik. Ein religiöses Leben ist ein Leben der Andacht, des Betens.

Beten ist das Höchste. Laßt mich erklären, was Beten ist. Es ist nichts, was man *tut*; es hat nichts mit Tun zu tun. Es ist etwas, was man *wird*, nach und nach. Es ist etwas, was man *lebt*. Es ist etwas, was einen umgibt wie eine Aura. Es hat mit tiefer Dankbarkeit zu tun: du blickst auf die Bäume, oder du blickst aufs Meer, oder du blickst auf das Gras, und ein ungeheurer Drang steigt in dir hoch, Dank zu sagen. Das ist Beten.

Du sprichst es nicht etwa aus. . . nein, es liegt nicht im Sagen, sondern in jenem Drang selbst, in dieser Stimmung eben, aus der heraus es dich zu sagen drängt: „Danke!" – ohne jede Einschränkung, ohne zu wissen, an wen sich dieses Danke richtet, ohne zu wissen, wessen Hände hinter jedem Grashalm stecken und wer in jedem Tautropfen lacht. Ohne es im geringsten zu wissen. . .

Wissen ist häßlich. Nichtwissen ist schön. Erinnert euch – Nichtwissen ist nicht Unwissenheit. Nichtwissen ist letztes Wissen. Es geht noch über das hinaus, was ihr Wissen nennt. Nichtwissen ist Unschuld. Eine tiefe Unschuld, ein Dankeschön steigt in dir hoch: ohne Adresse, ahnungslos, an wen du dich richtest.

Aber darum geht es auch gar nicht. Tief in deinem Sein, in deinen Tiefen, empfindest du Dankbarkeit. Beten ist das Gefühl von der unbekannten Anwesenheit. Dieses Gefühl von der unbekannten Anwesenheit wird Ehrfurcht. Und Beten muß sein wie das Atmen; nicht, daß du es einmal machst, und dann Schluß! – nein, es ist etwas, das immer weitergeht, genau wie das Atmen. Ob du wachst oder schläfst, es umfängt dich. Es pocht dir im Herzen. Fast wirst du es selbst – nicht mehr zu trennen von dir.

Ein Leben voll Gebet nenne ich ein gutes Leben. Ein Leben voll Dankbarkeit nenne ich ein religiöses Leben. Ein solches Leben der Spontaneität, des Fließens, weiß nichts von Sünde. Sünde kommt aus Wissen. Das ist der Sinn der biblischen Geschichte. Als Adam die Frucht vom Baum der Erkenntnis aß, da sündigte er. Und er wurde aus dem Garten Eden geworfen. Diese Geschichte ist unvergleichlich, diese Geschichte ist einfach einmalig. *Weil* er die Frucht vom Baum der Erkenntnis aß. . .

Keine Religion sonst hat so kristallklar hervorgehoben, daß Wissen Sünde ist, und daß ihr nicht gut werden könnt, bevor ihr nicht werdet wie die Kinder. Bevor ihr nicht wieder alles Wissen aufgebt, bevor ihr nicht wieder unschuldig werdet, unverdorben durch Wissen, werdet ihr nicht wieder eingelassen. Die Quelle wird euch immer wieder zurückweisen.

Nicht etwa, weil die Quelle euch zurückweisen will. Aber so, wie ihr euch aufführt mit all eurem Wissen, stellt ihr selbst die Situation her, die zu eurer eigenen Zurückweisung führt. Gott *mußte* Adam und Eva vertreiben. Nicht weil er wollte – er muß geweint haben, denn sie waren seine Kinder – sondern weil er nicht anders konnte.

Wann immer ihr dem Ganzen das Gefühl gebt, nicht anders zu können, ist das Sünde. Wann immer ihr das Ganze zwingt, euch aus dem Garten Eden auszuweisen, ist das Sünde. Sünde bedeutet, klug zu tun, so als wüßte man Bescheid. Sünde bedeutet, selbstgefällig zu sein. Sünde bedeutet, zu glauben, man sei sich selbst genug. Ein Kind ist sich nicht selbst genug, ein Kind ist hilflos. Ein Kind weiß von nichts. Es handelt in Unschuld. Dann ist alles gut. Wenn du anfängst, aus Wissen zu handeln, ist es Sünde.

Versucht die Tragweite zu ermessen von dem, was ich sage. Ich sage, daß ein tadelloses Leben, aus Wissen gelebt, nicht tadellos ist. Man kann aus Wissen Charakter haben, man kann aus Wissen eine bestimmte Moral haben, aber moralisch ist das nicht. Du ißt immer noch vom Baum der Erkenntnis.

Eure sogenannten Heiligen sind im Grunde Sünder, weil sie immer noch vom Baum der Erkenntnis zehren. Der wahre Weise ist unschuldig. Er handelt zwar, aber nicht nach Geboten, denn alle Gebote sind Sünde. Er handelt aus seiner Totalität heraus. Er handelt aus dem Augenblick. Er handelt nicht aus dem Verstand. Aus dem Verstand handeln heißt sündigen, aus dem Verstand handeln heißt, aus dem Paradies verjagt werden, aus Gottes Reich. Sobald du den Verstand zur Quelle deines Handelns erhebst, hast du Gott geleugnet. Und indem du Gott leugnest, leugnest du dich selbst.

Jedesmal, wenn du aus deinem Verstand handelst, wird dein Handeln gespalten, weil der Verstand ein Spalt-Phänomen ist. Der Verstand ist nicht e i n e s, sondern vieles, ein ganzer Mob. Sein Name ist Legion. Wenn du aus dem Verstand handelst, handelt nur eine Fraktion – gegen das Ganze. Handelst du aber aus dem Nicht-Verstand heraus . . . Manchmal tut ihr das – ihr kennt das, wenn ihr aus dem Nicht-Verstand handelt . . . Du gehst spazieren. Du hast am Morgen oder Abend einen langen Spaziergang gemacht, und plötzlich läuft dir eine Schlange über den Weg. Du hast keine Zeit nachzudenken. Zum Denken gehört Zeit. Denken ist ein Zeitprozeß. Du hast keine Zeit zum Denken. Wenn du erst denkst, bist du verloren. Die Schlange ist da, und sie wartet nicht erst deine Gedanken ab. Die Schlange handelt aus Nicht-Verstand. Du bist in Gefahr, wenn du glaubst, nachdenken zu müssen. Stattdessen handelst du aus Nicht-Verstand. Du springst einfach.

Vergeßt das nicht, und achtet genau darauf. Erst kommt der Sprung, und anschließend werdet ihr nachdenken, was passiert ist. So ein Sprung kommt aus der Totalität, nicht aus dem Verstand. So ein Sprung ist ein spontanes Ganzes. Er ist hier und jetzt. Er hat nichts mit der Vergangenheit zu tun, nichts mit der Zukunft zu tun. Er hat keine Vergangenheit, keine Zukunft. Er ist absolut hierjetzt.

Die Eigenschaft des „Guten" ist die Eigenschaft einer Handlung, die aus deiner Ganzheit kommt. Du verliebst dich: du erblickst einen Mann oder eine Frau, und plötzlich geschieht etwas, ohne daß du es willst. Dein ganzes Wesen reagiert auf unbekannte Art. Selbst du bist überrascht. Dein Herz klopft, du singst, in dir regt sich ein Tanz, als hätten sich die Wolken geteilt und dir den Ursprung allen Lichts gezeigt. In einem einzigen Moment – oder besser: dieser Augenblick gehört nicht zur Zeit. Es ist vielmehr ein Nicht-Augenblick, so als wäre die Zeit stehengeblieben. Etwas hat sich deiner bemächtigt. Es kommt aus dem Nicht-Verstand.

Alles, was der Liebe gleicht, ist „das Gute". Darum sagt Jesus: „Gott ist Liebe". Er sagt damit nicht, daß Gott voller Liebe ist. Er verweist lediglich auf eine Qualität: Gott hat die gleiche Qualität wie Liebe. Das „Gute" ist gleich Liebe; das „Gute" hat die Qualität der Liebe.

Alles, was aus dem Verstand kommt, ist des Teufels – „des Teufels" ist nur eine Metapher, die besagt, daß der Verstand trennt. Laßt mich einmal den Teufel als den definieren, der trennt, und Gott als den, der eint. „Gott" und „Teufel" sind beides nur Metaphern. Es sind keine Wesen, es sind Sinnbilder.

Erst vor ein paar Tagen las ich eine schöne Geschichte von DuBois. Ich möchte, daß ihr sie euch anhört und gut versteht:

Es war ein Uhr mittags und ich verspürte Hunger. Ich betrat ein Restaurant, nahm Platz und griff nach der Speisekarte. Mein

Tischgenosse erhob sich. „Mein Herr“, sagte er, „wünschen Sie vielleicht Ihre Gesellschaft Leuten aufzudrängen, die keinen Wert darauf legen?“ – „Nein“, sagte ich, „ich wünsche zu speisen.“ „Ist Ihnen klar, daß das soziale Gleichmacherei bedeutet?“ – „Durchaus nicht, mein Herr. Es bedeutet Hunger,“ sagte ich und aß.

Nach getanem Tagwerk ging ich ins Konzert. Als ich in meinen Sessel sank, zuckte die Dame neben mir zurück und wand sich. „Verzeihung,“ sagte ich. – „Macht es Ihnen Spaß, sich aufzuhalten, wo man Sie nicht haben möchte?“ fragte sie eisig. „Durchaus nicht,“ sagte ich. – „Nun, hier möchte man Sie nicht haben.“ Ich war überrascht. „Ich fürchte, da irren Sie sich,“ sagte ich. „Ich möchte ganz gewiß die Musik hören, und ich bilde mir ein, daß mich die Musik hier haben möchte, damit ich ihr zuhöre.“ – „Aber mein Herr,“ sagte die Dame, „das ist soziale Gleichmacherei!“ – „Nein, gnädige Frau,“ sagte der Platzanweiser, „das ist der zweite Satz von Beethovens Fünfter.“

Nach dem Konzert ging ich in das Hotel, in das ich mein Gepäck vorausgeschickt hatte. Der Mann am Empfang runzelte die Stirn. „Was wollen Sie?“ „Ruhe“, sagte ich. „Das hier ist ein weißes Hotel,“ sagte er. Ich sah mich um: „Um diesen Farbton zu erzielen, brauchten Sie eine große Säuberungsaktion,“ sagte ich, „aber ich wüßte nicht, daß ich etwas dagegen einzuwenden hätte.“ „Aber wir haben was dagegen,“ sagte er. „Warum denn“, fing ich an, aber er unterbrach mich. „Wir nehmen keine Nigger. Wir wollen keine Gleichmacherei.“ „Ich auch nicht,“ sagte ich. „Ich will ein Bett.“

Ich ging nachdenklich zum Zug. „Ich will mir einen Schlafwagen durch Texas nehmen. Ich bin etwas unzufrieden mit dieser Stadt.“ – „Ich kann Ihnen keinen verkaufen.“ – „Ich will mir nur einen mieten“, sagte ich, „für zwei Nächte.“ „Kann dir in Texas keinen Schlafwagen verkaufen,“ behauptete er. „Man hält das für Gleichmacherei.“ „Ich halte das für Barbarei,“ sagte ich, „und ich geh wohl besser zu Fuß.“

Unterwegs traf ich einen anderen Zugvogel; der wechselte sofort zur anderen Straßenseite über – wo es sehr matschig war. Ich befragte ihn nach dem Grund. „Nigger sind dreckig", sagte er. „Schlamm auch", sagte ich. „Und außerdem bin ich noch nicht so schmutzig wie Sie." „Aber 'n Nigger biste doch, oder?" fragte er. „Mein Großvater wurde so genannt." „Na also," triumphierte er. „Leben Sie im Süden?" fuhr ich freundlich fort. „Klar," brummte er. „Wo ich vor Hunger sterbe." „Ich würde denken, Sie sollten sich mit den Negern zusammentun und den Hunger abwählen." „Die lassen wir nicht wählen. Wir nicht." „Warum nicht?" fragte ich überrascht.
„Nigger sind zu dumm zum Wählen." „Aber," sagte ich, „ich bin nicht so ungebildet wie Sie." „Aber'n Nigger biste." „Ja, sicher bin ich das, was Sie damit meinen." „Na also!" gab er zurück, mit jenem merkwürdig unlogischen Triumphton. „Außerdem will ich nicht, daß meine Schwester 'nen Nigger heiratet."

Ich hatte seine Schwester noch nie gesehen, also murmelte ich nur: „Soll sie doch selber Nein sagen." „Bei Gott – du kriegstse nicht! Und wennse hundertmal Ja sagt." „Aber ich will sie doch gar nicht heiraten," antwortete ich, etwas verstört durch die persönliche Wendung des Gesprächs. „Und warum nicht?" schrie er, wütender als zuvor. „Weil ich schon verheiratet bin. Und ich mag meine Frau ziemlich gern." „Ist sie auch'n Nigger?" fragte er argwöhnisch. „Nun", sagte ich wieder, „ihre Großmutter wurde so genannt." „Na also!" schrie er, in jenem seltsam unlogischen Tonfall. Ich gab es auf. „Gehen Sie nur," sagte ich. „Entweder sind Sie verrückt oder ich." – „Wir sind's beide," sagte er und trottete im Schlamm davon.

Der Verstand ist verrückt; der Verstand ist wahnsinnig. Der Verstand sieht Trennwände, produziert Splitter. Der Verstand produziert Nationen, Rassen – Weiß und Schwarz, Arm und Reich. Der Verstand ist der Teufel. Wenn du fühlen kannst, daß du mit allem eins bist, hast du den Verstand überwunden. Eins zu sein mit allem, den Einklang zu fühlen, heißt „gut" sein. Und aus dieser Einheit handeln heißt religiös sein.

Ein religiöser Mensch hat keinen Charakter. Ein religiöser Mensch hat Spontaneität. Ein religiöser Mensch hat von Moment zu Moment Kontakt mit dem Ganzen. Einen Kontakt, der nie abbricht. Er lebt andachtsvoll. Ein nichtreligiöser Mensch mag anscheinend „gut" sein, moralisch, er mag Charakter haben, aber er ist fest wie Eis, tot. Und aus diesem Charakter handelt er: aus Verstand, aus Wissen, aus Prinzipien. Er ist nie mit dem Ganzen in Kontakt, er ist immer aus dem Tritt. Das ist es, was ich den „Teufel" nenne. Das ist es, was ich „schlecht" nenne. Und das ist es, was Jesus mit diesem Gleichnis meint. Er ist nicht verstanden worden, man hat ihn falsch verstanden. Aber wenn ihr es im Gefühl habt, was „gut" ist und was „schlecht", dann könnt ihr tief in dieses Gleichnis eindringen.

Solches alles redete Jesus in Gleichnissen zu dem Volk,
und ohne Gleichnis redete er nichts zu ihnen:

Da ließ Jesus das Volk von sich und kam heim.
Und seine Jünger traten zu ihm und sprachen:
Deute uns das Gleichnis vom Unkraut auf dem Acker.

Jesus sprach immerzu in Gleichnissen. Durch ein Gleichnis lassen sich auf poetische Weise Dinge sagen, die sich prosaisch nicht sagen lassen. Es sagt auf sehr einfühlsame Weise vom Herzen her, was sich vom Kopf her nicht sagen läßt. Ein Gleichnis ist ein Mittel, sich in Bildern statt in Worten auszudrücken.

Ist euch schon einmal aufgefallen, daß Kinder immer Bilder verstehen? Darum müssen Kinderbücher voll bunter Bilder sein. Text: nicht viel; Bilder: viele. Erst verstehen sie die Bilder, dann verstehen sie den Text.

In euren Träumen lebt ihr wieder in Gleichnissen. Da bekommt ihr Bilder über Bilder über Bilder. . . und kaum Text. Euer Unbewußtes versteht nur Bilder. Euer Bewußtsein ist geschult für Sprache, für Wörter, aber euer Unbewußtes ist nach wie vor Kind.

Wenn Jesus, wenn ein Mann wie Jesus spricht, dann möchte er eine Brücke bauen zwischen sich und eurem Unbewußten. Er ist kein Prediger. Wenn ein Prediger zu euch spricht, dann spricht er in Begriffen. Er will von Kopf zu Kopf kommunizieren. Spricht aber ein Mann wie Jesus, Buddha oder Zarathustra, dann möchte er etwas aus seiner innersten Tiefe an eure innerste Tiefe weitergeben. Er nimmt immer Gleichnisse.

Ein Gleichnis wird zum Bild. Um es zu verstehen, wird keine Logik gebraucht. Wenn du mitfühlend lieben kannst, genügt das. Wenn du mitfühlend zuhören kannst, genügt das. Wenn du vertrauensvoll zuhören kannst, genügt das. Logik ist nicht notwendig. Das Gleichnis wird sich enthüllen, es wird dich einhüllen, es wird ein Teil von dir. Du magst seine Moral vergessen, aber du wirst nie das Gleichnis selbst vergessen. Es wird sich tief einprägen. Es wird auf immer und ewig in dir bleiben. Geschichten finden den Weg in dein Innerstes.

Solches alles redete Jesus in Gleichnissen zu dem Volk,
und ohne Gleichnis redete er nichts zu ihnen:

Da ließ Jesus das Volk von sich und kam heim.
Und seine Jünger traten zu ihm und sprachen:
Deute uns das Gleichnis vom Unkraut auf dem Acker.

Er muß dieses Gleichnis vor einer Menschenmenge, vor der Masse gebraucht haben. Jetzt wollen die Jünger wissen, was er gemeint hat. Die Jünger wollen die genaue Bedeutung des Gleichnisses wissen.

Er antwortete und sprach zu ihnen:
Des Menschen Sohn ist's,
der den guten Samen sät.

Der Acker ist die Welt.
Der gute Same sind die Kinder des Reichs.
Das Unkraut sind die Kinder der Bosheit.

Der Feind, der es sät, ist der Teufel.
Die Ernte ist das Ende der Welt.
Die Schnitter sind die Engel.

Gleichwie man nun das Unkraut sammelt
und mit Feuer verbrennt,
so wird's auch am Ende der Welt gehen.

Des Menschen Sohn wird seine Engel senden,
und sie werden sammeln aus seinem Reich alle,
die Ärgernis geben und die da Unrecht tun,

Und werden sie in den Feuerofen werfen;
da wird Heulen und Zähneklappern sein.

Dann werden die Gerechten leuchten
wie die Sonne in ihres Vaters Reich.
Wer Ohren hat, der höre!

Ein einfaches Gleichnis, aber sehr bedeutsam. Geht Schritt für Schritt hinein.

Des Menschen Sohn ist's, der den guten Samen sät.

„Menschensohn" hat in der jüdischen Literatur eine ganz eigene Bedeutung. Es wird nur auf Propheten angewendet. Alle, die ihr so „Menschen" nennt, sind noch gar keine Menschen. Sie sind der Anlage nach welche, aber sie haben ihr Potential noch nicht verwirklicht. Sie sind wie Samen. Sie sind noch nicht aufgegangen, sie haben noch nicht geblüht. Ihr Duft ist vorläufig nur Möglichkeit; er ist noch nicht wirklich.

Die Juden nennen einen Menschen „Menschensohn", wenn er sich endgültig verwirklicht hat: der vollendete Mensch. Er ist nicht mehr bloß Anlage, er hat sich entfaltet, er hat geblüht. „Menschensohn" ist ein sehr ehrerbietiger Ausdruck. Er kommt gleich nach „Gottessohn".

Und solange du noch kein Menschensohn bist, kannst du kein Gottessohn werden. Werdet erst zu verwirklichten Menschenwesen: wirklich, echt, wahr. Dann wird der nächste Schritt möglich. Dann kann man die Menschheit hinter sich lassen und Sohn Gottes werden.

Immer wieder nennt Jesus sich „Menschensohn“ – viel öfter als „Gottessohn“. Nur selten benutzt er „Sohn Gottes“, häufig dagegen „Menschensohn“. Denn für alle, die noch nicht einmal ihr Menschsein verwirklicht haben, ist der „Sohn Gottes“ ein Mythos. Sie können ihn nicht fassen. Verstehen läßt sich nur, was man auf irgendeine Weise schon in sich selbst verwirklicht hat. Du kannst nur verstehen, was schon Teil von dir geworden ist.

Ihr seid nur zum Teil Menschen. Wenn Jesus sagt: „des Menschen Sohn,“ antwortet wenigstens etwas in euch mit einem „Ja“ darauf: „Ja, er spricht wahr.“ Etwas in euch kann ihm Vertrauen schenken. Aber wenn er „Sohn Gottes“ sagt, bewegt er sich in einer Dimension, von der ihr überhaupt keine Ahnung habt. Ihr habt sie nie kennengelernt, ihr habt noch nicht einmal davon gehört. Sie ergibt euch keinen Sinn. Also gebraucht er den Ausdruck „Sohn Gottes“ nur sehr selten, nur vor sehr engen Jüngern, die dem Göttlichen langsam entgegenwachsen, deren Hände schon ans Göttliche rühren, die im Dunkeln getappt sind und nun zur Tür gefunden haben, die einen kleinen Schimmer vom Allerhöchsten empfangen haben. Nur da benutzt er „Sohn Gottes.“ Sonst aber sagt er „Menschensohn.“

Er antwortete und sprach zu ihnen:
Des Menschen Sohn ist's, der den guten Samen sät.

Einer, der sich verwirklicht hat, einer der wirklich menschlich geworden ist – woran könnt ihr ihn erkennen? Denn seine Kristallisation betrifft sein Allerinnerstes, ihr könnt es nicht von außen sehen. Ihr könnt nicht in ihn hineinsehen. Ihr könnt nicht verstehen, was in ihm vor sich gegangen ist, es wird euch ein Rätsel sein, es wird euch verborgen bleiben.

Aber e i n e s könnt ihr beobachten. Und das ist:

Des Menschen Sohn ist's, der den guten Samen sät.

Ihr werdet es an seinen Taten sehen können, an seinen Worten, ja noch an seinen Gebärden, daß er die Saat des Guten aussät. In allem was er tut, in jeder seiner Bewegungen – wie er geht, wie er sitzt, wie er steht – sät er unaufhörlich die Saat des Guten.

Sein ganzes Leben ist ein einziges Ausstreuen von gutem Samen um sich her. Wo er auch geht, sät er die guten Saaten. Nicht, daß er es vorsätzlich tut, nicht, daß er es plant, nicht, daß er sich besondere Mühe damit macht, nicht, daß er sich besonders dafür ausbildet – nein, ganz spontan. Er kann nicht anders. So ist er eben. So passiert es ihm eben. So funktioniert jetzt sein ganzes Dasein. Güte, gute Taten, das Gute – das ist die Funktionsweise dessen, der sich verwirklicht hat.

Ihr dürft nicht vergessen, daß man euch genau das Gegenteil gelehrt hat. Euch wurde gelehrt: Werdet erst gut in Taten, damit ihr euch verwirklichen könnt. Das stimmt nicht. Das heißt, das Pferd am Schwanz aufzäumen. Die wahren Lehrmeister haben so etwas nie gesagt. Sie haben genau das Gegenteil gesagt. Sie haben gesagt: „Verwirkliche dich selbst, und du wirst sehen, daß deine Handlungen gut geworden sind."

Es braucht kein Charakter kultiviert zu werden. Ein kultivierter Charakter ist unmoralisch, und mag er noch so moralisch erscheinen. Ein kultivierter Charakter ist eine Fessel, ein Kerker, und alle, die ihr „Männer von Charakter" nennt, sind starre Eiszapfen, tote Leute, blockiert. Sie müssen auftauen, um wieder flüssig zu werden. Sie mögen „gut" sein, aber sie stinken. Sie mögen „gut" sein, aber unausstehlich im Zusammenleben. Sie mögen „gut" sein, aber eine Lähmung für die andern – verkrüppelnd. Wer mit ihnen lebt, dem werden sie zu einer schweren Last auf der Brust. Sie zerdrücken und zerstören euch. Sie sind destruktiv.

Wenn du mit einem wirklich guten Mann Berührung hast, einem guten Menschen, dessen Güte nicht erzwungen und nicht anerzogen ist, sondern der sein Potential verwirklicht hat, und dessen Gutsein nun einfach strömt. . . Es ist genau wie mit dem Duft einer Blüte, die sich geöffnet hat. Erst wenn sich die Blüte öffnet, verbreitet sich ihr Duft. Nicht anders. Allenfalls kann man eine Plastikblume mit Parfüm besprühen. Ein Charakter, der aufrechterhalten und kontrolliert werden muß, ist wie aufgesprühtes Parfüm. Die Blüte ist künstlich.

Jesus sagt:

Der den guten Samen sät, ist des Menschen Sohn.

Erkennt, daß dieser des Menschen Sohn ist – an seinen Taten könnt ihr ihn erkennen. Er handelt nicht aus Moral, aus Disziplin. Er handelt aus dem Herzen. Ihr könnt sein Herz nicht erkennen außer an seinen Taten. Das ist eure Blindheit.

Und versucht nie, dem Beispiel der „guten Leute" zu folgen. Genau daran ist die Welt fast abgestorben – ein einziger Friedhof. Ich habe erst vor wenigen Tagen gelesen, was Paulus, der heilige Paulus, zu seinen Leuten gesagt hat: „Ich ahme Christus nach. Ahmt ihr mich nach. Das ist der Weg."

Das heißt, gefährlich predigen. Dieser Paulus hat völlig mißverstanden. Er sagt: „Ich ahme Christus nach. Ahmt ihr mich nach." Er sagt: „Macht alles genauso, wie ich es mache. So wird's gemacht!" Das sind genau die Leute, die die Botschaft von Christus zunichte machen.

Wenn du nachahmst, bleibst du unecht. Du wirst vielleicht Christus ähnlich werden, aber du wirst kein Christus sein. Du wirst vielleicht Buddha ähnlich werden, aber du wirst kein Buddha sein. Du wirst nur ein Pseudo-Buddha sein, etwas Falsches, etwas Unechtes. Das wird dich nicht selig machen. Das gibt dem All nicht das Gefühl, dir verpflichtet zu sein.

Er antwortete und sprach:
Des Menschen Sohn ist's, der den guten Samen sät.

Daran könnt ihr ihn erkennen. Das ist alles.

Der Acker ist die Welt.
Der gute Same sind die Kinder des Reichs.
Das Unkraut sind die Kinder der Bosheit. . .

. . .des Argen. Oder des Teufels, Beelzebubs, Satans. Wie soll man es in die Sprache des zwanzigsten Jahrhunderts übersetzen? Ich nenne es – den Verstand.

Buddha ist moderner, zeitgemäßer als Jesus. Buddha würde niemals so reden. Er würde sagen, daß der Verstand dich verdirbt, nicht der Teufel. „Teufel" ist eine symbolische Art und Weise, das Gleiche zu sagen. Aber auch ein gefährliche. Denn so wurde der Teufel für das Christentum sehr, sehr wichtig. Und für die christliche Vorstellung wurde „der Teufel" eine Realität. Auch „Gott" wurde zur personalisierten Realität. Es sind keine Personen. Beide sind sie Interpretationen einer bestimmten inneren Erscheinung.

Dieses innere Phänomen besteht darin, daß euer Wesen auf zweierlei Art funktionieren kann: entweder durch den Verstand oder durch den Nicht-Verstand. Wenn man durch den Verstand funktioniert, ist genau das „die Bosheit" oder „der Arge", von dem Jesus spricht. Funktioniert man durch den Nicht-Verstand, dann wirkt man aus seiner Natur heraus. Das ist es, was Buddha „Nirvana" nennt – Selbstlosigkeit, „Anatta", Erleuchtung.

Du bist nicht identisch mit dem Verstand. Sobald du weißt, wie du ohne den Verstand funktionieren kannst, wie du ihn beiseitelassen kannst, wie du ihn außer acht lassen kannst, funktionierst du in deiner Totalität, bist du m i t der Totalität, in Harmonie mit ihr. Dann bist du nicht mehr wie eine Insel. Du hast dich ergeben und bist Teil des Festlands geworden, des Kontinents.

Nun bist du nicht mehr von der Existenz zu trennen. Nicht etwa, daß *du* existierst – Gott existiert in dir. Nun ist das Ego fort, verschwunden wie ein Tropfen Tau in der Morgensonne.

Der Acker ist die Welt.
Der gute Same sind die Kinder des Reichs.
Das Unkraut sind die Kinder der Bosheit.
Der Feind, der es sät, ist der Teufel. . .

. . . der Teufel ist nicht außerhalb von dir. Eine sehr verlockende Idee, ihn nach außen zu verlegen; denn dann kannst du alle Verantwortung auf ihn abschieben und kannst dich von aller Verantwortung freisprechen. Die Menschen benutzen seit eh und je Sündenböcke, auf die sie ihre Verantwortung abladen können. Für alles, was mit dir nicht stimmt, findest du stets eine Ursache bei anderen. Jemand sagt irgendetwas, und du wirst wütend. Jetzt glaubst du, *er* hätte dich beleidigt. In Wahrheit hast *du* dich aufgeregt und nicht *er* dich beleidigt. Wärest du etwas wacher gewesen, wäre keine Wut dagewesen. Und dann hätte es auch keine Beleidigung gegeben.

Ihr schiebt Verantwortung ab. Ihr fühlt euch gut, wenn ihr die Verantwortung auf andere Schultern laden könnt.DDas ist eins der ältesten Mittel des Verstandes, sich zu verteidigen. Wenn du sagen und belegen kannst, daß ein anderer verantwortlich ist, darfst du aufatmen und so sein, wie du eben bist. Nicht notwendig, sich zu ändern. . .

Aber wenn du siehst, daß der Teufel in dir steckt, und daß es keinen Zweck hat, die Verantwortung auf andere zu schieben – du selbst bist das Problem! – dann wird es schwierig, mit dem Problem zu leben. Es wird praktisch unmöglich, mit dem Problem zu leben. Der Augenblick kommt, wo du es hinwirfst. Es wird dir zuviel. Es ist dumm und töricht, es weiter mitzuschleppen. Du hast nichts davon; du wirst einfach von seiner Last erdrückt. Schieb nie die Verantwortung auf irgendeinen äußeren Teufel. Der Teufel ist innen. . . ebenso, wie Gott innen ist.

Wenn du mit dem Verstand funktionierst, ist das der Teufel. Wenn du ohne Verstand funktionierst, wenn du aus Meditation heraus funktionierst, aus dem Nicht-Verstand – dann ist es Gott. Gott ist eine Funktion von dir. Der Teufel ist ebenfalls eine Funktion von dir. Funktionierst du unbewußt, unachtsam, ohne Erinnerung an dich selbst, dann hast du dem Teufel gestattet, hereinzukommen. Und vergeßt nicht – ich meine das absolut nicht in einem anthropomorphen Sinn. Da ist niemand draußen, der hereinkommt. Es ist nur eine Metapher.

Der Feind, der es sät, ist der Teufel.
Die Ernte ist das Ende der Welt.
Der Schnitter sind die Engel.

Gleichwie man nun das Unkraut sammelt
und mit Feuer verbrennt,
so wird's auch am Ende dieser Welt gehen.

Des Menschen Sohn wird seine Engel senden,
und sie werden sammeln aus seinem Reich alle,
die Ärgernis geben und die da Unrecht tun,

und werden sie in den Feuerofen werfen;
da wird Heulen und Zähneklappern sein.

Dann werden die Gerechten leuchten
wie die Sonne in ihres Vaters Reich.
Wer Ohren hat, der höre!

Jesus sagt, daß das Gute überlebt und das Böse stirbt. Jesus sagt, daß das Gute ewig und das Schlechte zeitlich begrenzt ist. Jesus sagt, daß das Gute bleibt und das Schlechte vergänglich ist.Das muß genauer verstanden werden. Vergeßt seine Worte. Sie sind altmodisch geworden. Die Christen zitieren noch heute diese seine Worte und erläutern sie. Die Worte sind tot. Was er sagt, ist sehr bedeutsam und wird immer bedeutsam sein; aber die Sprache muß sich ändern.

Hört, wie anders es klingt, wenn ich sage: Gut ist das, was überlebt. Es mag zuzeiten besiegt werden, aber schließlich und endlich gewinnt es. In Indien sagen wir: *Satya meva jayate*. . . „am Ende siegt die Wahrheit." Vielleicht scheint die Lüge im Augenblick zu siegen, aber am Ende kann es nicht so sein.

Eine Lüge ist eine Lüge und wird früher oder später entlarvt. Sie kann nicht Ewigkeit werden. Denkt doch nur – wie könnte eine Lüge Ewigkeit werden? Sie hat keine Wurzeln in der Existenz, sie hat kein eigenes Wesen. Selbst wenn sie im Augenblick da ist, hat sie kein Wesen in sich. Selbst wenn sie im Augenblick da ist, muß sie sich ihr Wesen von irgendeiner Wahrheit borgen.

Darum verteidigt ihr immer die Lüge, die ihr selbst aufgestellt habt. Ihr argumentiert für sie, ihr versucht sie zu belegen, ihr möchtet gern zeigen, daß sie die Wahrheit ist. Ihr versucht, von der Wahrheit Wesen und Leben zu borgen – für die Lüge. Aber geborgtes Leben ist Lüge. Einen Augenblick lang mag es vielleicht täuschen, aber ewig kann es nicht täuschen. Eine Lüge kann nicht immer und ewig täuschen. Irgendwann, eines Tages, wird sie unweigerlich entlarvt. Eine Lüge ist eine Lüge und kann niemals wahr werden. Und eine Wahrheit ist eine Wahrheit, vielleicht im Augenblick verdeckt, mißverstanden, nicht gehört, falsch gehört, fehlinterpretiert . . . aber Wahrheit ist Wahrheit. Ein Diamant ist ein Diamant. Er mag im Schlamm verloren gehen, aber er ist nicht Schlamm und kann nicht zu Schlamm werden. Am Ende wird er doch entdeckt. Wahrheit ist ewig. Oder besser, sagen wir genau umgekehrt: alles Ewige ist wahr. Hänge dich an nichts, was nicht ewig ist. Sonst lebst du mit einer Lüge. Und die gesamte Zeit, die du mit ihr gelebt hast, ist einfach vertan. Eines Tages ist die Lüge entlarvt und du stehst mit leeren Händen da.

Jesus sagt, daß am Ende das Gute überlebt, und alles, was schlecht ist, im Feuer zugrunde geht, zerstört wird. Sieh also genau hin, prüfe dein Leben – was ist es, das du säst? Die Welt ist ein Acker, das Leben ist eine Chance.

Was säst du? Säst du Liebe, oder säst du nur Lust? Wenn du nur Lust säst, wird das Ende es dir zeigen. Und dann wirst du sehr bereuen müssen, weil diese Lust nur eine Laune des Augenblicks war, ohne Boden, ohne Wurzeln. Es war nur Einbildung . . . Oder Liebe? – dann kannst du dich auf sie stützen. Dann baust du dein Haus auf Fels und nicht auf Sand. Was ist es, das du auf Erden zusammenträgst? Besitz? Dinge? Reichtum? Dann läßt du dich vom Teufel betrügen – vom Verstand, vom Ehrgeiz, vom Verlangen. Oder suchst du zu erkennen, wer du bist? den wahren Reichtum? Der einzig mögliche Besitz ist dein Wesen – weil du es bereits besitzt. Nichts anderes läßt sich besitzen. Suchst du also nach etwas, das du besitzen kannst und das dir gehören kann, und dir für immer und ewig gehören kann, und nicht einmal der Tod kann es dir nehmen – dann säst du die Saat, die Jesus „die Kinder des Reiches" nennt.

Wenn ihr ein bißchen bewußt seid – und ich hoffe, ihr seid es, denn sonst könntet ihr nicht bei mir sein, sonst könntet ihr nicht hier sein. . . Etwas in dir ist aufgewacht; darum bist du hier. Etwas ist hellhörig geworden. Und nun beobachte alles von dem Punkt aus, der hell geworden ist. Sieh dir einfach mal die Vergangenheit an. Kannst du irgendetwas darin finden, das ewig sein kann? das auf immer und ewig existentiell bleiben kann? Nein? Dann hast du dein Leben umsonst gelebt. Hör nun auf damit.

Spring heraus aus dem Teufelskreis, halte das Rad an. Und wenn du glaubst, ja! da ist etwas, das ewig sein kann! – dann gib ihm Wasser, hüte es, hilf ihm wachsen.

Und so findet man seine Religiosität. Sie ist in keiner Bibel zu finden, in keiner Gita und in keinem Koran. Sie ist nur in der eigenen Erfahrung zu finden. Prüfe, beobachte, und scheide ständig die guten Samen von den schlechten. Ehe Gott sie verwirft – bitte, verwirf du sie selbst. Nimm nichts mit, was doch im Feuer landen wird. Nimm nichts mit, was sterben wird. Es wird hart, es wird bitter werden, dich von verkehrten Dingen zu trennen, denn du hast sehr viel Wert auf verkehrte Dinge gelegt.

Ihr könnt es nicht sein lassen, euer Leben an wertloses Zeug zu verschwenden. Kindisch. Der eine häuft immer mehr Reichtum an. Er stellt sich ständig vor, wie gut er irgendwann in der Zukunft leben wird; jetzt im Augenblick trifft er nur die Vorbereitungen dazu. Aber diese Vorbereitungen werden nie abgeschlossen sein.

Und eines Tages ist er plötzlich tot. Ein Haufen Reichtum bleibt zurück, und jemand anderer wird sein Besitzer. Dieser Mensch hat sein ganzes Leben vertan. Er hätte leben können, er hätte wunderbar leben können – denn dem, der leben will, ist alles, was dazugehört, schon längst gegeben worden.

Laßt mich wiederholen: Wenn du leben willst, ist dir alles, was dazugehört, schon längst gegeben worden. Es ist keinerlei Vorbereitung nötig. Alle Vorbereitung ist Aufschub, Alle Vorbereitung ist ein Trick des Teufels, des Verstandes. Der Verstand sagt: Wie willst du jetzt schon leben? Wie tanzen? Erst brauchst du einen marmornen Tanzboden. Dann kannst du tanzen. Also schaff dir erst einen Marmorboden an. Dann kannst du tanzen. Seht ihr den Trugschluß? Wenn du tanzen willst, ist der Strand gut genug dazu. Der Erdboden genügt. Wenn du tanzen willst, kannst du überall tanzen, jederzeit. Dieser Augenblick ist so gut wie jeder andere. Es ist nichts weiter nötig. Du brauchst nur Leben in dir zu haben – und das ist da. Du brauchst ein Leben, das in Fluß ist, mehr nicht. Zum Tanzen brauchst du nicht mehr als jdas. Nicht einmal eine Tanzschule brauchst du. Das Leben selbst ist der Tanz. Du läßt ihn einfach nur zu.

Du möchtest singen? Worauf wartest du noch? Du möchtest lieben? Was zögerst du noch? Dies ist der einzige Augenblick, den es gibt, und dies das einzige Leben. Vergiß die Zukunft und fang an, hier und jetzt lebendig zu sein. Und denk daran: Wenn du in diesem Augenblick lebendig bist, findest du dich im nächsten Augenblick noch lebendiger wieder, denn der nächste wird aus diesem geboren. Und wenn du diesen Augenblick versäumst, ist die Strafe hart. Nicht, daß da einer im Himmel sitzt auf goldenem

Thron und dich laufend bestraft, nein. Wenn du diesen Augenblick versäumst und nicht tanzt, verlierst du nach und nach die fähigkeit zum TAnzen. Das ist die Strafe. Das ist die einzige Strafe. Da ist keiner, der dich bestraft. Wenn du in diesem Augenblick betest, wirst du belohnt; denn schon im nächsten Augenblick erwartet dich ein noch größeres Gebet. Wenn du in diesem Augenblick nicht betest, verlierst du die Fähigkeit zum Beten. Mit der Zeit wirst du völlig unfähig zu beten. Dann läufst du zu anderen Leuten und fragst herum, wie man das macht – beten, meditieren, lieben.

Seht ihr nicht die Absurdheit solcher Fragen? Wie man lieben soll! Wie man beten soll! Wie man meditieren soll! Wie man leben soll! Absurde Fragen, aber sie beweisen die Armut, die innere Armut des Menschen. Er hat alles auf später verschoben, und nach und nach hat er's vergessen. Jedes Kind versteht zu beten, und jedes Kind versteht zu lieben, und jedes Kind versteht zu tanzen, und jedes Kind versteht zu leben. Jedes Kind kommt vollkommen auf die Welt, mit allem fix und fertig ausgestattet. Man braucht nur anfangen zu leben.

Habt ihr das schon festgestellt? Wenn du weinst, und ein kleines Kind sieht dich, dann kommt es zu dir. Es kann nicht viel sagen, es kann dir deine Tränen nicht wegreden, es legt nur seine Hand auf deine Hand. Hast du diese Berührung je gefühlt? Niemals und von niemandem wieder wirst du so berührt, wie dich ein Kind berühren kann. Es versteht zu berühren. Später sind die Menschen einfach kalt, hart. Sie berühren zwar, aber es strömt nichts aus ihren Händen. Berührt dich dagegen ein Kind- . . . was für eine Zartheit, was für eine Sanftheit – was für eine Botschaft! Es läßt sein ganzes Wesen einströmen.

Jeder wird mit allem geboren, was zum Leben gehört. Und je mehr du lebst, desto fähiger wirst du dazu. Das ist die Belohnung. Je weniger du lebst, desto unfähiger bist du. Das ist die Strafe.

Die Religion, die du suchen mußt, ist in dir.

Du mußt dein Leben von Augenblick zu Augenblick prüfen und alles loslassen, was nur vorübergehend zu sein scheint. Mag es noch so aufregend sein, letztlich ist es sinnlos. Laß es weg! Schau tief in d i e Momente hinein, die nicht so aufregend zu sein scheinen. Das Ewige kann nicht sehr aufregend sein, denn das, was immer und ewig da sein muß, muß sehr leise und friedlich sein. Selig, versteht sich, aber nicht aufregend. Tief beseligend, aber ohne viel Aufhebens. Mehr wie Schweigen, als ein Ton.

Du mußt an Bewußtheit wachsen, damit du es heraushören lernst. Sonst entdeckst du am Ende, daß du ein leeres Leben gelebt hast. Das ist es, was Jesus „das Unkraut des Feldes" nennt.

Wer Ohren hat, der höre!

Das Himmelreich ist gleich
einem verborgenen Schatz im Acker,
welchen ein Mensch fand und verbarg ihn;
und in seiner Freude darüber geht er hin
und verkauft alles, was er hat,
und kauft den Acker.

Ja, genauso ist es. Wenn du erst einmal das Ewige, das Wesentliche kennst, das Unendliche kennst, wenn du es erst einmal gespürt hast, dann bist du bereit, hinzugehen und alles zu verkaufen, was du so lange angehäuft hast. Dann bist du bereit, alles zu verkaufen, nur um diesen Schatz der Ewigkeit zu haben.
Ich will es noch einmal wiederholen:

Das Himmelreich ist gleich
einem verborgenen Schatz im Acker,
welchen ein Mensch fand und verbarg ihn;
und in seiner Freude darüber geht er hin
und verkauft alles, was er hat,
und kauft den Acker.

Und genau das ist mein Sannyas.

Suche das Ewige. Ganz gleich, um welchen Preis; setze dafür alles aufs Spiel – und du wirst kein Verlierer sein.

Versuche zu retten, was du angesammelt hast, und du wirst verloren sein.

Jesus sagt: „Die ihr Leben retten wollen, verlieren es, und die bereit sind, es zu verlieren, werden das Leben erlangen – das ewige Leben."

Zehnter Morgen

Wenn der Humpty Dumpty kaputtgeht . . .

Diese Leere, dieses Sehnen!

Diese Leere, diese Tränen!

Wie agiert der göttliche Wille?

Ist Hingabe erlernbar?

Was kann ich dir geben – und du mir?

Ich möchte mir am liebsten den Kopf einrennen!

Kann man im Traum erleuchtet werden?

Ist d a s *das Erwachen?*

Wer unschuldig ist, wird betrogen.
Wie soll man sich verhalten?

Was ist Unschuld?

Zehnter Morgen

Was ist Unschuld ??

Humpty Dumpty sat on a wall
Humpty Dumpty had a great fall
All the king's horses
And all the king's men
Couldn't put Humpty Dumpty
Together again.

(Humpty Dumpty hoch auf dem Turm
Humpty Dumpty purzelt im Sturm
Nicht des Königs Reiter
Nicht des Königs Mannen
Kriegen Humpty Dumpty wieder zusammen.)

Das gilt nicht Humpty Dumpty. Das gilt euch. Das gilt der Menschheit, dem Menschenverstand, dem gespaltenen Geist des Menschen – welcher keine Einheit ist, sondern ein Mob, ein in sich zerstrittener Pöbel, ein Pöbel, der ewig im Krieg mit sich selbst ist. Schau in deinen eigenen Kopf hinein und du wirst Humpty Dumpty dort finden. Deine Gedanken haben keine Mitte. Da ist keiner der Herr, und alle sind Diener. Und jeder Diener bildet sich ein, der Herr zu sein. Jeder Diener sitzt einmal für wenige Augenblicke auf dem Thron – dann ist er der Herr, führt sich als der Herr auf und macht Versprechungen wie ein Herr. Im nächsten Moment zerfällt sein Reich – ein anderer Diener hat das Zepter ergriffen. Der folgende Diener weiß nicht einmal, wer der vorige Diener war. Er hat nie gehört, was der erste Diener alles versprochen hat. Wie kann er das Versprochene halten?

Wenn du eine Frau oder einen Mann liebst, versprichst du tausend Dinge, die du nicht erfüllen kannst. Du sagst: „Ich bin auf ewig dein!“ Im nächsten Augenblick, wenn die Liebe versiegt ist, kannst du dich nicht einmal erinnern, es gesagt zu haben. Und wirst du daran erinnert, zuckst du die Achseln. Du sagst: „Das muß ich gesagt haben, ohne zu wissen, was ich tat. Ich kann nicht bei Sinnen gewesen sein, ich war berauscht, hypnotisiert.“ Oder du wirst sagen: „Das waren romantische Worte, die besagen nicht viel.“

Wenn du liebst, sitzt der Diener „Liebe“, das Gefühl „Liebe“ für einen Moment auf dem Thron und ist König geworden. Im nächsten Moment, wenn die Liebe weg ist und der Haß auf dem Thron sitzt, bist du ganz jemand anderer. Und so weiter und so fort, das Rad dreht sich. Schau jeden Augenblick erneut in dich hinein, und du wirst sehen, wie gerade jetzt ein neuer König auf den Thron gehoben und der alte verjagt wird.

Du glaubst nur, daß du bist. Solange dieser Geisteszustand anhält, dieser Humpty-Dumpty-Zustand, kannst du nicht ernstlich behaupten zu *sein*. Du bist viele.

Es kam einmal ein Mann zu Jesus und wollte sein Jünger werden. Er gelobte, ihm bis an sein Lebensende zu folgen. Jesus fragte ihn: „Sag mir bitte erst deinen Namen. Wer bist du?“ Überwältigt vom Schock dieses Lichtes, dieses blendenden Lichts um Jesus, wurde der Mann gewahr, daß – er nicht ist. *Wer* wollte folgen, *wer* mit Jesus gehen bis zu seinem Lebensende? Ein Gedanke ist nichts Dauerhaftes. Noch ehe er dir bewußt werden kann, ist er schon fort, ist er verblaßt, ist er verwelkt. Ein anderer Gedanke tritt an seinen Platz. Es ist ein Prozeß ohne Ende.

Der Mann wurde gewahr, daß er nicht ist. Er wurde gewahr, daß er nicht nur einen Namen besaß. In seinem Schreck sah er Jesus an und sagte: „Mein Name? Du willst meinen Namen wissen? Mein Name ist Legion – ich habe tausend-und-einen Namen. Und welcher davon der wahre ist, das weiß ich nicht.“

Beobachte vierundzwanzig Stunden lang dein Leben. Du wirst tausend und eine Person in dir finden. Dann wird dir bewußt, daß du nicht bist – noch nicht. Noch bist du ungeboren. Noch bist du im Mutterleib. Der Körper ist zwar schon aus dem Mutterleib heraus, aber nicht die Seele. Als Körper bist du schon geboren, aber nicht als Seele. Vorläufig zögerst du noch, geboren zu werden. Vorläufig hast du dich noch nicht dazu entschlossen, geboren zu werden.

Jeder Geburt geht ein Tod voraus. Du wurdest als Körper aus dem Mutterleib geboren. Das Leben im Mutterleib muß sterben, bevor du ins äußere Leben hineingeboren wirst. Und als Einheit kannst du nur geboren werden, wenn all die Humpty-Dumptys in dir sterben, wenn all die Gedanken verschwinden, wenn all die Stimmungen verschwinden, wenn der Himmel nicht mehr bewölkt ist, sondern leer: Erst wenn du leer bist, verschwindet der Humpty-Dumpty.

Wenn ich von Leere spreche, dann dürft ihr nicht vergessen, daß ich nicht von der negativen Leere spreche. Wann immer ich „leer" sage, meine ich: „so leer, daß du voll bist". Der Himmel ist leer – und voll zugleich. Voll von sich selbst, leer an Wolken. Leer an fremdem Element, voll vom eigenen Dasein.

Wenn du leer von jeglichen Gedanken bist, dann bist du. Wenn du leer von jeglichen Stimmungen bist, dann bist du zum ersten Mal geboren – neu geboren. Dann ist der Menschensohn geboren, von dem Jesus spricht: du hast dich vollendet.

So, wie du jetzt bist, bist du ein Mob, ein Irrenhaus. Und ja, es ist wahr: *Humpty Dumpty saß auf dem Turm. . .* Auch ihr sitzt auf einem Turm und könnt jeden Augenblick herunterfallen. Das Ego sucht sich immer höhere Plätze. Am liebsten sitzt es ganz oben.

Humpty Dumpty saß auf dem Turm. Das Ego sitzt immer auf einem Turm. Und je höher der Turm, desto schlimmer der Sturz.

Humpty Dumpty purzelt im Sturm. Und wenn das Ego purzelt, ist es immer ein böser Sturz, denn es will immer höher hinaus, bis zu dem Punkt, wo man das Gleichgewicht vor lauter Höhe nicht mehr halten kann. Das ganze Leben ist eine einzige Aufstiegspolitik. Das ganze Leben ist ein Gieren und ehrgeiziges Schielen nach der allerhöchsten Spitze, dem Mount Everest. Höher als alle andern! Aber wenn du fällst, wird es ein böser Sturz.

Humpty Dumpty hoch auf dem Turm
Humpty Dumpty purzelt im Sturm
Nicht des Königs Reiter
Nicht des Königs Mannen
Kriegen Humpty Dumpty wieder zusammen.

Dann kriegt dich keiner wieder zusammen. All des Königs Reiter nicht, und all des Königs Mannen nicht. . . selbst wenn die ganze Welt mithelfen würde, dich wieder zusammenzuflicken, es ist unmöglich. Ein unmöglicher Job.

Jeden Tag komme ich mit Menschen zusammen, die gern möchten, daß ich sie wieder zusammenflicke. Unmöglich. Niemand kann sie zusammenflicken. Denn die Reparatur würde euch nur wieder auf den Turm setzen, und so wäre mein Reparieren genau das Falsche. Das Reparierte wäre wieder der Traumzustand, und dahinter spielte sich der gleiche Streit der Splitterparteien ab; der Krieg ginge weiter.

Ja, irgendwie läßt es sich hinkriegen, und die Psychiater im Westen tun ja nichts anderes. Sie flicken Humpty Dumpty wieder zusammen. Immer wenn einer vom Turm purzelt. . . der Turm mag Washington sein, oder die Wall Street in New York; er mag Madison Avenue sein oder Delhi oder Moskau; der Turm kann alles Mögliche sein. Alles, was dir das Gefühl gibt, jemand zu sein – das ist der Turm. Und immer, wenn einer herunterfällt, versuchen die Psychiater, ihn wieder zusammenzuflicken. Das nennen sie dann: „ihn wieder normal zu machen.“ Er ist nämlich „abnormal“ geworden. Er kann jetzt seine Scherben nicht mehr zusammenhalten, er löst sich in seine Bestandteile auf, die Teile machen sich selbständig. Er ist wie eine sich auflösende Wolke. Man setzt ihn von allen Seiten unter Druck, man pappt ihn wieder zusammen. Man holt ihn wieder auf den Teppich, man tut, was man kann, um ihn wieder anzupassen.

In diesem Punkt unterscheidet sich die Psychologie des Westens von der Haltung des Ostens, und zwar enorm. Gehst du im Osten zu einem Buddha, so flickt er dich nicht wieder zusammen. Er sagt: „Gesegnet bist du, daß du gefallen bist. Nun laß die Scherben liegen, du brauchst sie nicht wieder zusammenzukleben. Es ist gut so, es ist ein Segen Gottes, daß du aus dem Rahmen gefallen bist.“ Denn nur, wenn du völlig aus dem Rahmen der Gesellschaft fällst, besteht eine Möglichkeit der Revolution.

Solange du im Rahmen bleibst, merkst du gar nicht, wie du dein Leben vertust. . . im Klub, auf dem Markt oder sogar im Tempel. Solange du noch ein ehrbarer Bürger bist, heißt das, daß du immer noch auf der Mauer sitzt. Du hast den großen Fall noch nicht erlebt. Ein ehrbarer Bürger – von allen geachtet, deine Integrität stadtbekannt. . . Und was für eine „Integrität“ ist das, die du auf diese Weise erreichen kannst? Sie kann nichts weiter als Fassade sein, als Tarnung, als Maske. Dein Gesicht *scheint* integer, aber hinter der Maske verstecken sich tausend Gesichter.

Jeden Tag kann der Sturz passieren. Dann laufen die Psychiater zusammen: all des Königs Reiter und all des Königs Mannen wollen dich wieder zusammenflicken, dich wieder einwickeln. Aber damit helfen sie dir nicht. Eigentlich wollen sie nur, daß du wieder normal abnormal bist, durchschnittlich verrückt, lauwarm verrückt, damit du wieder zu den anderen Verrückten deiner Umgebung paßt. Sie verabreichen dir Beruhigungsmittel, sie geben dir Elektroschocks, sie tun alles, um dich in dich selbst zurückzuholen – und dabei hast du gar kein Selbst und hast nie eins gehabt! Ein großer Sturz ist ein großer Segen. Versucht nicht, die Scherben zu flicken. Laßt sie liegen und lauft weg. Wenn du zu einem Buddha kommst, so sagt er: „Laß die Scherben liegen.“

„Gut, daß sie auseinandergebrochen sind. Jetzt steige über sie weg. Komm heraus aus deiner Humptidumptigkeit – unverletzt: werde zum Himmel.“ Mach dir keine Gedanken um Wolken. Mach dir keine Gedanken um Gedanken. Werde reine Bewußtheit. In reiner Bewußtheit bist du nichts Zusammengesetztes. Plötzlich erkennst du, daß du schon immer beieinander warst! Deine Humptidumptigkeit war nur an der Oberfläche. Dein tiefster Kern, dein Wesenskern im Innern ist immer eins geblieben. Er war nie anders – nur war dir das nie bewußt.

Wenn du zu mir kommst, bin ich nicht dazu da, dich wieder zusammenzuflicken. Im Gegenteil: wenn du zu mir kommst mit dem Gefühl, daß du ganz gut beieinander bist, dann geb ich dir einen Stoß, einen tüchtigen Schubs von der Spitze des Turms, damit du t i e f abstürzt! Bist du erstmal in Scherben, dann ist die Möglichkeit groß.. . . Erst einmal in Scherben, kannst du alles hinter dir lassen. Du kannst dir anschauen, was passiert ist.

Die wahre, die innerste Mitte ist eins. Das ist es, was wir *atman* nennen – das höchste Selbst. Das ist es, was wir „Christus“ nennen. Jesus ist Humpty Dumpty; Christus ist die Mitte. Gautama Siddhartha ist Humpty Dumpty; Buddha – das ist der innerste Mittelpunkt. Vardhman ist Humpty Dumpty; Mahavir ist die Mitte.

Bhagwan, ich fühle mich leer . . . und ein tiefes Sehnen. Und ich weiß einfach nicht, wie ich loslassen soll.

Bleib dabei. Es gibt zwei Arten von Leere. Die eine: negative Leere; die andere: positive Leere.

Negative Leere ist Einsamkeit. Du vermißt die Anwesenheit von etwas oder von jemand. Du genießt nicht die Reinheit des Alleinseins. Dir fehlt etwas . . . deine Frau ist gestorben, und nun fühlst du dich leer. Ihre Gegenwart war eine Art Füllung, ihr Dasein hatte dir das Gefühl von Gefülltheit verliehen. Jetzt ist sie tot. Jetzt fühlst du dich leer, du vermißt sie. Das ist negative Leere. Dann gibt es die positive Leere. Positive Leere leidet nicht an der Abwesenheit eines anderen. Im Gegenteil, sie ist ein Bewahren und Genießen der eigenen Gegenwart. Du sitzt allein, freust dich einfach, bist einfach froh, da zu sein . . . und bist nun leer. Aber das ist positive Leere.

Negative Leere ist „des Teufels", und positive Leere ist „von Gott". Beide leer, und doch ist da ein Riesenunterschied, was die Qualität betrifft. Man muß auf die positive Leere zugehen. Und genau das ist bei dir im Gange.

Ich fühle mich leer. . . und ein tiefes Sehnen. Und ich weiß einfach nicht, wie ich loslassen soll.

Brauchst du gar nicht. Laß nur diese Leere walten. Suche nichts zu verändern. Sonst kommt nur der Verstand wieder durchs Hintertürchen zurück. Humpty Dumpty ist nicht mehr da. Bleibe jetzt bei dieser Leere. Genieße sie! Sie ist schön. Mit nichts zu vergleichen . . . sie ist Unschuld, sie ist Stille, sie ist Schweigen. Sie ist Jungfräulichkeit. Wenn der Humpty Dumpty zum ersten Mal das Haus verläßt, dann interpretierst du das leicht falsch, weil du noch nie diese positive Leere kennengelernt hast, sondern immer nur die negative. Du denkst: „Wieder diese Leere, diese ewige, negative Leere." Du willst da raus.

Aber das ist nicht nötig. Entspanne dich in sie hinein – s e i sie. Lasse sie zu und versuche nichts an ihr zu verändern.

Sehr schwer! Es ist der Tod, der wirkliche Tod, der, aus dem die Auferstehung kommt. Es ist das Kreuz, das wirkliche Kreuz. Und jeder muß es täglich auf sich nehmen. Und nicht nur täglich auf sich nehmen, sondern dabei t a n z e n! Muß es willkommen heißen voll tiefer Dankbarkeit.

Wenn du zum ersten Mal diese Leere betrittst, hältst du sie für die altbekannte Leere. Natürlich; denn du hast sie ja noch nie erfahren. Laß sie zu, bleibe bei ihr! Das ist es, was ich dir gern sagen möchte. Versuch auf keinen Fall, dich über sie hinwegzudenken.

S e i sie. Plötzlich verändert sich die Perspektive, verändert sich das ganze Bild. Die Wahrnehmung verschiebt sich: du schaust in diese Leere – und plötzlich ist sie nicht mehr Einsamkeit. Sie ist Alleinsein. Nicht mehr Isolation, sondern unendliche Gegenwart! Du bist fort, und in deinem Verschwinden ist Gott erschienen.

Gott und du – das ist wie bei einem Vexierbild: Bist du da, ist Gott verborgen. Bist du fort, wird er sichtbar. Kehrst du wieder zurück, wird er wieder unsichtbar. Deine Gegenwart ist das, was ihn verdeckt; deine Gegenwart wirkt wie eine Wolke.

Genieße sie, laß sie zu . . . liebe sie! Und bleibe immerzu darin. Was du an Zeit erübrigen kannst, das vertu nicht irgendwo. Schließe die Augen, sei leer. Bald wird sie dir ihre Schönheit enthüllen. Nach und nach wirst du diesen neuen Wein kosten müssen: ein Wein, so neu, wie du ihn noch nie gekannt hast. Zwar war er immer da, aber du hast ihn noch nie versucht. Er wird dich berauschen, er wird dich ekstatisch machen. Du wirst durch ihn verwandelt werden. Versuche also nicht, einen Ausweg zu finden. Es gibt keinen Weg, der da hinausführt, denn diese Leere ist a l l e s.

Du kannst nirgends anders hin. Der einzige Ausweg ist, Humpty Dumpty wieder zurückzuholen. Der einzige Ausweg ist, daß der Verstand wieder zu arbeiten anfängt – aus Angst. Du hüllst dich in Gedanken ein, du knüpfst Beziehungen an, du gehst zum Marktplatz und mischst dich unters Volk. . . Dann bist du zwar nicht mehr leer, aber du bist daran vorbeigegangen, hast die Tür verpaßt, die du dein Leben lang gesucht hattest.

Bhagwan, ich fühle mich leer. Ich weine. Was kommt als nächstes?

Das ist negative Leere. Sonst würdest du nicht weinen; du würdest lachen. Diese Leere ist gleich Einsamkeit, nicht gleich Alleinsein. Diese Leere ist keine tiefe Gegenwart; sie ist einfach nur Abwesenheit. Diese Leere ist nur Tod, sie führt nicht zur Auferstehung.

Daher das Weinen. Du füllst deine Leere mit Weinen aus, mit Tränen. Das ist ein Trick des Verstandes. Und darum auch die Frage: *Was kommt als nächstes* – denn wenn du dich auf negative Weise leer fühlst, möchtest du dich mit etwas ausfüllen. Du möchtest, daß etwas passiert, irgendeine Beziehung, irgendein Erfolg, irgendeine Lotterie . . . wenn bloß irgendwas passiert! *Was kommt als nächstes?*

Leere, die negativ ist, fühlt sich nie gut an. Sie ist Denken an die Zukunft. Sie ist Hoffen, daß die Leere in Zukunft nicht mehr da sein wird und „ich erfüllt sein werde." Leere, die negativ ist, erzeugt Zukunft. Leere, die positiv ist, weiß von keiner Zukunft. Für sie gibt es kein: *Was kommt als nächstes?* Du bist zu Hause angekommen. Nun kommt nichts mehr. Sie ist sich selbst genug.

Mach Schluß mit dieser Art von Leere, von negativer Leere! Sie erwächst nicht aus Meditation. Sie erwächst aus den Enttäuschungen des Lebens. Sie kommt nicht aus der Liebe. Sie kommt aus der Enttäuschung, die immer auf Lust folgt. Sie ist eine Begleiterscheinung des Mißerfolgs.

Positive Leere setzt ein, wenn du eine tiefe innere Zufriedenheit verspürst. Negative Leere setzt ein, wenn du tief enttäuscht bist. Dein Leben kommt dir sinnlos vor. Du tust alles wie ein Roboter – mechanisch. Da ist nirgends Poesie. Du gehst gebeugt unter der Last deines Lebens. Es fehlt ihm jeder Tanz. Du kannst nicht singen, kannst nicht glücklich sein, kannst nicht feiern.

Mach Schluß mit dieser Art von Leere! Und du kannst diese Art von Leere nur dann loswerden, wenn du beginnst, Negatives in Positives umzuwandeln. Meditiere mehr – und meditiere ohne jede Erwartung. Liebe mehr – und liebe ohne jede Erwartung.

Wenn du dir irgendetwas von der Liebe erwartest oder vom Meditieren, handelst du dir nur Frustration ein, und die Folge ist negative Leere. Wenn du aus reiner Freude an der Liebe liebst, wenn du aus reiner Freude am Meditieren meditierst und an keine Ergebnisse denkst – du denkst nicht an den Erfolg – dann kommt eine Leere, die positiv ist. Du fängst an, dich wohl zu fühlen. Du fängst zum ersten Mal an zu fühlen, daß du bist. Du spürst dein Sein und dieses Sein ist ungeheuer schön, es beseligt. Es ist *satchitananda*: es ist Sein, es ist Bewußtheit, es ist Seligkeit.

Vergiß nie: hüte dich vor dem Negativen. Bewege dich vom Negativen zum Positiven hin. Und wenn das Positive kommt, dann bleibe dabei. Dann laß es zu. Öffne dich ihm total, laß es ganz an dich heran: mach Türen und Fester sperrangelweit auf, damit es von allen Seiten in dich hereinkommen und dich völlig überfluten kann. Dann wird Auferstehung daraus.

Bhagwan, was ist göttlicher Wille, und wie agiert er durch das Individuum, das sich ihm ergibt?

Das ist eine intellektuelle Frage. Sinnlos. Quatsch. Sie kommt aus dem Intellekt. Denn der Intellekt kapiert nichts. Vergeßt nie: Intellekt und Intelligenz sind nicht das gleiche. Ihr könnt nichts Beschränkteres finden als den Intellekt.

Intellekt ist nicht Intelligenz. Intelligenz ist existentiell. Intellekt ist Plagiat. Du weißt doch gar nicht, was *göttlicher Wille* ist. Du weißt nicht, was ein *Individuum* ist, *das sich ihm ergibt*. Daher die Frage. Das ist so, wie wenn du nicht weißt, was Licht ist, und fragst: „Wenn wir Licht ins Zimmer bringen, muß es dann mit der Dunkelheit kämpfen, damit sie vernichtet wird?" Oder wie wenn du fragst: „Wenn wir Licht ins Zimmer bringen, wie lange braucht dann die Dunkelheit, um das Zimmer zu verlassen?"

Die Frage ist absurd, denn du weißt es ja. Sie ist dumm, denn du weißt es ja. Die Frage kommt dir dumm vor, weil du weißt, daß Dunkelheit keine eigene Existenz hat. Wenn du Licht bringst, geht die Dunkelheit nicht etwa hinaus. Verschließe alle Türen und paß genau auf! Stelle Wachen an die Türen und erkundige dich, frag sie: „Habt ihr gesehen, wie die Dunkelheit herausgekommen ist?"

Wenn du Licht bringst, bedeutet die bloße Gegenwart von Licht den Tod der Dunkelheit, denn sie hat keine eigene Existenz. Sie ist nichts als die Abwesenheit von Licht. Ist Licht da, dann ist keine Dunkelheit da. Ja, es hat sie nie gegeben. Sie war eine bloße Abwesenheit. Darum kann man auch Dunkelheit nicht hereinbringen. Wenn du es etwas dunkler im Zimmer haben willst, kannst du sie nicht hereinbringen. Du kannst nicht zum Nachbarn gehn und ihn um etwas Dunkelheit bitten. Du kannst sie dir nicht in Tüten holen, du kannst sie nicht dazu zwingen oder überreden, hereinzukommen.

Man kann mit der Dunkelheit nichts direkt machen. Ist euch schon aufgefallen, daß ihr, wenn ihr etwas mit Dunkelheit machen wollt, nur mit Licht etwas machen könnt, nicht mit Dunkelheit? Wenn ihr es dunkler haben wollt, müßt ihr Vorhänge vor die Fenster tun. Ihr tut etwas mit dem Licht, damit kein Licht hereinkommt; das ist alles. Wollt ihr mehr Dunkelheit, dann müßt ihr das Licht einschalten. Wollt ihr keine Dunkelheit, müßt ihr das Licht ausschalten. Aber ihr macht etwas mit Licht; mit Dunkelheit läßt sich gar nichts machen. Sie ist eine Abwesenheit, etwas Wesenloses.

Seht euch jetzt diese Frage an: *Was ist göttlicher Wille, und wie agiert er durch das Individuum, das sich ihm ergibt?*

Ein Wille, der sich ergeben hat, ist göttlich. Ein Wille, der sich nicht ergeben hat, ist nicht göttlich. Außer einem ergebenen Willen gibt es nirgends einen göttlichen Willen. Ein ergebener Wille ist ein göttlicher. Ein unergebener Wille ist nicht göttlich. Ein unergebener Wille ist Ego, und ein ergebener Wille ist Abwesenheit von Ego. Wenn das Ego fort ist, wie kann es dann noch ein „Individuum" geben? Mit dem Verschwinden des Ego verschwindet auch das Individuum. Es stirbt.

Es ist nicht so, daß es hier ein ergebenes Individuum gibt und dort einen göttlichen Willen, der durch es wirkt. Ein „ergebenes Individuum" ist der göttliche Wille. Jetzt ist es nicht mehr; Gott allein ist. Es ist ausgezogen, es steht jetzt leer, und in diese Leere ist Gott eingezogen. Das Individuum ist nicht mehr.

Dieses Wort „Individuum" ist an sich sehr schön, aber es ist übel mißbraucht worden. „Individuum" bedeutet „das Undividierbare" – das, was nicht geteilt werden kann. Euch dürfte man gar nicht „Individuen" nennen, das ist sprachlich falsch. Ihr seid „Dividuen", ihr seid teilbar. Nur Gott ist „Individuum". Erst wenn das „Dividuum" verschwindet, zeigt sich das Individuum. Aber dann gibt es keine Dualität mehr. Dann gibt es nicht dich und Gott, der durch dich wirkt. Das wäre ja wieder Ego.

Einmal kam ein Anhänger Gandhis zu mir und sagte: „Mahatma Gandhi hat immer gesagt: ‚Ich bin nur ein Werkzeug des göttlichen Willens.' Krishna aber sagt: ‚Ich bin Gott'; Jesus sagt: ‚Ich bin Gott'; Mansur sagt: ‚Ich bin Gott'. Die Seher der Upanischaden sagen: ‚*Aham brahmasmi* – Ich bin das Absolute'." Der Gandhi-Anhänger sagte: „Ich finde diese Leute sehr egoistisch; Gandhi ist demütig."

Ich antwortete ihm: „Laß dich nicht durch Äußerlichkeiten täuschen. Der Egoist ist Gandhi, wenn er sagt: ‚Ich bin ein Werkzeug Gottes.' Das Ego ist da und wirkt nun als Werkzeug. Wenn das Ego verschwunden ist, dann ist selbst diese Unterscheidung nicht mehr möglich: daß Gott etwas d u r c h mich bewirkt. Diese Unterscheidung ist nicht mehr möglich, wenn das Ego völlig verschwunden ist. Dann kommt Gott nicht durch etwas hindurch, das in dir ist. Dann bist d u Gott. Kein Instrument mehr, sondern Gott selbst."

Das ist sehr schwer zu verstehen. Wenn Krishna sagt: „Ich bin Gott", sieht das sehr egoistisch aus. Es klingt egoistisch. Gandhi klingt demütiger, weniger egoistisch. Aber laßt euch nicht durch den Augenschein täuschen. Gandhi ist egoistischer. Natürlich ist sein Ego sehr demütig, sehr fromm – ihr mögt es religiös nennen – aber es ist vorhanden: verputzt, verziert, verfeinert. Und ein verfeinertes Gift ist noch gefährlicher.

Krishna kann sagen: „Ich bin Gott", weil er nicht ist. Es ist in Wirklichkeit nicht Krishna, der sagt: „Ich bin Gott", sondern Gott, der sagt: „Ich bin." Krishna ist nicht vorhanden. Er erscheint Arjuna, weil unsere Augen blind sind. Er erscheint uns, weil wir nicht sehen können. Wenn Krishna sagt: „Ich bin Gott", glauben wir, daß es Krishna sei, der: „Ich bin Gott" sagt. Dabei gibt es keinen Krishna mehr. Es ist Gott, der sagt: „Ich bin!" I c h b i n – das ist alles.

Bhagwan, ist Hingabe ein Lernprozeß oder passiert sie einfach?

Für euch wird es ein Lernprozeß sein, für mich ist sie ein Ereignis. Sagte ich aber: sie ereignet sich, würdet ihr antworten: „Was können wir dann machen? Wir müssen abwarten." Und dann wartet ihr, so wie ihr seid. Bisher hat sie sich nicht ereignet, weil sie sich nicht ereignen kann, so wie ihr seid. Ihr wartet weiter auf die alte Art; dann passiert es nie.

Ich weiß, sie passiert einfach, aber sie passiert nur im richtigen Augenblick. Sie passiert, wenn du dich eingestimmt hast, wenn du im Einklang bist, wenn kein Chaos herrscht, kein Konflikt – sondern ein tiefer Einklang.

Sie ist nicht zu lernen. Denn wer lernt da? Du? – du bist gerade das Hindernis. Und wenn du etwas gelernt hast, bist du ein viel größeres Hindernis, als wenn du nichts gelernt hast. Wer soll die Hingabe üben? Alles Erlernte wird vom Ego geübt; das Ego geht aus jeder Übung gestärkt hervor. Du kannst Hingabe also wirklich nicht lernen. Du mußt sie zulassen.

Aber dieses Zulassen will gelernt sein! Du mußt dich fügen lernen – und du bist sehr bockig. Alles, was es da zu lernen gibt, ist eine Art negatives Lernen. Es ist eher ein Nachgeben: ein Geschehenlassen, ein Sich-nicht-Widersetzen. Das sind die Dinge, die gelernt werden müssen. Hast du diese Dinge einmal gelernt, passiert die Hingabe.

Hingabe ist nichts, das du tun kannst . . . wohl aber verhindern. Das muß verstanden werden. Es ist so: du sitzt in deinem Zimmer, und es ist dunkel und die Türen sind verschlossen. Draußen wartet das Licht. Du machst die Türen auf. Wenn du die Türen öffnest, kommt das Licht herein. Nicht, daß du es hereinholst – wie könntest du? Das geht nicht. Wie könntest du das Licht hereinholen? Du öffnest lediglich die Tür. Das Licht kommt herein.

Das geschieht von allein; nur das Öffnen der Tür muß getan werden. Deine Rolle dabei ist negativ: du mußt lernen loszulassen. Du mußt lernen, dich zu entspannen, mußt lernen, keinen Widerstand zu leisten, dich nicht zu sperren, nicht negativ zu sein, wenn Gott an deine Tür klopft, mußt „Ja" sagen lernen und nicht „Nein". Und du darfst nie vergessen: Gott klopft jeden Augenblick an deine Tür. Jeder Pulsschlag deines Herzens kann sein Klopfen sein. Mit jedem Einatmen kommt er herein, und bei jeder Bewegung ist er bei dir. Er wartet immer an der Ecke. Jesus sagt ständig: „Kehrt um, das Reich Gottes ist nahe!" Der Akzent liegt auf „nahe". . .

Hingabe ist nicht erlernbar, sie geschieht von allein. Und es ist gut so, daß sie von allein geschieht. Könntest du sie erlernen, dann wäre sie kleiner als du selbst. Und sie ist ein so gewaltiges Phänomen! Kein Tropfen, der ins Meer fällt, sondern umgekehrt: ein Meer, das in den Tropfen fällt. . . Gott, der in dich hineinströmt. Du darfst nur nicht zittern und keine Angst haben, das ist alles. Wenn er kommt, sagst du: „Ja. Komm herein. Willkommen." Verneige dich. Mach die Tore deines Herzens auf, verteidige dich nicht, Laß ihn ganz und gar in dich eindringen. Du kannst lernen, loszulassen. Dich hinzugeben kannst du n i c h t lernen. Wenn du in Losgelassenheit lebst, dann plötzlich, eines Tages. . . Niemand kann sagen, wann. Mach dir darum keine Gedanken. Das Wann ist belanglos. Wenn du wartest – losgelassen – kommt eines Tages der Einklang. Nach und nach wirst du eins mit dem Ganzen, nach und nach verliert sich die Angst. Du verteidigst dich nicht mehr, du hast keine Angst mehr. Du sagst: „Alles ist mir willkommen."

Darum wiederhole ich ständig: lernt, mehr Ja zu sagen. Und prüft euch: ihr habt zuviel Nein. Wirklich, eure ganze Tendenz ist, immer nur Nein zu sagen. Und wenn ihr mal Ja sagt, dann sehr widerstrebend. Nein sagt ihr ohne zu zögern. Euer Nein kommt mit Brustton, euer Ja ist schwach auf der Brust. Ihr müßt es halt sagen, also sagt ihr's eben. Hätte sich die Möglichkeit geboten, Nein zu sagen, ihr hättet lieber Nein gesagt.

Werdet Jasager. Nicht nur mit den Lippen, sondern existentiell. Laßt mehr und mehr Ja in euer Inneres dringen. Das ist für mich der wahre Theist. Theist ist einer, der Ja sagt. Es kommt ein Augenblick, wo er sogar zum Leiden Ja sagt, sogar zum Schmerz, sogar zum Tod. Dann bist du vollkommen offen und ungeschützt. Du wehrst dich nicht mehr. Du trägst keine Panzer. Du bist völlig nackt. In diesem Augenblick, irgendwann eines Tages, kommt der Einklang: jetzt bist du aufs Ganze eingestimmt, und das Ganze ergießt sich in dich. Es geschieht von allein.

Du kannst es nicht lernen, und es ist gut, daß du es nicht lernen kannst, sonst würdest du sofort eine Technik daraus machen. Es ist keine Technik. Letztlich ist alles, was schön ist, was wahr ist, was gut ist, untechnisch. Du kannst keine Technologie daraus machen. Aber genau das haben die Kirchen versucht: eine Technologie zu entwickeln. Und damit haben sie alles Schöne zerstört.

Ein Gebet ist nichts Technisches. Es ist eine Zwiesprache von Herz zu Herz. Oder – ein Schweigen zwischen zwei Herzen. Es ist ein tiefes Einverständnis, es ist Verehrung, es ist das Gefühl, daß eine unbekannte Anwesenheit dich umfängt, es ist tiefe Ehrfurcht. Du brauchst kein einziges Wort zu sagen; ja, wie könntest du da etwas sagen? Wenn du wirklich in tiefem Gebet bist, erscheinen dir alle Worte sinnlos. Alle Worte stören nur. Wenn das Schweigen und die Musik des Schweigens dich einhüllt, wäre es töricht, ein Wort zu sagen. Du verharrst in tiefer Sprachlosigkeit. Alles hält inne. Dann ist Gebet.

Aber die Kirchen und Tempel können nicht aufhören, euch das Beten zu *lehren*. Sie sagen euch, wie man's macht! So geht es aber nicht. So kann man nur etwas absolut Verkehrtes lernen, reine Mache. Alles Große, alles Jenseitige *geschieht*. Es hat nichts mit eurem Machen zu tun.

Aber mißversteht mich jetzt nicht und denkt: „Ja, warum soll ich dann überhaupt etwas tun? Meditieren, Beten – wozu?“

Nein, was ich sage ist: meditiert durchaus, betet durchaus, tut, was in euren Kräften steht – dadurch bereitet ihr euch vor. Wenn die Tasse bereit ist, schenkt Gott sich in euch ein. Ihr könnt ihn nicht zwingen, sich in euch einzuschenken, völlig richtig. Aber ihr müßt schon die Tasse hinhalten. Ihr müßt die Tasse aus dem Herzen hervorholen.

Er gießt ja schon! Seit eh und je! Er gießt in Strömen, aber deine Tasse ist noch nicht da. Oder sie mag schon da sein, ist aber leider umgestülpt. Und er gießt und gießt, und du bleibst leer. Du machst *shirshasan* – Yoga-Kopfstand. Er gießt und gießt, und deine Tasse kann nichts empfangen. Sie kann den Kontakt nicht herstellen.

Lerne, eine Tasse zu sein. Lerne, die Tasse richtigherum hinzuhalten. . .

Bhagwan, was kann ich dir geben? Und was kann ich von dir nehmen? Und wer bin ich?

Was kann ich dir geben? Nichts kannst du mir geben. Und was kannst du von mir nehmen? Nichts kannst du von mir nehmen. Aber dein Nichts ist negativ. Und mein Nichts ist positiv.

Und wer bin ich? Zwischen diesen Nichtsen – eine flüchtige Welle zwischen diesen beiden Ufern des Nichts. Zwischen dem negativen Nichts und dem positiven Nichts bist du: nur eine Welle.

Versuche zu verstehen. Du kannst mir nichts geben, weil du nichts hast. Ich kann dir alles geben, weil ich auch – Nichts habe. Und dazwischen ist dein Ego – nichts als ein Zittern, eine Spannung. Wenn du mich empfängst, wird dein Ego verschwinden. Wenn du bereit bist, mich zu empfangen, hast du dein Ego aufgegeben.

Von einem Nichts, welches negativ ist, auf ein Nichts zugehen, welches positiv ist, heißt von der Welt auf Gott zugehen. Und dazwischen ist das Ego.

Bhagwan, wenn du von der Ekstase sprichst, die uns jetzt möglich ist, und die unsere Agonie sein wird, wenn du fort sein wirst, dann fühle ich mich so unfähig und impotent, daß ich einfach nur noch mit dem Kopf gegen die Wand rennen möchte.

Das wird deinem Kopf gar nichts nützen! Höchstens wird die Wand erleuchtet. . .

Sich den Kopf einzurennen nützt gar nichts. Wohl aber, den Kopf fallenzulassen! Einrennen – das möchte der Kopf immer gern. Das tut ihr doch schon euer ganzes Leben lang: euch die Köpfe einschlagen, kämpfen.

Laß mal das Einrennen sein – laß ihn einfach mal fallen!
Sei kopflos. . .

Mach das mal als Meditation, es ist eine der schönsten Tantra-Techniken: Spazierengehen und sich vorstellen, daß der Kopf nicht da ist – nur noch der Körper. Vergiß keinen Augenblick, daß der Kopf nicht da ist. Stell dir dich ohne Kopf vor. Mach ein großes Foto von dir – du ohne Kopf. Betrachte es. Häng den Spiegel im Badezimmer tiefer, damit du den Kopf nicht siehst, wenn du hineinschaust, nur den Körper.

Bleib ein paar Tage dabei, und du wirst eine ungeahnte Schwerelosigkeit spüren, eine nie geahnte Ruhe! Denn der Kopf ist das ganze Problem. Wenn du dich kopflos denken kannst . . . und das kann man, da gibt's kein Problem . . . dann verlagert sich dein Zentrum immer mehr zum Herzen.

Denk dich gleich jetzt mal ohne Kopf, und du wirst augenblicklich verstehen, was ich meine. Es wird kein Abstand sein zwischen meinen Worten und deinem Verstehen. Es ist der Kopf, der den ganzen Unfug dazwischen verzapft.

Aber renn ihn dir bitte nicht ein, denn vielleicht mag die Wand das nicht so gern. Die Wand ist vielleicht nicht bereit, erleuchtet zu werden. Renn ihn dir an der Leere ein, nicht an der Wand. Dann fällt er.

Kopflos sein heißt meditativ sein. Endgültig ohne Kopf sein, heißt das Unerreichbare erreichen. Probier es aus. Es ist eine der wirksamsten Methoden überhaupt.

Bhagwan,
Ist es möglich, im Traum erleuchtet zu werden?

Nicht nur möglich – wenn es geschieht, passiert es immer im Traum. Auch was du für dein Wachbewußtsein hältst, ist nicht wach, auch das ist Traum. Glaubt ihr etwa, ihr seid wach, während ihr hier sitzt? Das sehe ich nicht. Ich kann euch schnarchen hören. Und wenn ihr genau hinhören würdet, könntet ihr es selber hören: innen ein tiefes Schnarchen, ein tiefer Schlaf, und Träume über Träume. . .

Im Schlaf kann es nur Träume geben. In diesem Lande behaupten wir seit Menschengedenken, daß eure Welt illusorisch ist, daß sie Maya ist. Wenn Shankara sagt, die Welt sei Maya, spricht er nicht von seiner Welt – er spricht von eurer Welt. Denn wie wollt ihr in eurem Schlaf entscheiden, was wirklich ist? Der Schlaf verzerrt alles. Im Schlaf entsteht eine völlig andere Welt, eine Welt der Träume. Was ihr euer Leben nennt, ist aus dem gleichen Stoff wie Träume. Es ist Traumstoff.

Wenn ihr also zur Erweckung oder zur Erleuchtung kommt, passiert es jedesmal im Traum. Buddha oder Jesus oder Zarathustra oder Laotse – sie alle wurden im Traum erleuchtet. Der Traum fiel in Scherben, sie erwachten vom Schlaf. Sie schauten sich um: der Traum nirgends mehr sichtbar, und an seiner Stelle etwas absolut Neues – sie nannten es „Gott“, „Nirvana“, „Wahrheit“, „Brahma“, „Reich Gottes“. . . So nennen sie es. Aber eure Welt ist das nicht. Erst müßt ihr aufwachen. Erleuchtung ist nur ein Erwachen aus dem Schlaf. Es ist ein Bewußtwerden.

Ihr seid in euren Träumen verloren. Eure subjektive Welt ist ganz von Träumen verschlungen, genau wie wenn ihr im Kino sitzt. Ihr wißt genau, die Leinwand ist leer, und doch laßt ihr euch täuschen. Wenn der Film beginnt, ist die Leinwand voller Bilder. Nur ein Spiel von Licht und Schatten, ein unwirkliches Traumgewebe, aber ihr verstrickt euch darin. Ihr vergeßt euch selbst.

Ihr vergeßt den unbeteiligten Zeugen in eurem Innern, ihr laßt euch reinziehen. Mal weint ihr und schluchzt, wenn sich auf der Leinwand eine Tragödie abspielt, mal lacht ihr, mal bekommt ihr Gänsehaut. Ihr geht mit allem mit, was auf der Leinwand passiert. Es passiert überhaupt nichts, aber zwei, drei Stunden lang verliert ihr euch völlig.

Genauso im Leben: siebzig, achtzig Jahre verliert ihr euch völlig darin. Buddha ist einer, der plötzlich im Kino aufwacht und sich schüttelt und begreift, daß da ja gar nichts ist außer einer großen Leinwand, von schwarzen und weißen Flecken bedeckt, von einem unwirklichen, traumartigen Gewebe überzogen. Er muß lachen – nicht über das, was er sieht, sondern über sich selbst – und geht nach Hause. Wozu sitzenbleiben? Er hat begriffen. Er nimmt jetzt nicht mehr teil an diesem Schlaf. Er ist aufgeweckt worden.

Versucht einmal folgendes: geht irgendwann ins Kino und beobachtet genau, wie ihr ganz langsam unbewußt werdet, so daß das Unwirkliche wirklich wird. Und dann holt euch jedesmal wieder zurück, werdet immer wieder bewußt. Gebt dem Körper einen Ruck, schaut wieder hin, ohne zu vergessen, daß da ja nur eine weiße Leinwand ist und sonst nichts. Und paßt auf – binnen Sekunden seid ihr wieder weg. Wieder wird das Bewußtsein von dem Traumnetz einfegangen. Wieder genießt du die Story oder läßt dich von ihr mitreißen. Und dann – gib dir wieder einen Ruck.

Genau das gleiche spielt sich für einen Buddha in der Welt ab. Ein Kino eignet sich ausgezeichnet zum Meditieren – wenn du dich erinnern kannst, wo du bist. An dem Tag, wo du dich drei Stunden lang ununterbrochen erinnern kannst, daß da nichts ist. . . Und vergeßt nicht: es genügt nicht, sich einfach nur vorzusagen, daß da nichts ist; das bringt nichts. Du mußt *wissen*, daß da nichts ist. Du mußt dich ständig daran erinnern, daß du nur Zeuge bist, mußt aufpassen, daß dich nichts von dem, was da passiert, beeinflußt.

Als die 3-D-Filme zum ersten Mal aufkamen, erregten sie auf der ganzen Welt viel Aufsehen. Als in London zum ersten Mal ein 3-D-Film gezeigt wurde. . . Ein Pferd kam herangalloppiert, die Leute bekamen es mit der Angst! Es war ein dreidimensionaler Film, das Pferd war fast wirklich. Die Leute duckten sich zur Seite, damit das Pferd vorbeikonnte. . . Es sah so wirklich aus.

Eure Wirklichkeit ist nichts als ein dreidimensionaler Film. Ihr müßt aufwachen. Und das Aufwachen passiert zwangsläufig immer im Traum. Es ist also unwichtig, was für einen Traum du siehst. Darum sage ich, daß es nicht darauf ankommt, etwas am Traum zu ändern. Du kannst aufwachen, wo du gerade bist. Ob du dich nun im Traum als Sünder siehst oder als Verbrecher im Gefängnis – oder ob du dich für einen großen Heiligen hältst, der in einem Tempel lebt und von Abertausenden angebetet wird – das ist egal. Auch der Heilige träumt, wenn er an das glaubt, was er sieht und sich durch die Anbetung beeinflussen läßt, die man ihm entgegenbringt. Wenn ihn jemand beleidigt und er ärgert sich und wird böse, dann träumt er genauso wie ein Gefangener im Gefängnis.

Es kommt absolut nicht darauf an, etwas am Traum zu ändern, erst vom Verbrecher zum Heiligen zu werden, erst vom Sünder zum Verbrecher zu werden. Das ist dumm. Warum Zeit vergeuden, wenn du unmittelbar an Ort und Stelle aufwachen kannst? Du bist ein Sünder – okay! Sünde ist genauso ein Traum wie all eure Heiligkeit. Das Erwachen ist das gleiche.

In der Nacht hast du geträumt, du wärst ein Mörder. Am Morgen, wenn du aufwachst, bedrückt dich das nicht. Du sagst nicht: „Ich bereue, daß ich im Traum gemordet habe.“ Du lachst einfach über die ganze Sache. Du verurteilst dich nicht, denn es war ja ein Traum. Oder du siehst dich im Traum als großen Mahatma: als eine große Seele, als Heiligen, angebetet von Millionen. Wenn du am Morgen aufwachst, läufst du nicht bei den Leuten rum und erzählst, was für ein großer Heiliger du im Traum warst.

Es gibt eine Zen-Geschichte:

Ein großer Meister wachte eines Morgens auf, rief seinen Meisterschüler zu sich und sagte: „Komm her. Ich hatte einen Traum; ich will ihn dir erzählen. Deute ihn mir."

Wäre der Schüler ein Freud oder Jung oder Adler gewesen, er wäre hocherfreut gewesen. Er hätte sofort angefangen, den Traum zu deuten. Aber der Schüler war ein Meditierer – kein Jung, kein Freud. Er sagte: „Warte! Rede keinen Unsinn. Ich bring dir Wasser, damit du dir das Gesicht waschen kannst."

Er brachte eine Schüssel Wasser. Während der Meister sich das Gesicht wusch, kam ein anderer Schüler vorbei. Der Meister sagte: „Komm her. Ich hatte einen Traum. Willst du ihn mir deuten?" – Der Schüler sah ihn an. Er sagte: „Warte! Der Tee ist grad fertig. Ich will dir eine Tasse Tee bringen. Dann wirst du wieder zu dir kommen. Ein Traum ist keine Deutung wert."

Der Meister freute sich wie ein Kind. Er soll an jenem Tag getanzt haben. Er sagte: „Immerhin – zwei Schüler!" Er sagte: „Wenn ihr meinen Traum gedeutet hättet, ich hätte euch aus dem Kloster gejagt. . ."

Denn ein Traum ist Unsinn; und ihn deuten zu wollen ist ein noch größerer Unsinn. Was die Schüler machten, war die beste Deutung. Der erste brachte eine Schüssel Wasser und sagte zu seinem alten Meister: „Wasch dir erst das Gesicht, damit du richtig wach wirst." Der andere brachte Tee. „Trink erst etwas Tee; ein Schluck heißer Tee, der wird dich schon wieder zu dir bringen. Danach bist du wacher."

Wachheit tut Not, nicht Deutung. Alle Träume sind gleich: es gibt keine guten und keine bösen Träume. Wie könnte es gute und böse Träume geben? Beide sind u n w i r k l i c h. Im Unwirklichen gibt es keine Unterscheidung zwischen Gut und Böse, moralisch – unmoralisch, Sünder – Heiliger: alles Träume.

Versucht nicht erst, den einen Traum gegen den andern auszutauschen. Sie sind allesamt Ketten. Ob aus Stahl oder Gold, das ist gleich.

Wach auf!

Die Erwachten stehen schon alle da mit Wasserschüsseln und einer Tasse heißem Tee. . .

Bhagwan, als du gestern sagtest, daß alles, was uns passiert, unsere eigene Entscheidung ist, unsere eigene Wahl, da wurde mir plötzlich klar, daß es wirklich leicht ist: leicht, positiv zu werden, leicht, die alten Muster aufzugeben, leicht, einfach zu s e i n *– und daß es nur natürlich ist, wenn es zur Erleuchtung kommt. Ist das „Aufwachen"?*

Das ist nur Nachdenken übers Aufwachen. Ein klein wenig mehr, nur noch ein kleiner Sprung mehr. . .

Laß dich nicht täuschen. Es ist gut, so weit es reicht, aber es reicht nicht sehr weit, oder nicht weit genug. Es ist gut, daß du es verstehst, aber es ist immer noch ein intellektuelles Verstehen. Gut – zumindest hast du nicht mißverstanden. Fühl dich glücklich, wisse es zu schätzen – du hast nicht mißverstanden. Genau das ist es, was ich sage: daß es leicht ist – leicht ist zu s e i n. Aber glaube nicht, daß das schon das Erwachen ist.

Ich rede vom Essen; ich rede darüber, und du verstehst. Danach suchst du dir etwas zu essen. Du darfst nun nicht die Speisekarte essen wollen; sie ist nicht die Speise. Vertiefe dich nicht zu sehr in die Landkarte, sonst vergißt du das Ziel völlig. Die Karte ist nicht das Land. Und selbst das schönste Bild vom Himalaja, und sei es noch so genau, ist nicht der Himalaja.

Aber gut, daß du begriffen hast. Genau das ist „Aufwachen" – du hast begriffen, worauf es ankommt. Nun laß das, worauf es ankommt, ganz zu deinem Sein werden. Laß nicht zu, daß es nur im Intellekt bleibt, denn wenn es zu lange dort festhängt, wird früher oder später eine tote Idee daraus. Laß es existentiell werden. Ja, es i s t leicht. So leicht, daß du in diesem Augenblick wach werden kannst. Frage nicht wie, denn wenn du erst nach dem Wie fragst, dann ist es nicht mehr leicht, dann wird's schwierig. Nur weil ihr so viel nach dem Wie fragt, gibt es so viele Leute, die euch immer gern Antwort geben. Ihr fragt: „Wie?", und sie zeigen euch den Weg.

Dabei gibt es keinen Weg. Es ist ein wegloser Weg. Es gibt da wirklich kein Wie. Es ist einfach eine Umkehr nach innen.

Wenn du das verstanden hast, dann lebe es. Denn nur wenn du es lebst, wird es konkrete Wirklichkeit.

Bhagwan, du hast gesagt: „Der Verstand ist der Teufel – laß ihn fallen!" Oh je, ein Mensch der zivilisierten, komplizierten Gesellschaft von heute, ein Mensch wie ich, fühlt sich im Verstand eingemauert und verloren. . . Verstand und wieder Verstand und sonst nichts. Was tun? Und außerdem wird man vermutlich betrogen, wenn man mit einem unschuldigen und kindlichen Gemüt in die Welt geht.

Laß dich betrügen! Es lohnt sich.

Was hast du denn schon, daß du eine solche Angst davor hast, betrogen zu werden? Ein nackter Fakir – der nicht weiß, wo er wohl seine Wäsche aufhängen soll, wenn er ein Bad nimmt! Sei betrogen. Du hast nichts.

Diese Idee: *Wer mit einem unschuldigen, kindlichen Gemüt in die Welt geht, wird vermutlich betrogen*, ist bereits verschlagen, clever, berechnend. Du willst kindlich werden und berechnest noch, was passieren wird? Ein Kind ist nichts als ein Kind, mag passieren was will.

Und ich sage dir: wenn du dich betrügen läßt, wirst du sehen, daß am Ende die die wahren Opfer sind, die dich betrogen haben. Sie sind die Betrogenen. Sie haben dir nichts nehmen können, weil du ohnehin nichts hattest.

Wenn der Tod bei dir anklopft, wirst du froh sein, daß du den Leuten erlaubt hast, dich zu betrügen, und daß nicht du sie betrogen hast. Denn es gibt nur diese beiden Möglichkeiten: entweder du betrügst, oder läßt dich von den Leuten betrügen. Eine andere Möglichkeit gibt es nicht. Wenn du denkst: „Ich will andere nicht betrügen, aber ich will mich auch nicht betrügen lassen!", dann hast du die falsche Einstellung. Du verstehst nicht, was du da denkst. Es ist unmöglich.

Die einzige Möglichkeit, nicht betrogen zu werden, ist zu betrügen. Fragt Macchiavelli – er weiß es. Macchiavelli sagt: „Der beste Weg zur Verteidigung ist der Angriff." Macchiavelli ist geradezu der Inbegriff eurer Gerissenheit. Er ist fleischgewordene Schläue. Aber er sagt etwas ganz Logisches: „Wenn du nicht betrogen werden willst – betrüge!" Das ist der einzige Weg, nicht betrogen zu werden. Aber ich sage dir: wenn du andere betrügst, wirst du am Ende sehen, daß du mit leeren Händen dastehst, wie sehr du dich auch angestrengt haben magst.

Als Alexander starb, sagte er seinen Leuten: „Meine Hände sollen aus dem Sarg heraushängen, sollen draußen sein." Alles war betroffen. Sie sagten: „Das hat es doch noch nie gegeben. Was denkst du dir dabei? Und warum? Warum sollen deine Hände aus dem Sarg hängen?" – Er sagte: „Damit die Menschen sehen können, daß ich mit leeren Händen gehe."

Ihm dämmerte eine große Einsicht. Nur zu spät, als nichts mehr zu ändern war. Er hatte alle Schätze dieser Welt angehäuft, er hatte fast die ganze Welt erobert, und am Ende erkannte er, daß seine Hände leer waren.

Deine Hände werden unweigerlich leer sein, wenn du immer nur die anderen betrügst. Wenn du einsiehst, daß du nichts zu befürchten hast, kannst du sie betrügen lassen! Wenn sie dich betrügen, sind sie keineswegs schlau; sie sind bloß dumm.

Und je mehr du zuläßt, daß sie dich betrügen, je mehr du ihnen vertraust, desto mehr wird sich dir ein ganz anderer Schatz auftun. Er ist nur dem kindlichen Gemüt zugänglich, dem unschuldigen.

Bhagwan, was ist Unschuld?

Nach einem langen Schweigen fängt alles an zu lachen. Und der Diskurs ist beendet. . .

Elfter Morgen

18 *Und es fragte ihn ein Oberster und sprach:*
Guter Meister, was muß ich tun,
daß ich das ewige Leben ererbe?

19 *Jesus aber sprach zu ihm:*
Was heißest du mich gut?
Niemand ist gut als Gott allein.

20 *Du weißt die Gebote:*
„Du sollst nicht ehebrechen;
du sollst nicht töten;
du sollst nicht stehlen;
du sollst nicht falsch Zeugnis reden;
du sollst deinen Vater und deine Mutter ehren.“

21 *Er aber sprach:*
Das habe ich alles gehalten von meiner Jugend auf.

22 *Da Jesus das hörte, sprach er zu ihm:*
Es fehlt dir noch eines:
Verkaufe alles, was du hast,
und gib’s den Armen,
so wirst du einen Schatz im Himmel haben,
und komm, folge mir nach!

23 *Da er aber das hörte, ward er traurig;*
denn er war sehr reich.

24 *Jesus aber sah ihn an und sprach:*
Wie schwer kommen die Reichen in das Reich Gottes!

25 *Es ist leichter,*
daß ein Kamel gehe durch ein Nadelöhr,
als daß ein Reicher in das Reich Gottes komme.

26 *Da sprachen die das hörten:*
Wer kann dann selig werden?

27 *Er aber sprach:*
Was bei den Menschen unmöglich ist,
das ist bei Gott möglich.

Elfter Morgen

Wer da hat, dem wird gegeben

Der Mensch ist ein Paradox. Er ist erst auf dem Weg; darum ist er ein Paradox. Er ist noch nicht angekommen. Die Abreise liegt hinter ihm, aber die Ankunft noch vor ihm. Der Mensch ist ein Prozeß. Der Mensch ist noch kein Sein, der Mensch ist erst ein Werden. Von daher das Paradox. Die Welt der Tiere liegt zurück, die Abreise ist passiert, aber die Welt der Götter ist noch nicht erreicht.

Der Mensch ist nur ein Übergang zwischen diesen beiden: Vergangenheit und Zukunft. Dazwischen herrscht eine ständige Spannung. Das Vergangene zieht ihn zurück, die Zukunft ruft ihn vorwärts. Der Mensch ist immer in Sorge. Was soll er machen? Die Sorge ist eine sehr tiefe – sein oder nicht sein. . .

Und so muß der Mensch so lange paradox bleiben, wie er sein Menschsein noch nicht überwunden hat. Ein Teil des Menschen ist immer in der Vergangenheit, und ein Teil des Menschen ist immer in der Zukunft, dem noch Ungeborenen. Und zwischen diesen beiden spielt sich ein ständiger Kampf im Herzen des Menschen ab: um Gut oder Böse, Tag oder Nacht, Leben oder Tod; gleich, wie man sie nennen will, die Polarität.

Dieser Polarität wegen ist alles, was ihr tut, halbherzig. Es schenkt euch nie Befriedigung. Ihr könnt es nicht sein lassen und ihr könnt es nicht rückhaltlos tun. Ihr liebt, aber eure Liebe ist halbherzig. Sie trägt keine Frucht. Ihr bleibt die gleichen. Ihr meditiert, aber eure Meditation ist halbherzig. Sie trägt keine Frucht, weil ihr euch nie ganz auf sie einlaßt. Es kann nur dann etwas geschehen, wenn man sich rückhaltlos einbringt, wenn man nichts zurückhält, wenn man voll darin aufgeht, restlos. Nichts bleibt zurück – ein Sprung. In so einem Sprung löst sich die Vergangenheit auf, löst sich die Zukunft auf. Das reine Hier und Jetzt erscheint – Sein.

Dieses Sein ist genau das, was wir mit „Gott" meinen. Ihr tragt diese Möglichkeit in euch, aber ihr kämpft weiter in Gegensätzen. Vor lauter Kampf und Aufruhr könnt ihr nicht erkennen, wer ihr seid, könnt ihr nicht spüren, was ihr schon lange seid. Tief verborgen in eurem eigenen Wesen – die Wahrheit. Der Feind ist innen, und ebenso der Freund. Der Bräutigam ist innen, und ebenso der Böse. Dies muß verstanden werden, denn einfach aus Verstehen heraus kommt Freiheit, kommt die Befreiung.

Eines der bedeutendsten Gleichnisse Jesu ist völlig verschollen. Es gibt nur im Lukas-Evangelium einen Hinweis darauf, aber das Gleichnis selbst ist in keinem der autorisierten Evangelien enthalten, nicht einmal im fünften, dem Thomas-Evangelium. Aus geheimen Quellen überliefert, haben Geheimgesellschaften seitdem über dieses Gleichnis meditiert. . .

Ich möchte es euch erzählen. Das Gleichnis ist so wichtig, daß es gerade deshalb wohl nicht in den Kodex der Evangelien aufgenommen wurde: dieses Gleichnis könnte zu gefährlich werden. Die Schlußfolgerungen daraus sind von ungeheurer Tragweite und Bedeutung.

Das Gleichnis handelt von einem, der heimlich Unkraut in ein Weizenfeld sät, während der Herr und seine Diener schlafen. Die Diener alle wollten das Unkraut so schnell wie möglich ausreißen, aber der Herr meinte, das Unkraut ließe sich besser bei der Ernte vom Weizen scheiden.

Die Diener berieten untereinander und sagten: „Es wäre doch besser, wir rissen das Unkraut gleich aus, statt zu warten. Aber wir müssen dem Herrn gehorchen, auch wenn er Fehler macht. Laßt uns aber wenigstens nach dem Feind suchen, der unserem Herrn diese Bosheit antut. Unser Herr ist so freundlich zu allen und hat das nicht verdient!“

Und so suchten sie und forschten in der ganzen Gegend nach, aber sie fanden niemand. Der Feind war nirgends zu finden. Da kam einer der Diener unter dem Deckmantel der Nacht zum Verwalter und sagte: „Verzeih mir, aber ich kann mein Geheimnis nicht länger bei mir behalten. Ich weiß den Feind, der das Unkraut sät. Ich sah ihn am Werk.“

Der Verwalter staunte und wurde böse. Als er ihn eben bestrafen wollte, fragte er den Diener, warum er nicht eher damit herausgerückt wäre. „Ich hatte nicht den Mut,“ weinte der Diener, „ich habe es auch jetzt kaum gewagt, herzukommen und es dir zu sagen. Ich war wach in der Nacht, als das Unkraut gesät wurde; ich sah den Mann, der es säte. Er ging an mir vorbei, scheinbar wach und doch wie schlafend. Er schien mich nicht zu erkennen, aber ich erkannte ihn.“ „Und wer war es?“ schrie aufgeregt der Verwalter. „Raus damit, daß ich ihn bestrafen kann!“ „Unser Herr selbst.“

Und beide beschlossen, keiner Menschenseele etwas zu sagen.

Der Feind ist nicht außen. Wäre er außen, es wäre nicht schwer, ihn loszuwerden. Man könnte ihm entkommen. Aber man kann keinem Feind entkommen, der in einem selbst ist. Der Geliebte, der Freund, ist ebenfalls nicht außen. Sonst könnte man ihn dort suchen; und hätte auch nur einer ihn gefunden, alle anderen hätten einfach nur zu folgen brauchen. Genau wie in der Wissenschaft, wo auch die Wahrheit außen ist.

Wissenschaftliche Wahrheit ist äußerlich. Einer macht die Entdeckung, und von da an gehört die Entdeckung zum menschlichen Wissen dazu. Dann wissen Hinz und Kunz Bescheid. Ein Einstein mochte zwölf Jahre brauchen, bis er zur Relativitätstheorie gelangte, aber kaum hatte er sie erkannt, wurde sie zum gemeinsamen Erbe. Jedes Schulkind kann sie jetzt lernen. Alle, die reif dafür sind, brauchen nicht erst Zeit zu verschwenden. In wenigen Minuten oder Stunden ist sie erlernbar. Sie ist jederzeit da.

Die Wahrheit der Wissenschaft ist immer äußerlich. Aber die Wahrheit der Religion ist innerlich. Jesus mag sie entdeckt haben, aber seine Entdeckung gehört ihm allein. Sie ist auf niemand übertragbar. Buddha mag sie entdeckt haben, aber mit Buddha geht seine Entdeckung auch wieder verloren. Jeder einzelne Sucher muß die Wahrheit immer von Neuem finden – ganz für sich.

Religiöse Wahrheit ist persönlich. Religiöse Wahrheit kann nicht entliehen werden. Jeder Sucher muß sie selbst finden. Du kannst nicht auf anderer Leute Schultern stehen; du kannst religiöse Wahrheit nicht erben. Du mußt sie dir selbst erwerben.

Beides ist in dir – das Tier und der Gott. Das ist das Problem. Manchmal identifizierst du dich mit dem Göttlichen in dir. Dann ist alles wunderbar in Fluß. Du fühlst dich in Wärme eingebettet, durchflutet. Du empfindest Ruhe, tiefe Stille . . . du wirst ekstatisch: alles scheint ein einziger Segen. Eine tiefe Befriedigung kommt über dich und läßt sich in dir nieder. Du bist zu Hause.

Wann immer du dich mit dem Göttlichen identifizierst, bist du glücklich. Wann immer du dich mit dem Bösen identifizierst, bist du unglücklich, geht es dir schlecht. All dein Elend und all dein Glück sind nichts als Identifikationen, entweder mit der göttlichen Rolleoder mit der teuflischen Rolle. Beide stecken in dir. Der religiöse Mensch muß beide hinter sich lassen. Nicht nur die Identifikation mit dem Teufel, auch die Identifikation mit Gott muß er lösen. Das eigentliche Problem ist die Identifikation.

Mit dem Bösen wirst du unglücklich. Das ist der Mythos von der Hölle: jemand ist so tief in die Identifikation mit der Finsternis, mit dem Teufel geraten, daß sein ganzes Leben wie eine einzige Hölle geworden ist: immer nur Unglück, und kein Ende abzusehen. Du mußt deine Identifikation mit der dunklen Rolle lösen . . . aber wer wollte das nicht? Das eigentliche Problem stellt sich erst, wenn Lehrer wie Jesus oder Buddha von dir verlangen, auch deine Identifikation mit dem Guten zu lösen! Denn im Kern ist die Identifikation das Problem, nicht ihr Gegenstand. Dann nämlich verschwindet das Glück ebenso wie das Unglück. Und das, was dann übrig bleibt – jenes gewisse X – ist Glückseligkeit. Weder Glück noch Unglück – sie ist von beidem absolut verschieden. Sie ist undefinierbar, ungreifbar, du kannst sie nicht greifen. Je mehr du es versuchst, desto mehr flieht sie dich. Aber *leben* kannst du sie. Diese Qualität X kann gelebt werden. Die Identifikation muß fallen. Identifiziere dich mit nichts. Bleibe Zuschauer, bleibe Zeuge. Was auch geschieht, geschieht dir, aber du *bist* es nicht. Merk dir das. Achte ständig darauf.

Trauer kommt. Sie ist dir *geschehen*; du bist nicht sie. Sobald du dich daran erinnerst, siehst du plötzlich eine Distanz zwischen dir und der Trauer. Sie berührt dich nicht mehr. Jedesmal, wenn du deine Bewußtheit einbüßt, berührt sie dich. Jedesmal, wenn du deine Bewußtheit wiedererlangst, ist die Distanz da. Je höher die Bewußtheit, desto größer die Distanz. Es kommt der Augenblick, wo du so weit von deiner Trauer entfernt bist, daß sie gar nicht mehr da ist.

Und genau das gleiche gilt für das Glück. Das ist schwerer, denn man klammert sich gern an das Glück. Aber wer sich ans Glück klammern möchte, sät die Saat des Unglücks.

Darum ist dieses Gleichnis von so ungeheurer Wichtigkeit. Der Herr selbst kam – in seinem Schlaf, seiner Unbewußtheit – auf das Feld, das Weizenfeld, und streute den Samen des Unkrauts. Im Tiefschlaf. . . er muß ein Schlafwandler gewesen sein, jemand, der im Schlaf herumläuft und alles mögliche anstellt.

Am Morgen wird er fragen: „Wer hat das getan?" Du hast dir alles mögliche angetan. . . Am Morgen, wenn du wach wirst, fragst du: „Wer hat das getan?", und fängst an, nach dem Feind zu suchen. Der Feind ist innen. Der Feind steckt in deiner Unbewußtheit.

Es gibt eine Sufi-Geschichte, die geht genau wie dieses Gleichnis: Ein Mann war sehr betrübt, denn jede Nacht wurde sein Garten aufgebrochen und verwüstet. Er tat, was er konnte, um den Garten zu bewachen. Wachen wurden aufgestellt, aber niemand wurde entdeckt, der nachts in den Garten drang. Was er auch tat, es half nichts. Der Garten war jeden Tag verwüstet.

Er suchte einen Sufi-Meister auf, der, wie er hoffte, hellsehen konnte. Der Meister schloß die Augen und sagte: „Tu folgendes: stell den Wecker auf zwei Uhr nachts." Der Mann sagte: „Wozu soll das gut sein? Meine Wachen patrouillieren ständig ums Haus!" Der Meister sagte: „Argumentiere nicht, tu, was ich dir sage. Stell den Wecker auf zwei. Und am nächsten Tag kommst du her und erzählst mir, was passiert ist." Der Mann glaubte ihm nicht, probierte es aber aus. Um zwei, als der Wecker ging, erwachte er. Er stand mitten in seinem Garten und zerstörte seine Pflanzen.

Er war ein Schlafwandler. Wir alle sind es. In eurem tiefen Dunkel habt ihr Saaten ausgesät; in eurer Nacht, in eurem Schlaf, in eurer Unbewußtheit, eurer Unachtsamkeit habt ihr die Saaten gesät und euer eigenes Feld verwüstet.

Du liebst einen Menschen, und dann willst du ihn besitzen. Jetzt kommt das Unkraut hinein. Erst liebst du; dann wirst du eifersüchtig. Jetzt schießt das Unkraut. Du liebst, und aus den lächerlichsten Anlässen wirst du wütend. Du liebst – und wie aus dem Nichts, aus unwichtigen, winzigen Anlässen, kommt der Haß auf. Jetzt wird der Weizen mit Unkraut vermischt. Wenn du liebst, bist du glücklich. Jede Liebe fängt mit einem tiefen Glück an, mit Freude. Und jede Liebe endet in tiefer Trauer.

Vor kurzem las ich ein Gedicht von T.S. Eliot. Das Gedicht endet mit folgenden Zeilen:

This is the way the world ends
This is the way the world ends
This is the way the world ends –
Not with a bang, but with a whimper.

„So wird die Welt enden – nicht mit einem Knall, sondern mit einem Wimmern". Alles endet so: eure Liebe, eure Meditation, eure Moral. Nicht mit einem Knall, sondern mit Wimmern.

Du gehst ständig gegen dich selbst. Alles, was du aufbaust, machst du wieder zunichte. Mit der rechten Hand baust du ein Haus, mit der linken reißt du es wieder ein.

Beobachte. Sei wach. Und je wacher du bist, desto klarer siehst du, daß niemand gegen dich arbeitet. Kein Teufel ist gegen dich; der Teufel steckt in dir. Und da hilft dir kein Gott. Auch der steckt in dir. Wenn du Gut und Böse – beides – überwindest, wirst du selbst dieser Gott.

Diese Sutras von Jesus müssen mit einer tiefen Einfühlung aufgenommen werden. Man kann sie sich auch gleichgültig anhören: dann hört man sie, aber sie dringen nicht ins Herz. Nur wer sich tief einfühlt, öffnet sich. Diese Sutras sind Samen. In ihnen steckt vieles, was wachsen kann, wenn da ein guter Boden im Herzen ist, der sie wachsen läßt, wenn ihr ihnen wachsen helft. Sie sind nur Winke, Fingerzeige. Wenn ihr ihnen wachsen helft, können sie zu eurer Lebensweise werden.

Und es fragte ihn ein Oberster und sprach:
Guter Meister, was muß ich tun,
daß ich das ewige Leben ererbe?

Ererbe? Genau hier irrte der Mann. Mit diesem Wort „ererbe" verlor er den Kontakt mit Jesus. Das ewige Leben kann nicht ererbt werden. Es ist nicht wie ein Vermögen oder ein weltliches Reich. Man muß es sich erwerben. Jeder muß es sich verdienen und selbst finden. Du kannst es nicht erben. Der Vater kann es dem Sohn nicht geben, der Meister kann es dem Jünger nicht geben, der Geliebte kann es der Geliebten nicht geben. Nein, es gibt keine Möglichkeit, es zu erben.

Weltliche Dinge lassen sich erben, weil ein Mensch, der stirbt, all seine weltlichen Dinge zurücklassen muß. Er kann sie nicht mitnehmen. Aber wenn ein spiritueller Mensch stirbt, hinterläßt er nichts. Sein Schatz geht mit ihm. Sein Schatz läßt sich nicht erben.

Es fragte ihn ein Oberster. . .

Es war ein Befehlshaber, ein sehr reicher Mann –

und sprach: Guter Meister, was muß ich tun,
daß ich das ewige Leben ererbe?

Als erstes muß man sich merken: man kann es nicht von anderen bekommen. Man muß es sich verdienen.

Es gibt eine Geschichte aus dem Leben von Mahavir. Ein großer König kam ihn einst besuchen. Der König war ein großer Eroberer, fast ein Weltherrscher. Er kannte nur eine Sprache, die Sprache des Krieges, die Sprache der Eroberung. Er hatte alles erobert, was überhaupt der Eroberung wert war, er war der reichste Mann weit und breit. Da hörte er jemanden sagen, daß aller weltliche Besitz nutzlos sei, solange man nicht das innere Reich besäße.

„Solange du nicht *dhyana, samadhi,* erlangst, solange du nicht zur inneren Ekstase kommst, sind all diese Dinge wertlos.“ Er fragte: „Und wo bekomme ich das? Du brauchst mir nur den Ort zu zeigen, und ich werde ihn erobern.“ Er kannte nur die eine Sprache – Eroberung. Ekstase läßt sich nicht erobern. Im Gegenteil – man muß sich von ihr erobern lassen. Man kann sie nicht erobern. Man muß vor ihr kapitulieren: sie erobert dich.

Du kannst sie nicht besetzen; du mußt dich von ihr besetzen lassen. Das ist der einzige Weg. Aber das war eine Sprache, die er nicht kannte. Jemand sagte: „Ganz hier in der Nähe ist Mahavir, er wohnt im Wald. Geh zu ihm. Er hat es.“ Also zog der König mit seiner ganzen Armee hinaus. Der Mann kannte nur die eine Sprache. Er umzingelte den Wald. Dann näherte er sich Mahavir.

Er dachte: „Wenn er sich kampflos ergibt, okay.“ Also ging er zu Mahavir und sagte: „Ich bin gekommen, das Reich, das du gewonnen hast, zu erobern – das Reich der inneren Ekstase.“

Mahavir lachte. Er sagte: „Gut. Dein Wunsch ist gut. Aber du scheinst keine Ahnung zu haben, was du dir da wünschst. Es läßt sich nicht von dir erobern. Ich habe es zwar, aber ich kann es dir nicht geben, und du kannst es dir nicht erobern.“ – Der König sagte: „Mach dir darum keine Gedanken. Zeig mir nur, wo es ist. Du kannst es nicht rausrücken? Was soll das heißen? Daß du es mir nicht geben willst? Ich kann dich dazu zwingen. Mir ist noch nie etwas begegnet, das sich nicht erobern ließe. Zeig mir nur, wo es ist.“

Mahavir muß in seinem Herzen tiefes Mitleid mit diesem Mann gehabt haben. Ein Narr, ein Dummkopf – aber so sind die Menschen. Er sagte: „Tu folgendes. Du brauchst gar nicht zu mir zu kommen. In deiner eigenen Hauptstadt lebt ein sehr armer Mann, der läßt vielleicht mit sich handeln. Er hat es auch erlangt. Geh zu ihm.“

Der König hatte nie den Namen des armen Mannes gehört, aber er sagte: „Ich will zu ihm gehen.“ Er ging hin. Es war wirklich ein Bettler, aber das gleiche Licht strahlte aus seinen Augen wie bei Mahavir, der gleiche reine Duft war um ihn, die gleiche Unschuld. Er saß unter einem Baum. Der König sagte: „Du bist meinem Reich untertan, somit mußt du mir alles geben, was du erlangt haben magst. Gib es mir! Was du auch dafür verlangst, ich bin bereit, es dir zu geben. Wenn du mein ganzes Reich dafür willst, ich gebe es dir. Aber hol es jetzt, gib mir dein *samadhi*.“

Der Mann lachte. Er sagte: „Ich will dir gern mein Leben geben, es ist in deinen Händen. Aber *samadhi* kann ich dir nicht geben. Nicht, weil ich es nicht gern täte, sondern weil es von Natur aus nicht möglich ist; es kann nicht gegeben werden. Du wirst es dir verdienen müssen."

Der König sagte: „Aber ich habe mir noch nie etwas verdienen müssen. Ich bin ein Eroberer. Was ich brauche, das nehme ich mir. Ich bin kein Krämer. Ich hab noch nie verdienen müssen. Ich bin ein *kshatriya*, ein Krieger.

Der Bettler sagte: „Aber hier kannst du weder mit Worten noch mit deiner Armee etwas ausrichten. Hier mußt du allein gehen, weil der Weg nach innen führt. Du mußt in dein eigenes Zentrum hineingehen. Und das kann dir nicht gegeben werden, weil du es schon hast. Es muß nur erkannt, entdeckt werden."

Unsere Unwissenheit ist der einzige Grund, warum wir es nicht haben. Nicht, weil wir es nicht haben – es ist immer da – sondern weil wir es vergessen haben. Wir haben es nicht mehr in Erinnerung, unsere Augen sind umwölkt, sie haben ihre kristallklare Sicht verloren, die wir brauchen, um es wiederzuentdecken.

Hast du schon bemerkt? – manchmal versuchst du, dich an einen Namen zu erinnern. Du weißt ihn, aber er kommt einfach nicht. Du bist etwas ratlos und sagst: „Er liegt mir auf der Zunge", du sagst: „Ich weiß ihn genau!" – aber wenn jemand beharrt und sagt: „Wenn du ihn weißt, warum sprichst du es nicht aus?", dann antwortest du: „Aber er kommt mir nicht."

Diese Leere . . . habt ihr sie euch schon einmal näher angesehen? Du weißt den Namen, weißt, daß du ihn weißt, aber da ist eine Lücke. Nur ist das keine leere Lücke, die Lücke ist nicht passiv. Die Lücke ist sehr aktiv, intensiv tätig, die Lücke ist am Suchen, die Lücke selbst sucht nach dem vergessenen Namen. Und noch etwas wird deutlich, wenn du es dir näher besiehst. Einer schlägt einen Namen vor, und du sagst: „Nein, das ist er nicht." Wie gut – du weißt also nicht, was richtig ist, aber du weißt, was falsch ist! Du sagst: „Das ist er nicht." Jemand schlägt einen anderen Namen vor, und du sagst: „Nein, das ist er auch nicht. Ich w e i ß, wie er heißt." Diese Lücke ist also nicht tot. Sie ist dynamisch. Sie weiß, was falsch ist, sie weiß, was nicht richtig ist. Aber sie hat die Wahrheit vergessen. . .

Wenn euch also einer einen verkehrten Gott lehrt, versteht ihr das sofort. Da gibt es kein Problem. Wenn einer euch etwas Falsches gibt, versteht ihr augenblicklich. Ihr wißt aber nicht, w a s wahr ist, ihr wißt nicht, was die Wahrheit ist; denn die Wahrheit liegt in euch verborgen. Ihr mögt vergessen haben, was sie ist, aber ihr habt nicht vergessen, daß sie ist.

Darum wirst du augenblicklich hellhörig, wenn du die Wahrheit hörst. Es passiert blitzschnell. Andere, die nichts wahrnehmen können, werden glauben, du wärst hypnotisiert worden. „Beweis es erst, begründe, denk nach und überleg dir's erst – dann kannst du glauben!" Aber wenn du die Wahrheit hörst, dann ist etwas an ihr dran, was augenblicklich die Lücke in dir füllt – denn deine eigene Wahrheit ist aufgerufen worden.

Wann immer du Wahrheit hörst, kommt sie nicht von außen. Das Äußere ist nur ein Anstoß für das Innere, sich zu öffnen. Du weißt blitzschnell: das ist wahr! Nicht, daß du es beweisen kannst, nicht daß du es begründen kannst, nicht, daß du von ihr überzeugt wirst – nein. Du wirst von ihr transformiert, nicht überzeugt. Es ist ein Umkehren, keine Überzeugung.

> *Und es fragte ihn ein Oberster und sprach:*
> *Guter Meister, was muß ich tun,*
> *daß ich das ewige Leben ererbe?*

Ererbe? es kann nicht ereerbt werden.

> *Jesus aber sprach zu ihm:*
> *Was heißest du mich gut?*

Der Mann hat „guter Meister" gesagt. Man kann einen Mann wie Jesus nicht täuschen. Er wollte ihm schmeicheln: „guter Meister." Es hätte ja genügt, wenn er ihn Meister genannt hätte, denn Güte ist einem Meister natürlich. Ihn einen „guten" Meister zu nennen ist eine Wiederholung. Ein Meister – wenn er ein Meister ist – ist gut. Es ist reine Schmeichelei.

Der Mann ist ein „Mann von Welt". Er weiß, was sich gehört. Wenn du von jemandem etwas willst, mußt du ihm schmeicheln, mußt ihm Honig um den Bart schmieren. Der Mann versuchte es mit den üblichen diplomatischen Mitteln. Vielleicht war der Mann ein Jünger von Dale Carnegie! „Guter Meister!" Wenn du hinter jemandem her bist und was von ihm willst, mußt du dich so benehmen, daß er gewonnen wird.

Aber du kannst einen Mann wie Jesus nicht täuschen. Denn er durchschaut dich völlig. Er weiß, daß du nicht einmal weißt, daß er ein Meister i s t. Aber du sagst: „guter Meister!"

Jesus aber sprach zu ihm:
Was heißest du mich gut?
Niemand ist gut als Gott allein.

Wie kann ein Mensch gut sein, wenn er von Natur aus gespalten ist? Der Mensch ist gut u n d schlecht. Der Mensch ist eine Spannung zwischen zwei Polen – ein Paradox, ein Widerspruch. Das muß verstanden werden.

Selbst der größte Heilige hat den Sünder in sich. Und die Umkehrung stimmt ebenfalls: der größte Sünder hat den Heiligen in sich. Der Akzent mag sich verlagern, aber ein Heiliger ist immer auch ein Sünder, und ein Sünder immer auch ein Heiliger. Vielleicht war der Heilige in der Vergangenheit ein Sünder, vielleicht wird der Sünder in Zukunft ein Heiliger sein. Es ist eine Frage der Zeit, wo der Akzent liegt; sonst ist kein Unterschied. Nur der Akzent ist verschieden. Wahre Heilige wissen das. Nur die falschen Heiligen, die Scheinheiligen, wissen es nicht.

Ein Scheinheiliger glaubt, einfach und schlicht „heilig“ zu sein. Da ist doch kein Sünder in ihm! Er täuscht sich; denn wo soll sein Sünder hin? Mag sein, daß der Sünder inaktiv geworden ist, außer Funktion getreten, aber d a ist er. Er kann jederzeit wieder in Funktion treten, er kann jeden Augenblick zuschlagen.

Geh und benimm dich so vor einem Heiligen, wie er es nicht von dir erwartet, und augenblicklich wirst du sein anderes Gesicht sehen. Sofort wirst du sehen, daß der Mann wütend und zornig wird. Er ist nicht mehr der heilige Mann von eben. Etwas hat sich geändert. Bete ihn an, berühre ihm die Füße, und er lächelt. Er hat ein anderes Gesicht.

Und versuche das gleiche einmal mit einem Sünder, einem Kriminellen. Geh und berühre seine Füße, und schau, was mit ihm passiert. Sein Gesicht wird heilig. Wenn jemand dir die Füße berührt, mußt du ein Heiliger sein. Was kannst du sonst tun?

Vielleicht ist ein Heiliger zu neunundneunzig Prozent Heiliger, aber ein Prozent Sünder ist da. Alle großen Heiligen sind sich dessen bewußt. Jesus sagt:

Was heißest du mich gut?
Niemand ist gut als Gott allein.

Aber es kommt der Punkt der Grenzüberschreitung; und wer sowohl den Sünder wie den Heiligen hinter sich läßt, den nennen wir einen „Weisen“.

Ein Heiliger ist etwas sehr gewöhnliches. Ein Weiser ist etwas Außergewöhnliches. Der Weise ist jenseits von Gut und Böse. Er ist weder Heiliger noch Sünder. Vergiß nicht: wenn du ein Heiliger werden möchtest und kein Sünder mehr sein willst, bleibt der verdrängte Sünder in deinem Unbewußten hängen. Der Katzenjammer bleibt. Wenn du ein Sünder werden möchtest, wird der Heilige tief im Unbewußten auf seine Stunde warten, wo er sich verwirklichen kann.

So kommt es, daß Heilige immer von den Sünden träumen, die sie sich verboten haben. Die Träume der Heiligen sind häßlich, denn sie sind Ersatz. Die Träume der Sünder dagegen sind sehr schön. . . Sünder träumen immer davon, Heilige zu sein. Ein Sünder kann träumen, daß er ein Buddha ist, und unterm Bodhi-Baum sitzt. Aber die Heiligen, die sogenannten Heiligen, fürchten den Schlaf. Im Schlaf offenbaren ihnen ihre Träume ihre innere Wirklichkeit. Sie sind mit der Frau von irgendjemandem durchgebrannt . . . denn der Traum ist der Teil von dir, den du im Leben verleugnet hast.

Ein Weiser träumt nicht, denn er hat keine Polarität. Er ist einfach Augenzeuge. Wenn du in deinem Leben nur noch Zeuge bist, wird das Leben denkbar einfach. Ich spreche nicht von der Einfachheit, die man sich anerziehen kann, ich spreche von der Einfachheit, die aus deiner Wachheit und Bewußtheit kommt, die automatisch, spontan kommt. Und sobald du bewußt bist, fallen die Träume fort. Es kommt der Augenblick, da der Schlaf traumlos wird.

Wenn der Schlaf traumlos ist, wird der Tag gedanken-los. Das geht zusammen. Dann ist der Mensch ganz wie ein kleines Kind, ein Neugeborenes. Jesus sagt, daß das die Eigenschaft ist, die du brauchst, wenn du ins Reich Gottes eingehen willst.

> *Du weißt die Gebote:*
> *„Du sollst nicht ehebrechen;*
> *du sollst nicht töten;*
> *du sollst nicht stehlen;*
> *du sollst nicht falsch Zeugnis reden;*
> *du sollst deinen Vater und deine Mutter ehren.“*

Jesus sagte dem Mann: „Du kennst die Gebote. Befolge sie. Wenn du ins Reich Gottes gehen willst, ins ewige Leben, so kennst du ja die Gebote. Jedes Kind kennt sie.“ *Du sollst nicht ehebrechen; du sollst nicht töten; du sollst nicht stehlen; du sollst nicht falsch Zeugnis reden; du sollst Vater und Mutter ehren.*

Er aber sprach:
Das habe ich alles gehalten von meiner Jugend auf.

Das ist wichtig: Jesus gab ihm das Gesetz – denn dieser Mann war zu weltlich. Er hatte Jesus sogar zu schmeicheln versucht: „guter Meister". Und dieser Mann war auch deshalb zu weltlich, weil er glaubte, das ewige Leben e r b e n zu können. Er kennt nur eine Sprache, die Sprache dieser Welt. Die andere Welt – er hat noch nicht einmal von ihr gehört.

Jesus sagte zu ihm, er solle das Gesetz befolgen, die Gebote Moses.

Er aber sprach:
Das habe ich alles gehalten von meiner Jugend auf.

Was bedeutet das? Das bedeutet, daß man alle Gebote befolgen kann und dennoch das Reich Gottes verfehlen wird. Gebote – das sind Phänomene niederer Rangordnung. Das Gesetz ist für die da, die unbewußt sind; Liebe ist für die, die bewußt sind. Liebe ist das h ö h e r e Gesetz. Das Gesetz ist die niedere Liebe. Dem Gesetz folgen die Moralisten. Der Liebe folgen die Menschen, die religiös sind. Religion ist nicht Gesetz, sondern Liebe.

Zum Gesetz gehört Disziplin. Es ist etwas Erzwungenes, es macht dich zum Roboter. Du bewegst dich so wie eine Eisenbahn auf Schienen. Das Gesetz bewegt sich in festgelegten, eingeschliffenen Bahnen. Es ist mechanisch.

Liebe hat keine äußere Disziplin. Liebe ist Freiheit. Du bewegst dich fort wie ein Fluß, nicht wie eine Eisenbahn. Du bahnst dir deinen Weg durch deine eigene Bewegung. Der Weg ist nicht vorgezeichnet. Ein Fluß kann ihn jederzeit ändern. Liebe ist wie ein Fluß – eine Freiheit. Liebe ist eine große Verantwortung, weil du frei bist und keine äußere Disziplin da ist, die dich unter Kontrolle hält. Es gibt nur ein inneres Gefühl. Nur dieses innere Gefühl gibt dir Disziplin.

Mit dem Gesetz gehorchst du immer nur einer leblosen Routine; es wird deinem mechanischen Verstand einverleibt. Du brauchst nicht verantwortlich zu sein. Du brauchst dir nicht mal Gedanken zu machen. Es geht automatisch. Es ist, wie wenn du tippen lernst. Am Anfang mußt du dran denken, aber nach und nach wird es roboterhaft. Dann kannst du reden und tippen, singen und tippen. Dein Kopf kann tausend Gedanken denken, und du kannst derweil weitertippen.

Oder wie mit dem Autofahren. Wenn du fahren lernst, mußt du scharf aufpassen, denn überall ist Gefahr. Aber sobald du fahren kannst, kannst du sogar ein kleines Nickerchen machen. Das kommt vor! Fahrer, die nachtsüber fahren, fangen zwischen zwei und vier Uhr morgens an einzuschlafen. Sie schlafen ein paar Sekunden und merken es nicht einmal. Auch bei geschlossenen Augen sehen sie noch die Straße vor sich, denn ihre Augen sind so auf die Straße fixiert, daß die Straße jetzt ein Stück von ihnen selbst ist. Sie können die Augen schließen und weiter die Straße sehen. Sie glauben, sie wären wach – weil sie ja die Straße „sehen". Fünfzig Prozent aller Unfälle passieren zwischen zwei und vier. Manchmal passiert es auch, daß ein Fahrer sich so ans Fahren gewöhnt hat, daß er mit offenen Augen schlafen kann. Das ist noch gefährlicher. Er hat die Augen auf und schläft fest. Und dabei fährt er weiter.

Gesetz muß eingeübt werden. Liebe muß gelebt, nicht geübt werden. Liebe ist, wenn du durch die Wildnis gehst: du bahnst dir deinen Weg beim Gehen. Der Weg ist nicht schon da und wartet auf dich. Es ist eine ungeheure Verantwortung. . .

Jesus sprach vom Gesetz; er muß dem Mann angesehen haben: ein weltlicher Mann, ein Mann von Welt. Mochte er dem Gesetz folgen. Aber der Mann sagte: „All diese Gebote habe ich befolgt, und trotzdem ist nichts passiert." Aber dadurch allein, daß man die Gesetze befolgt, passiert auch nichts. Du magst noch so moralisch sein, religiös wirst du dadurch nicht. Religion hat nichts mit Gesetz zu tun. Sie hat etwas mit Gnade und Liebe zu tun.

Religion hat nichts mit Regeln zu tun, Regeln, die wir erfunden haben. Solche Regeln sind gesellschaftliche Angelegenheiten. Sie werden gebraucht. Sie sind genauso wie Verkehrsregeln: „Links fahren!" Das hat keine letzte Gültigkeit. Wenn du dich rechts hältst, begehst du noch keine Sünde, sondern machst nur dir und anderen Schwierigkeiten, weil sich die andern links halten. Wenn das ganze Land entscheidet, rechts zu fahren, dann ist da kein Problem, dann fährst du rechts. In Amerika fährt man rechts. In Indien links. Wenn ein Amerikaner auf einer indischen Straße fährt, ist das gefährlich, weil sein Verstand programmiert ist: rechts fahren! Beides ist okay, nichts ist falsch daran. Beides ist nützlich. Es geht nicht um letzte Dinge. Liebe gehört zu den letzten Dingen. Sie hat keinen Nutzwert.

Jesus sprach vom Gesetz. „Folge dem Gesetz!" Das würde der Mann verstehen können. Aber der Mann sagte: „Ich habe dies alles getan, und es ist nichts passiert." Das Gesetz bewirkt gar nichts. Das Gesetz ermöglicht dir ein bequemes, ein angenehmes Leben, aber durch das Gesetz wird keine Revolution möglich.

Befolgst du das Gesetz nicht, bekommst du vielleicht Schwierigkeiten. Befolgst du es, kommst du nicht in Schwierigkeiten, aber es passiert auch keine Verwandlung. Du wirst zu keiner strahlenden Seele dadurch. Das hat mit Gesetz nichts zu tun.

Da Jesus das hörte, sprach er zu ihm:
Es fehlt dir noch eins:
Verkaufe alles, was du hast,
und gib's den Armen,
so wirst du einen Schatz im Himmel haben,
und komm, folge mir nach!

Jesus sagte: Wenn du all diese Dinge getan hast, dann bleibt nur noch eines, was du noch nicht getan hast. Und das ist – Liebe. Lieben heißt Teilen. Lieben heißt Geben, ohne jeden Gedanken an Gewinn, an Belohnung. Was du hast, das gibst du her, gibst du denen, die nicht haben. Teile dein Dasein, teile dich aus.

Es fehlt dir noch eins:
Verkaufe alles, was du hast,
und gib's den Armen,
so wirst du einen Schatz im Himmel haben,
und komm, folge mir nach!

Wenn du das Gesetz befolgt hast und nichts ist geschehen, dann versuche, das höhere Gesetz der Liebe zu erfüllen. Jesus sagt: Moses gab euch das Gesetz. Ich gebe euch die Liebe. Moses brachte euch das Gesetz, und ich bringe euch ein höheres Gesetz: das Gesetz der Gnade.

Da er aber das hörte, ward er traurig;
denn er war sehr reich.

Wenn ein armer Mann hört: „Geh und verteile, was du hast", wird er kaum traurig sein, denn er hat nichts zu geben. Er kann sagen: „Gut. Ich bin schon arm und habe nichts zu geben." Aber ein Reicher, der viel hat. . .

Je mehr du hast, desto geiziger wirst du. Je mehr du hast, desto mehr klammerst du dich daran und behütest es. Je besitzender, desto ängstlicher bist du; je besitzender, desto weniger bist du bereit, es zu teilen. Ein Armer kann leicht teilen. Schwierig wird es erst mit den Reichen.

Normalerweise würde man denken, daß es anders wäre, genau umgekehrt: ein Reicher hat so viel, daß er es verteilen kann. Aber er kann nicht teilen, weil er so viel hat und sich fürchtet. Wenn er teilt, verliert er. Ein Armer hat nichts zu verlieren. Darum sind Arme liebevoller als Reiche. Sie können es sich leisten zu lieben, weil sie nichts zu verlieren haben.

Wenn ihr in die indischen Dörfer geht, sind die Menschen sehr arm, aber sehr liebevoll. Sie haben nicht viel – besser gesagt, sie haben nichts – aber sie sind immer bereit zu teilen. Ein Reicher wird zwangsläufig traurig. . . Er hat so viel! Wie kann er einfach hingehen und alles verkaufen und den Erlös verteilen? Seine ganze Identität steckt in seinem Reichtum; er ist wer, weil er hat, was er hat. Vergeßt nicht: Haben wird Ersatz für Sein. Hast du viel, glaubst du, viel zu sein. Und wird das Haben erst dem Sein gleichgestellt, wird es schwer, mit andern zu teilen – denn je weniger du hast, desto weniger bist du. Du klammerst dich an den Reichtum, weil er dir ein Gefühl von Fülle gibt. Ist der Reichtum weg, bist du leer.

Nur in eine tiefe Leere steigt Gott herab. Nur aus der Leere öffnet sich die Tür. Du bist so vollgepackt mit irdischen Dingen, daß das Göttliche nirgends mehr Platz finden kann. Jesus sagt hier einfach: „Schaff Raum. Schaff Liebe!"

Liebe und Raum gehen immer zusammen. Wenn zu viel Zeug um dich ist, erstickt die Liebe und stirbt. Nur selten ist ein Mensch zu finden, der zugleich reich und liebend ist . . . sehr selten.

Die Menschen wissen das sehr wohl. Wenn du der Sohn eines Reichen bist, dann weißt du . . . oder wenn du die Frau eines Reichen bist, dann weißt du . . . oder wenn du der Mann einer Reichen bist, dann weißt du . . . daß reiche Leute nicht lieben können. Sie haben ständig Angst. Liebe scheint gefährlich, denn wenn du liebst, mußt du teilen. Davor haben sie Angst.

Da er aber das hörte, ward er traurig;
denn er war sehr reich.

Jesus aber sah ihn an und sprach:
Wie schwer kommen die Reichen in das Reich Gottes!

Es ist leichter,
daß ein Kamel gehe durch ein Nadelöhr,
als daß ein Reicher in das Reich Gottes komme.

Das ist eines der bedeutungsschwersten Sutras von Jesus: *Es ist leichter, daß ein Kamel gehe durch ein Nadelöhr* – was unmöglich ist, aber Jesus sagt, selbst das sei leichter, . . .*als daß ein Reicher in das Reich Gottes komme.*

Warum ist das so schwer? Weil du umso weniger lieben kannst, je mehr du besitzt. Und Liebe ist das Tor. Oder: je weniger du lieben kannst, desto mehr bist du auf den Besitz von Dingen aus. Dinge sind Ersatz.

Laßt uns das zu verstehen suchen. Ein Kind wird geboren. Wenn die Mutter es liebt – die Psychologen haben das herausgefunden, sie haben diesen Punkt sehr genau erforscht – wenn die Mutter das Kind liebt, trinkt es nie zuviel Milch. Nie, denn es weiß – es ist ein stilles Einverständnis – daß die Mutter immer für es da ist und immer bereit, mit ihm zu teilen. Wozu also Angst haben? Wenn die Mutter das Kind liebt, trinkt das Kind nur soviel Milch wie nötig. Wenn das Kind geliebt wird, sieht man es nie einen dicken Bauch bekommen. Das Kind ist gut proportioniert. Sicher, denn die Mutter ist ständig besorgt, daß das Kind genug trinkt und genug Nahrung aufnimmt. Aber auch das Kind hat begriffen, daß die Mutter da ist, sobald es sie braucht. Es kann sich auf ihre Liebe verlassen.

Aber wenn die Mutter das Kind nicht liebt, dann hat es Angst vor der Zukunft. Es ist keine Liebe da, es gibt da kein stilles Einverständnis. Folglich ißt es, trinkt es so viel Milch wie es kann, wann immer sich eine Gelegenheit bietet. Schon jetzt wird es ein Knauser, es hat bereits begonnen, Dinge zu horten – im Körper. Es hat Angst. Wer weiß, was morgen ist? Auf diese Mutter ist kein Verlaß. Es muß sich für Notzeiten eindecken. Und so sammelt es Fett an, ißt es mehr als nötig.

Menschen, die in ihrer Kindheit nicht geliebt worden sind, essen auch später mehr. Da hilft kein Fasten; die einzige Hilfe wäre das Erscheinen der Liebe. Sie essen nur. Essen ist ihr Ersatz für die Liebe. Sobald jemand da ist, der sie liebt, merken sie augenblicklich, daß sie aufgehört haben, sich zu überessen. Liebe und Nahrung – beides kommt aus der Mutterbrust.

Die erste Erfahrung von Liebe kommt aus der Mutterbrust, und auch die erste Erfahrung von Nahrung kommt aus der Mutterbrust. So wird Liebe mit Nahrung assoziiert. Wenn weniger Liebe da ist, muß das durch ein Mehr an Nahrung wettgemacht werden. Wenn genug Liebe da ist, kannst du es dir leisten, nicht viel zu essen. Es ist nicht so nötig. Habt ihr das schon gemerkt? – jedesmal, wenn ihr euch verliebt, verschwindet der Hunger. Man hat einfach keinen Hunger. Liebe erfüllt dich so sehr, daß du dich voll fühlst. Du ißt weniger.

Einmal kam eine Frau, sie wollte mich sprechen. Sie war ganz ratlos. Ihr Mann war gestorben, und sie erzählte mir: „Da ist etwas, das ich bisher für mich behalten habe, ich habe es keinem gesagt, denn niemand würde mich verstehen. Aber vielleicht verstehst du es, dir will ich es wohl sagen. Und ich werde mich danach leichter fühlen, egal, ob du verstehst oder nicht. Aber sag es bitte keinem weiter!" Ich sagte: „Was ist denn?" Sie sagte: „Als mein Mann gestorben war, spürte ich in derselben Nacht einen großen Hunger. Die Leiche lag im Haus. Was sollten die Leute denken, wenn ich jetzt essen ging? Die ganze Familie war wach, die Verwandten waren alle gekommen und viele Freunde waren da. Und ich hatte Hunger wie noch nie im Leben!"

Sie mußte sich also wie ein Dieb in ihre eigene Küche schleichen. Im Dunkeln aß sie. Und seitdem fühlt sie sich schuldig. „Mein Mann war eben gestorben – wie konnte ich in einem solchen Augenblick hungrig sein? Seine Leiche lag da, und ich aß im Dunkeln in meiner Küche, wie ein Dieb." Sie fragte: „Wie war das möglich?" Ich sagte: „Es ist eine ganz einfache Sache: der Mensch, den du geliebt hast, starb. Im gleichen Augenblick fühlst du dich leer. Jetzt mußte diese Leere mit irgendetwas gefüllt werden."

Inzwischen habe ich mit vielen Menschen gesprochen, und ich bin zu dem Schluß gelangt, daß ihr mehr eßt, wenn ihr traurig seid. Jedesmal, wenn ihr tiefen Kummer habt, seid ihr hungriger als sonst.

Wenn ihr glücklich seid, durch nichts bedrückt, fröhlich, liebevoll, und ihr werdet mit Liebe überschüttet – wer denkt da ans Essen? Da ist ein kleiner Happen schon Nahrung genug. Die Liebe hat so viel zu geben!

Menschen, die nicht lieben können, werden immer zu Geizhälsen, Habsüchtigen, Hortern von Sachen. Menschen, die horten, können nicht lieben, und wie können die, die nicht lieben, ins Reich Gottes eingehen? Ja, Jesus hat recht:

> *Es ist leichter,*
> *daß ein Kamel gehe durch ein Nadelöhr,*
> *als daß ein Reicher in das Reich Gottes komme.*

Nicht, daß Jesus hier den Reichtum verdammt! Was er verdammt, ist die Habsucht. Wenn dieser Mann, auf die Worte von Jesus hin, er solle gehen und alles verteilen, gesagt hätte: „Warte, ich will hingehen und alles verteilen und dann zu dir kommen um dir zu folgen," hätte Jesus wahrscheinlich gesagt, daß es gar nicht nötig wäre. Wäre der Mann zu teilen bereit gewesen, er hätte ein Reicher bleiben *und* ins Reich Gottes eingehen können. Es geht nicht um Reichtum; es geht um Habgier. Reichtum steht nicht im Wege. Die Habgier steht im Wege.

> *Da sprachen, die das hörten:*
> *Wer kann denn selig werden?*

Die Leute müssen sehr über sich erschrocken sein. Jesus sagt: „Es ist unmöglich für einen Reichen, ins Reich Gottes zu kommen." Und nun fragen die Leute: Wer kann dann selig werden? – weil nämlich jeder irgendwie „reich" ist, mehr oder weniger. Jeder *hat* etwas, jeder hortet etwas.

Niemand ist so arm, daß er gar nichts hat. Und niemand ist so reich, daß er alles hat. Selbst der Ärmste hält noch irgendwas fest und auch der Reichste träumt von noch größerem Reichtum. Selbst ein Bettler ist reich, weil er etwas hat, woran er sich klammert.

Es mag nur eine Bettelschale sein, aber es kommt ja nicht darauf an, ob es ein Königreich oder eine Bettelschale ist. Es geht nicht um die Objekte, die man besitzt, sondern es geht darum, ob man besitzgierig ist. Man kann ein Königreich ohne Besitzgier besitzen, und man kann Bettler sein und dabei sehr habgierig.

Wenn Jesus also sagt, daß ein Reicher nicht ins Reich Gottes kommt, spricht er von dem Habgierigen, dem Geizigen, von dem, der verschlossen ist und nicht teilen kann, der ängstlich ist und sich absondert, der sich zur Insel macht, der sich aus dem Ganzen herauslöst und ein verkapseltes Ding, eine Schmetterlingspuppe bleibt. Das ist der Mensch, den Jesus hier mit dem „Reichen" meint.

Da sprachen, die das hörten:
Wer kann dann selig werden?

Er aber sprach:
Was bei den Menschen unmöglich ist,
das ist bei Gott möglich.

Das ist es, was Jesus der Welt schenkt: das Gesetz der Gnade. Was er sagt, ist: „Darum geht es nicht; es geht nicht darum, wer selig werden kann und wer nicht."

Wenn es von den Menschen abhinge, dann wäre niemand fähig, selig zu werden. Wenn es von d i r abhinge, dann würdest du immer wieder etwas finden, was dich daran hindert. Aber wenn du erst einmal deine Hilflosigkeit begriffen hast und erst einmal weinst, und erst einmal deine Augen zum Himmel hebst und um Seine Hilfe bittest, dann wird, *was bei den Menschen unmöglich ist, . . .bei Gott möglich.*

Jesus sagt: „Frage, und dir wird gegeben. Klopfe an, und dir wird aufgetan." Aber vor lauter Ego klopfst du nicht einmal an, vor lauter Ego fragst du nicht einmal. Und somit ist gar nichts möglich. . .

Wenn du hilflos bist, und es steigt aus deiner Hilflosigkeit ein Gebet auf, dann wird augenblicklich das Unmmögliche möglich. Aber erst muß das Ego fallen. Nur dann tritt die Gnade in Kraft. Die Gnade kann erst dann wirken, wenn das Ego nicht ist. Wenn du leer bist, gehörst du plötzlich nicht mehr zur Welt der Schwerkraft. Jetzt gehörst du zur Welt der Schwerelosigkeit, der Gnade.

Ich las vor kurzem Emerson. Er sagt etwas sehr Schönes. Er sagt, Sünde hieße nicht nur, das Gesetz zu brechen. . . „Sünde heißt nicht nur Gesetzesbruch, sondern die Unfähigkeit, das Abenteuer zum innersten Herzen des Lebens zu wagen."

Was dich zum Sünder macht, hat nichts mit Gesetzesbruch zu tun; zum Sünder wirst du, weil du nicht abenteuerst, weil du nicht ständig auf der Suche bist nach deinem innersten Wesen. Wenn du nicht ständig nach einem höheren und immer höheren Glück suchst, wenn dein Leben kein Abenteuer, kein Er-fahren ist, wenn du zu einem toten Fossil geworden bist – du schleppst dich nur noch vorwärts. . . – dann ist das Sünde.

Einer von den ganz großen christlichen Denkern, Fosdick, wurde einmal gefragt: „Was ist Sünde?" – Er antwortete sehr witzig: „Drei Dinge. Jeder der drei Buchstaben des englischen Wortes *SIN* (Sünde) steht für eines davon:

S – der erste Buchstabe, steht für saudumme Selbstgefälligkeit, Stolz und süffisante Skepsis
N – der dritte, steht für nörgelnde Negativität, Nervosität, Neurose, Narzismus und Nihilismus.
Und zwischen den beiden, dem saudummen *S* und dem nörgelnden *N* steht das *I (engl.: ich)* – das Ich."

Sobald du dieses *I*, dieses Ego, fallenläßt, verschwindet alle Sünde. Dann gibt es keine Sünde mehr. Aber dieses *I* ist sehr dickköpfig. Es ist saudumm . . . aber es rührt sich nicht vom Fleck.

Erst gestern abend las ich ein Gedicht von Howard Nimrov:

„Du hast deine Religion verloren!“ sagte der Rabbi.
„Da bin ich um nichts ärmer,“ gab ich zurück.

„Stärke deinen Geist – “, so er,
„und das gemeine Wohl!“
„So gemein bin ich noch nicht.“ So ich.

„Wir sind das Volk des Buches,“ sagte der Rabbi.
„Meinst du das Telefonbuch?“ fragte ich.

„Unsere Tradition ist groß!“ so er,
„und unsere Geschichte einmalig.“
„Doch die Geschichte ist aus,“ sagte ich.

„Wir Juden sind Schöpfermenschen,“ sagte der Rabbi.
„Dann mach doch mal was!“ sagte ich.

„In Wissenschaft und Kunst,“ so er,
„Sind wir Atomphysiker und Virtuosen!“ –
„Giftpilze und Wuchervirtuosen, das stimmt. . .“

„Verstockt und unbeugsam!“ schrie der Rabbi.
„Weil du mir Magenkrämpfe machst,“ so ich.

„Anstatt dich zu verneigen,“ sagte er,
„Beharrst du auf deinem Eigensinn.“
„So sind wir Juden eben,“ sagte ich.

Aber nicht nur die Juden sind so – die Hindus, Moslems, Christen, Jainas: alle sind sie so. Verstockt und eigensinnig, unbeugsam und stur. Ihr kämpft ständig, kämpft dem Ego zuliebe, das euch tötet. Ihr rettet laufend euer Ego, und genau das vergiftet euch das Blut. Ihr sucht immer neue Tricks, euch weiszumachen, daß ihr ja gar nicht egoistisch seid, und wie ihr euer Ego behüten könnt, wie ihr gut mit ihm abschneiden könnt; ihr tut alles ihm zuliebe, kämpft nur ihm zuliebe.

Es gibt nur zwei Sorten von Menschen auf Erden. Einerseits die, die ständig ihr Ego verteidigen, die ihren eigenen Tod päppeln, die alles Törichte und Dumme unterstützen, die ihre Unwissenheit beschirmen. . . Und dann sind sie immerzu unglücklich und fragen, wie man glücklich werden kann. Und andererseits die sehr seltenen Menschen, die das alles, den ganzen Unfug, durchschauen – daß nämlich das Ich das eigentliche Problem ist.

Nicht, daß es keinen Gott gibt, nicht, daß Glückseligkeit unmöglich ist. . . *Was bei den Menschen unmöglich ist, das ist bei Gott möglich,* aber dann mußt du endgültig verschwinden. Du mußt Platz machen. Du mußt dich beugen, dich ergeben.

Aus dieser Kapitulation entsteht, was Jesus „Armut" nennt – die innere Armut des Geistes, entsteht, was Buddha „Leere" nennt – eine Leere, in der du offen bist: die Brise Gottes kann durch dich hindurchwehen, und die Vögel Gottes können in dir singen, und die Bäche Gottes können in dir tanzen. Aber dann bist du nicht mehr.

Du bist das Problem. Ein anderes Problem gibt es nicht. Alle anderen Probleme sind Nebenerscheinungen des grundsätzlichen Problems. Das Grundproblem ist das Ego.

Jesus am Kreuz ist ein Symbol dafür, daß das Ego gekreuzigt werden muß. Am dritten Tag nach seinem Kreuzestod erstand er wieder auf. Als ein völlig neues Wesen. Strahlend. Nicht aus Stoff, sondern aus Geist. Nicht aus Erde geboren, sondern aus Himmel. Ein völlig neues Wesen. Aber das konnte nur geschehen, nachdem „Jesus" gestorben war. Vorher war er der „Menschensohn". Danach war er der „Gottessohn". Und jeder muß durch dieses Kreuz hindurch. Jesus sagt es immer wieder:

„Komm, folge mir. Aber trage dein Kreuz täglich" – bis du stirbst.

Recht hat er. *Die* Wahrheit ist eine universelle Wahrheit. Sie hat nichts mit Jesus zu tun oder mit Buddha, Mahavir, Zarathustra. Selbst wenn es diese Menschen auf Erden nie gegeben hätte, diese Wahrheit hätte dennoch Bestand. Und es wird immer so sein. Jesus, Krishna, Buddha – sie bringen nicht etwa die Wahrheit auf die Erde – sie decken sie nur auf. Sie legen sie nur wieder frei, sie enthüllen sie. Danach – schuld ist unser Ego und unsere Unwissenheit – legt sich der Schleier wieder darüber.

Jeder muß durch den Tod hindurch, der die Auferstehung bringt. Ein Reicher, einer, dem viel gehört, hat Angst, seinen Besitz zu verlieren, denn wenn er ihn verliert, geht das Ego mit verloren. Das Ich wird verschwinden. Er bekommt es mit der Angst und fängt an zu zittern: wenn das Ich verschwindet, was soll dann das alles? *Wer* soll denn dann ins Reich Gottes eingehen?

Ich sprach einmal mit einem Mann, einem sehr intelligenten Mann, einem Professor an einer Universität, und er sagte: „Ich verstehe. Aber wenn *ich* verschwinde, wozu dann das alles? Wer soll dann in das Reich Gottes eingehen? Dann bleib ich doch lieber hier." Ich zitierte ihm die letzten Worte von George Bernhard Shaw. Wenige Minuten, bevor er starb, öffnete er noch einmal die Augen und sagte: „Ich möchte wohl in den Himmel kommen, aber wenn ich da nicht der erste sein darf, dann fahr ich lieber zur Hölle. Ich will auf jeden Fall Nummer eins sein. Selbst die Hölle ist mir recht, wenn ich nur der erste sein kann. Und wenn ich Nummer zwei sein muß, pfeife ich auf den Himmel."

Das Ich will immer der erste sein. Ohne das Ich in den Himmel zu kommen, erscheint euch unsinnig. Und *mit* dem Ich wird selbst die Hölle interessant. . .

Was ist dieses Ich? Hast du je erforscht, hast du je darüber nachgedacht und meditiert, hast du je die Augen zugemacht und nachgeschaut, wo es sich befindet? Du kannst es nirgends finden! Es ist nur ein Gedanke, eine Einbildung. Es ist nicht irgendwo da, es ist nicht Wirklichkeit. Es ist Illusion.

Wenn du die Illusion erkennen kannst, siehst du, daß es nicht da ist, daß du nur daran ge g l a u b t hast. . . was gewissen Nutzwert hatte. Es hat gesellschaftliche Funktion. Du hast dein Ego gebraucht so wie deinen Namen. Dein Name ist nicht wirklich; er ist dir verliehen worden. Auf die Welt gekommen bist du ohne Namen. Du warst vollkommen. Dir fehlte nichts. Aber es war ein Name nötig, denn wie hätten die andern dich sonst rufen, dich anreden können? Ein Name war nötig. Der Name hat seine Funktion.

Das gleiche gilt vom Ich. Wenn ein Mensch geboren wird, hat er kein Ich. Der Name ist der andern wegen da, damit sie dich rufen können, und das Ich ist da, damit du dich selbst rufen kannst. Wenn du von dir selbst redest, was sollst du sagen? Du mußt irgendwas sagen. Dies „Ich" ist nur eine sprachliche Hilfe. „Ich", das dient dir selbst; dein Name dient den andern. Beides sind sprachliche Hilfsmittel.

Sprache ist Gesellschaft. Schweigen ist Gott. In tiefem Schweigen verschwinden alle Namen, verschwinden alle Worte. Die Sprache an sich verschwindet. Und das Paradox ist: dann, zum allerersten Mal, b i s t du – in deiner Wirklichkeit, deiner eigentlichen Wirklichkeit, in deiner unverfälschten Wirklichkeit. Nur wenn du n i c h t bist, b i s t du. Und wenn du bist, scheinst du nur zu sein. Du bist nicht.

Jesus sagte zu dem Mann:

Es fehlt dir noch eins:
Verkaufe alles, was du hast,
und gib's den Armen,
so wirst du einen Schatz im Himmel haben,
und komm, folge mir nach!

Das ist der einzige Weg, einem Jesus oder Buddha zu folgen. Du kannst nicht folgen, wenn du nicht so tief liebst, daß du alles und jedes zu teilen bereit bist. Nicht nur Dinge. . . Du bist auch bereit, dein Sein mit anderen zu teilen.

Der Mut zu lieben ist der größte Mut.

Das ist der einzige Weg, Jesus zu folgen, das ist der einzige Weg, ein Christ zu werden. Dadurch, daß man jeden Sonntag zur Kirche geht, wird man kein Christ. Dadurch, daß man jeden Tag in der Bibel liest, wird man kein Christ. Christ wird man aber dadurch, daß man seine Liebe teilt. Aber ein solches Christ-sein hat nichts mit Christentum zu tun. Ein solches Christ-sein ist die eigentliche Religion, ist der eigentliche Hinduismus, ist das eigentliche Judentum. Das ist Religion an sich.

Liebe ist die Religion an sich.

Gesetz ist: mit den Menschen leben. Liebe ist: mit Gott leben.
Folge dem Gesetz, denn du gehörst der Gesellschaft an.
Folge der Liebe, denn weit mehr noch gehörst du zu Gott.
Gesellschaft ist etwas Vergängliches. Gott ist ewig.
Gesellschaft ist nur Menschenwerk, ist eine menschliche Schöpfung. Gehöre ihr an – folge dem Gesetz! Das ist notwendig, aber nicht genug. Es ist nötig, kann aber nicht die Erfüllung sein.

Folge dem Gesetz, aber lebe die Liebe. Das ist der einzige Weg, Jesus zu folgen.
Seine Einladung ist offen: *Komm und folge mir.*

Aber wenn du egoistisch bist, wirst du seine Einladung nicht hören. Wenn du zu sehr auf Besitz aus bist, zu geizig, zu ängstlich bist, kannst du in die Welt der Liebe nicht eintreten. Aber ich sage euch:

Erst wenn du das Reich der Liebe betreten hast,
lebst du überhaupt.
Es gibt kein Leben außer der Liebe,
es gibt keinen Gott außer Liebe.

Liebe ist das Höchste.

RAJNEESHPURAM – RANCHO RAJNEESH, OREGON – EINE OASE IN DER WÜSTE

„Als wir die Big Muddy Ranch im Juli 1982 kauften, hatten wir eine klare Vision vor Augen: Menschen, die in Harmonie leben mit der Natur, mit ihren Nachbarn, mit sich selbst. Menschen, die all ihr technisches Wissen und Geschick im Dienste der Ökologie dieses Planeten einsetzen . . . eine Miniaturwelt zu schaffen – Stadt, Farm, Naturschutzgebiet –, wo der ganze Rhythmus der Existenz sichtbar wird, wie er in vollkommener Harmonie arbeitet."

Ma Anand Sheela

„Die größte Aufgabe der heutigen Zeit ist das Gleichgewicht der Natur, die ökologische Harmonie. Das war noch nie da, war nie ein Problem. Aber der moderne Mensch war zu aggressiv gegen die Natur, so kam es zur ökologischen Krise. Unser ganzer Ansatz ist falsch, destruktiv. Wir nehmen nur von der Erde und geben nie etwas zurück. Wir beuten die Natur aus, wir nehmen und nehmen und verbrauchen die ganzen Schätze. Jetzt haben wir den letzten, den äußersten Schritt gemacht. Entweder der Mensch ändert seine aggressive Haltung, oder er kann sich von diesem Planeten verabschieden. . ."

Bhagwan Shree Rajneesh

„Nur kreative Menschen sind glücklich. Schaffe etwas, und du wirst glücklich. Glück kommt mit der Kreativität. Lege einen Garten an, bringe einen Garten zum Blühen, und es wird in dir zu blühen beginnen."

Bhagwan Shree Rajneesh

„Heute braucht die Technik Menschen, die meditieren, sonst ist es aus mit der Erde. Sie braucht Menschen, die ihren Verstand nutzen, die ihr Sein meistern, die Wissenschaft b e w u ß t anwenden – denn wir stehen am Rande des globalen Selbstmordes. Diese Erde ist wunderschön, lebendig. Auf ihr blüht etwas von ungeheurer Bedeutung – das Bewußtsein. Aber der Mensch ist immer noch Sklave des Verstandes. Er muß frei werden, er muß Meister sein und der Verstand ein brillantes Werkzeug. Das ist meine Arbeit hier."

Bhagwan Shree Rajneesh

„Dies hier ist eine Insel, verstehst du, eine Insel der Liebe. Das muß sich einfach verbreiten, was hier vor sich geht. Die Menschen haben es mit Haß probiert, mit Geiz und Gier, mit Paranoia. Diese . . . diese Liebe hier, das ist unser einziger Weg, unsere einzige Hoffnung!"

Steve Sobel
(Chef des „Project Centurion", der amerikanischen Sicherheitstruppe bei der „First Annual World Celebration" im Juli 1982)

Rajneeshstadt

Neo Sannyas Commune

Schloß Wolfsbrunnen
3446 Meinhard-Schwebda
Telefon 05651/70044

SANNYAS VERLAG

BHAGWAN SHREE RAJNEESH

Komm und folge mir *(„Come Follow Me I“)*

Bhagwan Shree Rajneesh spricht über Jesus, Band I.

ISBN 3-922458-97-1

Jesus sprach vor 2000 Jahren. Bhagwan Shree Rajneesh spricht die Sprache des 20. Jahrhunderts – aus dem Christusbewußtsein heraus wie Jesus zu seiner Zeit. Die Erkenntnis ist die gleiche, unberührt und zeitlos.
„Was Jesus sagte, hatte Leben und Bedeutung, solange er lebte. Nun ist sein Wort tot, denn auch damals war es nicht sein Wort, sondern sein ganzes Wesen, das Menschen transformiert hat.“
„Ich habe das unbeschreibliche Glück gehabt, einen Menschen zu finden, der – wie Jesus und viele andere auch – den schockierenden Teil seines Menschseins hinter sich gelassen hat und in der Wahrheit lebt!“
„Wenn Ihr Euch nun Sorgen um uns macht, so müßt Ihr Euch zuvor fragen: Wenn Jesus jetzt vorbeikommt und sagt: *Komm und folge mir nach!* – würde ich mitgehen?“
Swami Anand Vimalkirti (Prinz Welf von Hannover)

Der Freund *(„A Cup of Tea“)*

Eine Sammlung von Briefen, geschrieben in den Jahren 1962 bis 1971. Ein bibliophiler Luxusband im Großformat mit 125 Fotos und 350 Briefen, jeder für sich ein funkelnder Edelstein, eine transparente Miniatur von Bhagwans Vision. ISBN 3-922458-94-7

Tantrische Liebeskunst (Aus: *„The Book of Secrets“*)

Bhagwan erläutert einige Meditationstechniken aus dem klassischen „Vigyana Bhairava Tantra“ zur Energietransformation.

ISBN 3-922458-02-5

Die verborgene Harmonie *(„The Hidden Harmony“)*

Bhagwan spricht über die Fragmente Heraklits, des erleuchteten, aber im Westen mißverstandenen Griechen. ISBN 3-922458-01-7

Was ist Meditation?

45 ausgewählte Briefe Bhagwans in Geschenkausstattung. ISBN 3-922458-00-9

RAJNEESH MEDITATIONSZENTREN und ASHRAMS in aller Welt

USA

RAJNEESH FOUNDATION INTERNATIONAL,
Jesus Grove, Rajneeshpuram, Oregon 97741, (001)503–489–3411

Schweiz

GYANDIP Rajneesh Meditation Center,
CH–8050 Zürich, Baumackerstr. 42, (0041)1/31 21 600

YOGENA Rajneesh Meditation Center,
CH–4052 Basel, Hardstraße 95, (0041)61/42 48 82

Österreich

PRADEEP Rajneesh Meditation Center,
A–1050 Wien, Siebenbrunnenfeldgasse 4, (0043)222/54 28 60

Holland

DE STAD RAJNEESH Neo-Sannyas Commune,
NL–8191 KC Heerde, Kamperweg 80–86, (0031)5207/12 61

GRADA RAJNEESH Neo-Sannyas Commune,
1931 Egmond aan Zee, Prins Hendrikstr. 64, (0031)2206/4114

Belgien

VADAN Rajneesh Meditation Center,
B–3200 Leuven, Platte-Lo-Straat 61,(0032)16/25 14 87

England

MEDINA RAJNEESH Neo-Sannyas Commune,
Herringswell, Bury St. Edmunds, Suffolk IP28 6SW, (0044)638/75 02 34

Italien

MIASTO RAJNEESH Neo-Sannyas-Commune,
I–53010 Frosini, Podere S. Giorgio, (0039)577/960124

VIVEK Rajneesh Meditation Center,
I–20121 Mailand, Via San Marco 44, (0039)1607/95 59

Frankreich

PRADIP Rajneesh Meditation Center,
F–75010 Paris, 13 Rue Bichat, (0033)1607/9559

Dänemark

ANAND NIKETAN Rajneesh Meditation Center,
DK–1459 Kopenhagen K, Stroget, Frederiksberggade 15

RAJNEESH MEDITATIONSZENTREN und ASHRAMS in DEUTSCHLAND

AMIT Rajneesh Meditation Center,
3000 Hannover, Sedanstraße 18, 0511/34 22 17
AMRITAM Rajneesh Meditation Center,
7500 Karlsruhe 41, Amtshausstr. 3, 0721/40 57 62
ANAND SAGAR Rajneesh Sannyas Ashram,
5000 Köln 1, Lütticher Str. 33–35, 0221/51 71 99
ANUBUDDHA Rajneesh Meditation Center,
8520 Fürth, Ammonstraße 2, 0911/74 61 19
ANURAG Rajneesh Sannyas Ashram,
7800 Freiburg, Schwarzwaldstraße 42, 0761/788 72
BAILE RAJNEESH Neo-Sannyas Commune,
2000 Hamburg 6, Karolinenstr. 7, 040/43 21 40
BAULA Rajneesh Meditation Center,
2900 Oldenburg, Steubenstr. 20, 0441/87 927
CHETANA Rajneesh Meditation Center,
8725 Arnstein-Altbessingen, Burghäuserstr. 12, 09728/633
DEVAGEET Rajneesh Meditation Center,
6900 Heidelberg, Untere Neckarstraße 17, 06221/212 675
KARUNA Rajneesh Sannyas Ashram,
8902 Neusäß, Schloß Hainhofen, 0821/48 81 92
MANJUSHA Rajneesh Meditation Center,
3300 Braunschweig, Altewiekring 19, 0531/76 579
MAYUR Rajneesh Meditation Center,
2300 Kiel, Niemannsweg 133, 0431/87 003
MUKTA Rajneesh Meditation Center,
7000 Stuttgart 1, Schloßstraße 60 a, 0711/61 18 20
NEERAVA Rajneesh Meditation Center,
5300 Bonn, Breite Straße 56, 0228/63 88 20
PREMDA Rajneesh Meditation Center,
5100 Aachen, Augustastraße 69, 0241/51 43 43
RAJNEESHSTADT Neo-Sannyas Commune,
3446 Meinhard-Schwebda, Schloß Wolfsbrunnen, 05651/700 44
SAMANVAYA Rajneesh Sannyas Ashram,
8909 Edelstetten, Dorfstraße 66, 08283/16 68
SATDHARMA Rajneesh Meditation Center,
8000 München 5, Klenzestraße 41, 089/26 73 60
SNEHA Rajneesh Sannyas Ashram,
8051 Margarethenried 6, 08764/426
VIHAN Rajneesh Sannyas Ashram,
1000 Berlin 61, Urbanstraße 64, 030/69 17 917

Inhalt

Sannyas Verlag